另眼人文系列

笑阳 著

偷窥社会学家的书桌

全国百佳出版社
中央编译出版社
Central Compilation & Translation Press

自 序

自从人类诞生在这个星球上，探索未知的一切就成了人类必修的功课。而这种探索自然而然地分成了两个方向，一是指向人以外的一切自然万物的自然科学，一是指向人内心的人文社会科学。在人类几千年文明发展史上，这两种探索并行不悖，甚至对人类内心的探索还要更引人注目一些，无数的宗教人士、哲学家、伦理学家成为一时一世的英雄。

但是18世纪工业革命之后，自然科学技术突飞猛进，成为世界的主宰，普通人的内心也就被悄然地遗忘了。是的，我们知道透过天文望远镜可以洞悉亿万光年以外的太空奇观，我们知道钻进潜水球可以拜访深不可测的海沟居民，我们知道正负电子对撞机可以把原子核轰得四分五裂，我们知道通过在基因上做手脚就可以像上帝般创造生命。我们的科学可以无所畏惧地驰骋在宇宙的边缘、原子的狭缝间，从亿万年前的洪水到人类灭绝后的生物无不了然于胸。唯有一样却始终难以触及，那就是探索这宇宙万物的人。

我们不知道自己来自哪里，去向何方；我们不知道自己为何而生，凭何而死；我们不知道自己除了有血有肉，与飞禽走兽还有什么区别；我们不知道将会对彼此做出些什么，也不知道为什么这样做；我们不知道情感和思想究竟能够走多远。自然科学无法解释我们对自己的疑问，能帮助我们的只有人文社会科学。

我们需要哲学、历史、文学、法学、社会学、经济学、心理学等研究“人”——这个地球上最伟大、最复杂，也是最难以理解的生物——的学问。

也许你会不以为然，因为早已有成百上千的人文社会学科的学者孜孜不倦地在各自的领域耕耘，学术成果百花齐放，汗牛充栋。但遗憾的是，我们的学者们使用的似乎是一种普罗大众无法听懂的论文式语言。长久以来，学术界以各种各样讳莫如深的学术术语和写作规范筑起了一道难以逾越的隔离墙，将好奇的大众挡在外面。

学者们这样做也许有他们的理由，因为这种规范和术语有助于他们彼此交流和促进。渐渐地，他们也忘记了如何用大众语言讲故事，尽管他们的研究有很多非常有趣的心得，却根本无法讲给父老乡亲们听。而群众们则伤透了心，既然你不能告诉我你研究了些什么，那我只能认为你什么也没做，白白浪费时间和金钱。于是，我们的社会就发生了断裂，一边是学者们自说自话，一边是普罗大众嗤之以鼻。

近几年来兴起的“草根史学”尤其令人不安。不少非历史学专业人士对历史学研究非常傲慢，有些人以为用嬉笑怒骂的文学语言讲述历史故事就是历史学，钻研深入一些的人以为通读了二十五史和几本古人笔记就能还原历史真面貌。于是在公众面前，殿堂里的历史学和历史学家都被“草根史学”所颠覆，甚至是骂倒。

不可否认，“草根史学”在向大众普及历史知识方面作出了很大贡献，甚至对于目前社会文化水平的提高都有很大作用。然而，“草根史学”的先天不足在于，它只能告诉读者们历史是怎样发生的，却说不出历史为什么是这样发生的。而后者才是真正的历史学研究要做的。

笔者自揣能够读懂专家学者们的学术语言，碰巧又比较喜欢为普罗大众讲故事，愿做一名论文语言和大众语言之间的翻译，架设一座学术界和普罗大众之间的桥梁。笔者希望告诉普通读者，学术界其实有很多很有趣的成果，大学课堂上教授们也讲过很多奇妙的故事，同时也希望能够提醒学术界，学术成果也可以写得很华丽，很好看，很有可读性，让普通读者喜欢。愿笔者的努力能够改变公众对学术界的不良印象。

本书由一系列短篇科普文章组成，绝不就事论事，或者仅仅描述奇谈怪事，通常的谋篇布局是提出一个读者熟悉却又常常忽视的问题，引起思考，然后讲述一段历史或者社会现象，最后用历史学、哲学、社会学、经济学、人类学、心理学原理解答为什么。

每一篇文章基本上都会提出一个令读者感到震撼或者颠覆性的观点。其实这些观点很可能在学术界内已经不算新鲜，但是对普通读者来说仍然具有强烈的新鲜感。大多数文章的观点、说法都来自于某一位或者某一群专家学者多年严肃治学的成果，绝非轻言戏说。

出于对学术规范的敬畏，笔者在此郑重声明：本书文章并非学术论文，而是向中等教育程度以上的读者介绍人文社会学科研究成果的科普作品，为保证可读性，有些地方或许不够严谨，希望诸君勿以论文规范苛求。本书所论均非本人研究成果，本人所做工作仅限文字传达，为免著作权纠纷，已尽可能地在文中对论点引自何人加以说明，若仍有遗漏、不妥和冒犯之处，本人在此致以歉意。

目录

第一章　人类这样进化

第二章　文化的秘密

第三章　制度的妙想

第四章　混迹社会的护身符

◈第五章　这就是政治 ◈

◈第六章　毒眼看社会 ◈

第一章　人类这样进化

大自然的历史实验——两个部落的命运

当我们审视人类走过的历史，经常会发现地理环境在暗中起着深远的作用。在大自然的神奇力量之下，人类不过是实验室里的小白鼠。

可怕的大屠杀

美国加州大学洛杉矶分校教授贾雷德·戴蒙德在其著作《枪炮、病菌和钢铁》中，讲述过这样一个奇怪的故事。

在新西兰以东800公里的查塔姆群岛上，曾经生活着一支名为莫里奥里人的土著人。在这个如同世外桃源的群岛上，他们过着一种非常和平的日子。但是在1835年，这种长达几个世纪的和平生活在一场腥风血雨中宣告结束。

那一年的11月19日，500名来自新西兰岛的土著毛利人带着枪支、棍棒和斧头，乘坐一艘船来到莫里奥里人的土地上。12月5日，另一艘船又送来400名毛利人。这些毛利人毫不拘束地走进莫里奥里人的村子里，宣布莫里奥里人现在成了他们的奴隶，如果谁反抗就杀死谁。

当时岛上的毛利人数目只有莫里奥里人的一半，如果莫里奥里人立即组织起来反抗这些不速之客，取胜应该不成问题。但是，在莫里奥里人字典里找不到战争这个词，他们的传统是和平解决争端。于是，莫里奥里人召开议事会，决定不进行反击，而是向敌人提出和平、友好的建议，并且愿意与侵略者分享岛上的资源。

可惜还没等莫里奥里人把这个建议说出口，毛利人已经开始了全面进攻。在几天的时间里，他们杀死了数以百计的莫里奥里人，把他们的尸体煮来吃，并把其余所有的人都变为奴隶。后来的几年中，大多数莫里奥里人都被毛利人像宰羊一样随心所欲地杀死。幸存者四处躲藏，可是一旦被毛利人发现，不论是男人、女人还是小孩，也都会一股脑地被杀害。

毛利人解释说："我们占领了……是按照我们的习俗。我们还捉住了所有的人。一个也没有逃掉。也有一些从我们手中逃走的，这些人我们抓住就杀。我们还杀了其他一些人——但那又怎么样呢？这符合我们的习俗。"

无辜的莫里奥里人是一个很小的与世隔绝的族群，以狩猎采集为生，他们所掌握的仅仅是最简单的技术和武器，对打仗毫无经验，也缺乏强有力的领导和组织。入侵者毛利人则是来自新西兰北岛的农民，长期从事残酷的战争，装备有比较先进的技术和武器，在强有力的领导下进行活动。当他们相遇的时候，莫里奥里人的惨淡命运便注定了。

竟然出自同一祖先

你也许不能相信，和平善良的莫里奥里人与凶狠残暴、嗜吃人肉的毛利人居然出自同一祖先。仅仅不到1000年前，他们才刚刚从老祖宗——波利尼西亚人中分化出来。公元1000年左右，一批波利尼西亚农民移居新西兰北岛，毛利人就是他们的后代。在那之后不久，这些波利尼西亚人中又有一批移居到了查塔姆群岛，变成了莫里奥里人。

在随后的几个世纪中，两群人分道扬镳，各自向着相反的方向演化。毛利人发展出比较复杂的技术和政治组织，从事更为先进的农业；而莫里奥利人发展出的技术和政治组织则比较简单，回复到原始的狩猎采集生活。

为什么原本同宗的两个人群几百年后差异会如此巨大呢？人类学家认为，这仿佛是大自然拿人类历史作的一个实验。实验的结果证明，人类社会竟然是如此虚弱，如同橡皮泥一样听任自然神力的摆布。

一次改变人类社会的实验

如果你是一个实验科学家，你可能会这样对待实验室里的小白鼠：将它们分为几组分别关在不同环境的笼子里，等这些老鼠繁衍几代之后再回来看看发生了什么情况。不幸的是，很多时候看起来我们人类在大自然的股掌之中，也跟这些小白鼠没什么两样。莫里奥里人和毛利人就是两个典型的实验品。

让我们来看看查塔姆群岛和新西兰北岛的不同自然环境是如何塑造莫里奥里人和毛利人的吧。

莫里奥里人的祖先已经懂得如何种植农作物了。可是他们的运气不太好，漂洋过海到了查塔姆群岛，却发现那里比新西兰北岛寒冷得多。结果他们带去的热带作物根本无法生长。始料不及的莫里奥里人只得放弃农业，靠狩猎采集维持生存。

这种原始的生产方式对莫里奥里人的社会影响非常深刻。由于以狩猎采集为生，他们很难生产出多余的食物，所以养活不起其他地区司空见惯的手艺人、官吏、军人和首领，社会始终处于非常松散、缺乏组织的状态。他们的猎物包括海豹、贝壳、海鸟和鱼，用手或者棍棒就可以捕捉，也不需要太复杂的技术，所以他们的技术水平也始终停止在低水平上。

此外，查塔姆群岛是由一些小岛组成的，地处偏远。每个小岛上的资源都很有限，能养活的总人口也就不过2 000人左右。因为航海技术的限制，莫里奥里人没有办法再迁移到其他地方，就只得留在这些小岛上，彼此学会了和睦相处，宣布放弃战争。为了避免人口过剩造成冲突，莫里奥里人甚至在一些男婴刚出生的时候，就将他们阉割了。

结果，在偏远贫瘠的查塔曼群岛上塑造出了一群技术和武器简单粗陋，缺乏强有力领导和组织的和平爱好者。

再来看看生活在新西兰北岛的毛利人。这里比较温暖，毛利人的祖先很轻易地就将波利尼西亚的农业移植到了这里。由于农业发达，毛利人可以将剩余的粮食储存起来，养活一些专门的手艺人、士兵和首领。由于社会发达，他们发展了各种各样的技术，有些用于农业，有些用来打仗，还有的用来搞艺术创作。他们甚至还建造了精致的庙宇和宏伟的城堡。

在这片肥沃的土地上，毛利人的数量很快超过了 10 万人。在人口过度密集的地方，他们开始向邻居宣战，从残酷的战争中获取利益。最终，当毛利人听到有关莫里奥里人的传闻时，便毫不犹豫地展开了血腥的侵略行动。

这个结果清楚地表明了在人类社会初期，生产力水平极低的情况下，地理环境能够在很短的时间内对人类社会造成根本性的影响。

被地理环境塑造的人类社会

东西方的古代思想家都曾注意到人与气候的关系。希波克拉底、柏拉图和亚里士多德等人都认为，人的性格和智慧由气候决定。16 世纪的法国思想家让·博丹认为，地理环境决定着民族性格、国家形式和社会进步。他认为，北方寒冷，使人们的体格强壮而缺少才智，南方炎热，使人们有才智而缺少精力。因此，统治国家的决定因素也应当有所不同：北方民族依靠权力，南方民族依靠宗教，中部民族依靠正义与公平。

莫里奥里人和毛利人的情况基本上也可以用这种理论来解释，狭窄贫瘠的岛屿使莫里奥里人和平甚至懦弱，宽广肥沃的平原则使毛利人凶残好战。当然，地理环境塑造的其实是这两个部族的社会，社会随后改变了人们的行为方式。人并非生来懦弱或者凶残，只是因为他们的社会为了解决生存问题，而不得不要求他们这样做。

事实上，在很多民族成长的早期，都留下了地理环境作用的痕迹，而且生产力水平越低，地理环境的影响就越大。比较典型的有中国和古希腊。

中国的北方是大漠草原，西南是青藏高原，东南是大海，四面都是屏障。远古时期的中国人适应黄河流域的土壤、气候条件，就形成了以家庭为单位，以村寨为依托的自给自足的农耕组织。在此基础上形成了中国绵延几千年的专制集权制度，而重农抑商和禁止下海始终是中国古代国家政策的一个重要内容。

相比较而言，希腊地区并不适宜于粮食种植业的发展，这里多丘陵，土地贫瘠，山多地少，且可耕种的土地又大多是砂、土、石、植物根茎等相混杂，没有相当坚硬的工具则几乎无法进行大规模的农业生产。海岸崎岖，多天然良港，岛屿密布，地处东西方文明交汇处，有利于航海业和对外贸易的发展，于是催生出大量拥有自由权利和雄厚经济实力的市民群体，他们成为城市的实际主宰者，终于促使古希腊产生了其他古代文明所不具有的城邦制民主政治。

这就是自然和我们的关系。它只要稍微改变一下我们的生存条件，我们自以为伟大的社会就会大有不同。很多时候，当我们审视人类走过的历史，都会发现地理环境在暗中起着深远的作用。在大自然的神奇力量之下，人类不过是实验室里的“小白鼠”。

神秘的谜米——文化的遗传基因

人类的文化也像万千生物一样可以遗传，而主导这种遗传的是一种类似于基因的自我复制因子——“谜米”。

“龙生龙，凤生凤，老鼠的儿子会打洞”。看到儿女在体形、长相上与父母接近，我们可以说是因为遗传基因在起作用。40 亿年前，在地球的“原始营养汤”中，遗传基因这种非凡的分子偶然间形成，便迅速地在海洋里到处扩散它的拷贝。偶尔它的复制会发生一点差错，结果成了另一种基因。新的基因也毫不含糊地进行自我复制和扩散。有些基因自我复制和扩散的能力较差，就逐渐消失了，留下来的都是最善于自我复制和传播的，它们在地球上发展出多种多样的生物。

但是我们不仅仅拥有几千年前的祖先所拥有的黑头发、黑眼睛、黄皮肤，我们也拥有和他们相似的语言、观念、信仰、行为方式，这又是因为什么呢？英国学者布莱克摩尔认为，其实人类的文化也像万千生物一样可以遗传，而主导这种遗传的是一种类似于基因的自我复制因子，称之为“谜米”。就像基因是生命的基本元素一样，谜米就是文化的基本元素。我们的文化之所以能够传承，全有赖于谜米。

如同基因一样的谜米

任何事物，只要它以模仿的方式从一个人身上传递到另一个人身上，那它就是一个谜米，包括：你所掌握的全部词汇、你所知道的每一件事情、你从别人那里学会的全部技能和习惯、你所喜爱的各种游戏，也包括你所会唱的每一首歌以及你所遵守的各种规则，等等。

作为不同形式的谜米，科学观念是通过从一个人头脑中跳入另一个人头脑中的方式而流行起来，并宣传它们自身的。音乐曲调、思想观念、谚语、服装样式、建筑形式、宗教信仰等也都是通过一个人对另一个人的模仿而获得传播的。

如同基因在遗传的过程中会出现变异，从而产生新的物种一样，谜米在复制和扩散过程中也常常会发生变异，形成一种新的文化，如人们在转述一个事件时，或许会添加一些细节，或许会删减一些内容，最后有可能变得面目全非，就像中国的端午节传到韩国之后，变成了具有浓郁韩国色彩的端午祭。也正因为这样，人类的文明才会如此缤纷多彩，世界上才会出现如此众多的文化种类，争奇斗艳。

如同基因有优胜劣汰一样，谜米的传播能力是不同的，某些谜米更易于被传递，另一些谜米则从来得不到传播，也就从人们的生活中消失了。如我们学唱歌曲时经常会发现，有些歌曲比较容易记忆，并能很快传播，比如说苏格兰民谣《祝你生日快乐》，全世界数以亿计的人都知道这首歌的曲调，而有些歌曲则很少被人传唱。

谜米的竞争

正如基因之间相互竞争着，自私地、不顾一切地要进入到下一代的身体之中，谜米之间也相互竞争着，自私地、不顾一切地要进入到另一个人的大脑、另一本书、另一个对象之中。而人类不过是它的寄主罢了。这一点在宗教文化上体现得非常明显。

以基督教为例，它包含着如下一些谜米：一个无所不知、无所不能的上帝观念；耶稣基督是上帝之子，被钉死在十字架上之后获得新生，现在（而且永远）能够听到我们的祈祷；人生来就是有罪的；只要虔诚地忏悔，就能够拯救罪孽深重的灵魂；不遵守上帝教诲的人将受到最为严厉的惩罚，如被打入地狱，永世不得翻身等。

这些谜米结合在一起，在人们内心深处引起强烈的情感冲动和各种奇异的体验，并且为人们所面临的各种问题提供答案，吸引人们信仰宗教，从而像病毒一样“感染”着人群，传播着自己，最终拥有了一个庞大的信徒群体。

人类历史上曾经出现过很多种宗教，都竭尽所能将自己传播到更多人的脑子里。但是到了今天，基督教、伊斯兰教、佛教这三大宗教统治着世界上绝大多数宗教信徒的头脑，而其他很多宗教因为信徒太少都已经销声匿迹。这就是谜米竞争的结果。

被谜米控制的人

在人类社会中，无论男性和女性，都倾向于选择最好的谜米传播者作为自己的性爱对象。原始社会中一个妇女可能更倾向于选择善于模仿的男人。因为他们善于学习最新的技艺或石器制作方法，从而具有生物学上的优越性。即使到了现代社会，政治领袖、作家、教授、艺术家、电影明星之所以会成为女性追求的对象，也是因为这些男性具有较强的模仿能力，能更好地传播文化谜米。

人们性格中很多优点，比如豪爽、大方、善良、关爱别人等，往往也是谜米驱动的。假设有两个人，一个叫盖文，一个叫凯文，盖文是一个利己主义者，他不愿意花钱给别人买饮料或请别人吃饭，每当朋友需要帮助时，他总有比帮助朋友更重要的事情。而凯文则是利他主义者。他豪爽大方，富于同情心，经常请朋友吃饭，帮助朋友搬家修房，为他人的事情不辞辛劳。可想而知，盖文几乎没有朋友，他的谜米少有人复制或拷贝，但人们喜欢凯文，愿意听他高谈阔论自己的谜米，乐意传播他的谜米。所以豪爽大方并不是无私，从谜米传播的角度讲，是非常有利于自己的。

因为利他主义者可以获得更多的朋友从而传播他的谜米，所以人类社会的利他主义便盛行不绝。宗教迷信的传播者宣布只有他们才能救苦救难；而江湖医术则声称，他们是最关心人类健康的，目的都是为了传播自己的谜米。

总而言之，按照布莱克摩尔的看法，我们每个人都不过是一个巨大的谜米复合体而已，这个谜米复合体运行于我们的身体和大脑之上，人类不过是一架又一架的谜米机器。

印刷智慧水与电视蒙汗药

人类在大规模印刷术的作用下，理性思维能力获得极大提高，可惜好景不长，随着电报、电视的普及，这种宝贵的能力正在被人们放弃。

在人类文明发展史上，从口头语言到文字书写，从印刷术到照相技术，从电报到今天的电视，人与人之间信息交流的方式变了一次又一次。这些今天看似平常的技术进步在人类文明的发展中发挥了难以想象的力量，改变了我们的社会，甚至改变了我们的头脑。美国的一位悲天悯人的文化研究学者尼尔·波兹曼似乎对此看得格外深刻，他认为，我们人类在大规模印刷术的作用下，理性思维能力获得了极大的提高，可惜好景不长，随着电报、电视的普及，这种宝贵的能力正在被人们所抛弃。

最和谐的信息传播是口语

波兹曼认为人类历史上最为和谐、有效的信息传播方式其实是口头语言。传播者凭借口语以及比比画画的身体语言这一灵敏媒介，将信息准确有效地传递给受众。

西非有一个部落至今仍然保持着原始的生活状态。那里的土著居民虽然没有文字，也没有现代法庭中使用的厚厚的法典，但却形成了独特而又有趣的司法审判习俗。如果发生纠纷，当事人双方就会来到部落首领面前陈述自己的不满。部落首领会从他满脑子的谚语和俗语中找出一句适合当时情形的话，来作为判定依据，设法使当事人双方都感到满意。

比如已经独立成家的儿子从父亲那里偷了一袋种子，这位首领就有可能用类似于“马瘦毛长蹄子肥，儿子偷爹不算贼”这种话来劝解。于是观看审判的人们皆大欢喜，认为正义得到了伸张，真理重见天日。部落首领为什么要用我们看起来近乎玩笑的方式来审理案件呢？这是因为在这个没有文字的社会里，人们要想发现和解释真理，就必须凭借口头语言中的各种公式化的表达方式，也就是谚语、俗语和寓言。因此，在这种文化里，谁张口闭口都是格言警句，谁就会被视为智力超群。

但是这种信息传播方式对人类经验知识的传承没什么好处。人们还来不及思考，话音就已经从耳边消失了。这就是部落首领一肚子都是谚语的原因，他只能靠这种办法记住祖先的思想和经验。如果必须硬着头皮把一整部逻辑严密、语言干涩的《民法》背下来，恐怕他宁可辞职不干。

如果我们注意一下古代文学史，就会发现越是古老的年代，人们越喜欢创作押韵的作品。中国古代从春秋时期的《诗经》、《楚辞》，一直到汉赋、唐诗、宋词，全都押韵合辙，富有音乐感，这正是为了在文字印刷不发达的年代便于人们口头传颂。

印刷术教你思考

为了改变这种状况，人们发明了文字。从此人们说出的话不仅听得见，而且看得见。这绝不是一件小事。书面文字使思想能够方便地接受他人持续而严格的审查。书面形式把语言凝固下来，并由此诞生了语言学、修辞学、历史学、逻辑学和科学——所有从事这些学问的人都必须把语言放在眼前才能看清它的意思，找出它的错误，明白它的启示。后来人们掌握了大规模印刷术，文字的这种作用更如同火山爆发一般，激发出人类文明的无穷潜能。

在大规模印刷时代，读者面对的其实是对智力的最大挑战。阅读文字意味着要跟随一条思路走下去，这需要读者具有相当强的分类、推理和判断能力。读者要能够发现谎言，明察作者笔头流露的迷惑，分清过于笼统的概括，找出滥用逻辑、无视常识的地方。同时读者还要具有评判能力，要对不同的观点进行对比，并且举一反三。

而印刷术时代的信息本身则应该是完整的、有逻辑、有情境的。在这种新的媒介环境中，为了避免歧义，诗歌、音乐等承载浓缩了丰富渊深的原始智慧的媒介变得不再流行，不得不让位于刻板冗长的行政公文、散文。

在印刷术的推动下，人们学会了从容应对一个充满概念和归纳的世界，并且为智力作出了一个新的定义，那些具有客观和理性思维，能够发表严肃、有序和具有逻辑性的公众演讲的人，成为最具智慧的人。印刷术如同传说中的“智慧水”，让人类的头脑获得了一次了不起的升级。

印刷机统治下的美国

波兹曼对于印刷时代的美国非常推崇。那时候印刷品几乎是人们生活中唯一的消遣。阅读习惯培养了辨识、选择、判断的能力，人们乐于发表个人见解，也激发了公众参与社会事务的热情。印刷文字，特别是说明文的语言结构对人们影响非常大。法国思想家托克维尔诙谐地说：“美国人不会交谈，但他会讨论，而且他说的话往往会变成论文。他像在会议上发言一样跟你说话。”

著名的美国“废奴”总统林肯曾经与他的政治对手道格拉斯进行过七场著名的辩论，最短两个小时，最长甚至达到了七个小时，每个人在回答一个政治问题的时候起码要花上半个多小时。在这些复杂微妙、你来我往的辩论中，两位政治家语言的句子结构、长短、修辞手法完全是书面语风格，包含了复杂的修辞手法，比如讽刺、隐喻、意味深长却又似是而非的隽语。而他们的听众居然也能够津津有味地从头到尾听完辩论的每一个长句，甚至情不自禁地鼓掌叫好。当时的美国公众无疑具备非凡的理解复杂长句的能力，可以用耳朵加工非常复杂的信息。

在这种环境下，铅字垄断着人们的注意力和智力。公众人物被人们熟悉是因为他们的文字，而不是因为他们的外貌，甚至跟他们的演讲技巧也没有关系。可以肯定，如果美国的前 15 位总统走在街上，没有人会认出他们是谁。人们想到他们，就是想到他们的著作，他们的社会地位、观点、知识都是在印刷文字中得到体现的。

被瓦解的理性世界

印刷技术让人类文明迅速前进，可是不断涌现的科技发明却开始瓦解印刷机好不容易在人们头脑中建立起来的理性思维方式。波兹曼认为这首先是从电报的发明开始的。

电报发明之后，这种快速传送消息的方式很快被世界各地的报纸媒体记者所采用。当电报传来的新闻占据了报纸头版之后，一种新的文体诞生了，人们的思维能力也随之开始受到扼杀。电报要求所承载的信息必须是简短的，所以信息被抽取、分割了，讲述一个事件务必舍去前因后果和它发生的情境，而只突出它最重要、最吸引人甚至是最骇人听闻的部分。这些电报新闻类似口号，容易被记住，也容易被忘记，不允许人们进行历史地回顾，不鼓励深入地分析。信息的价值不再取决于其在社会和政治对策和行动中所起的作用，而取决于它是否新奇有趣。无聊散乱、耸人听闻的新闻成为媒介的主要内容。报纸上一行行的文字渐渐失去了帮助我们获得知识和理解这个世界的能力。对于电报来说，最具智慧的人就是那些知道很多事情的人，而不是理解这些事情的人。

印刷时代，人们获得信息是为了解决生活中的问题，获得信息和付诸行动是对等的。现在大量脱离了情境的、与我们生活无关的信息，比如某某女明星怀孕生子，充塞了我们的耳朵。获得信息不再是为了行动，而仅仅是为了消费信息、获得感官享受。

接踵而来的是摄影术。1896 年，亨氏公司采用了一张照片代替文字广告：一个可爱的宝宝坐在婴儿椅中，面前摆着一碗麦片粥，手里拿着调羹，脸上露出惊喜的笑容。这说明，广告商已经不再期待顾客的理性选择。广告成了一半心理学，一半美学的东西，理性思维只好靠边站。照片成为人们接受信息的中心，把文字挤到背景里，甚至干脆驱逐出境。它们只需要辨认，不需要理解，用图片虚构出一个经过剪裁和伪装的“真实”。对于读者来说，“看”取代了“读”，成为他们进行判断的基础，“有趣”代替了复杂而连贯的思想。

我作秀，故我在

到电视走进千家万户的时候，这种状况发展到了极致。美国著名电视主持人罗伯特·麦克尼尔总结电视节目的成功诀窍是：越短越好，避免复杂。无需精妙含义，以视觉刺激代替思想。准确的文字已经过时落伍了。

在这种形势下，人类思维的连贯性与逻辑性遭到严重破坏，因为“电视上的节目，几乎每八分钟就可以成为一个独立的单元”，思考根本无法在电视上得到很好的表现。电视新闻并不想提醒观众某条新闻具有严肃内涵，否则观众在新闻播完之后必定会继续思考，这会妨碍他们观看下一条新闻。电视屏幕上的图像源源不断地涌现，足以压倒文字并且使人的思考短路。于是人们不再探询因果，不再关注逻辑，对事件也缺乏持续性的感情，就像吃了蒙汗药一样。

还是拿总统竞选做例子，在电视时代，竞选人仍然会在电视上进行“辩论”。但是波兹曼认为这种辩论与林肯和道格拉斯的辩论根本无法同日而语。每个候选人只有五分钟时间回答诸如“你对中美洲将采取什么政策”这样的大问题，然后他的对手用一分钟进行反驳。复杂的措辞、充分的证据和逻辑都派不上用场，有时甚至连语法也被丢到一边。但是这没有关系，他们关心的是给观众留下印象，而不是留下观点。这正是电视所擅长的。取胜的关键是——辩论者的外表如何，他们的眼神如何，他们怎样微笑，怎样说俏皮话。

美国前总统尼克松就曾经把自己的一次竞选失败归罪于化妆师的蓄意破坏，而不是自己的政治观点没有得到选民们的接受。他甚至还建议另一位准备参加竞选的政客减肥。很显然，在电视时代，美国第 27 任总统塔夫脱肯定当不了总统了，尽管他能言善辩，但是他体重达 130 多公斤，在电视屏幕里显然不会获得多少支持。笛卡儿的名言到了今天已经被人们改造为：我作秀，故我在！

更可怕的是，媒体为了吸引公众的眼球，采用了一种娱乐化的理念，甚至将信仰冲突、民族矛盾、利益纠纷等人类命运的苦难悲喜，都淹没在对暴力血腥场面的展示中，都掩盖在嘻嘻哈哈的无聊娱乐中。那些沉湎于感官刺激和娱乐享受的公众，在不知不觉中疏远了文本的阅读，疏远了爱不释卷的氛围和瘾好，更疏远了独立思想和行动的能力。

著名科幻作家韦尔斯曾经说过：人们感到痛苦的不是他们用笑声代替了思考，而是他们不知道自己为什么笑以及为什么不再思考。也许这句话不幸言中了。

电子游戏使人类进化

> 电子游戏、电影、电视并非一种致人愚蠢的东西，它们带来的认知挑战正使我们的大脑在潜移默化中变得敏锐、睿智，而人类自己正在它们的刺激中飞速地进化。

与波兹曼的悲观态度相反，美国文化学者斯蒂文·约翰逊对新媒体尤其是电子游戏，在人类进化中所起的作用非常乐观。

电子游戏在成年人主宰的世界里可谓是千夫所指，常常被扣上“精神鸦片”的大帽子，并且成为青少年种种不轨行为的罪魁祸首。一大群心理学家、教育学家义正词严地论证：电子游戏对眼睛损害很大，还会影响学习，工作，严重的话还会影响一个人的智力和性格，比如玩暴力的游戏久了会让一个人变得暴躁、暴力。在他们看来，只有读书才是最能培养一个人的情操和思维能力的事情。

幻想出来的时评

斯蒂文·约翰逊认为，这些一本正经教训孩子们该如何如何去做的大人们，其实是对照着读书的种种优点，夸大了电子游戏的缺陷和瑕疵。要避开偏见，公正地比较电子游戏和读书谁优谁劣，我们不妨想象着有一个与我们相同的世界，但是在这个世界里，孩子们几个世纪以来都是玩电子游戏长大的，而纸质的书本刚刚出现并且风行于世。那么忧心忡忡的教师、家长、学者们又会对读书热潮作何评价呢？报纸上的时评可能就会这样说：

> 与我们悠久的电子游戏传统不同，读书这种活动根本无法使孩子们的感官得到充分的刺激。电子游戏使孩子们沉浸在一个有着动态图像和背景音乐的、鲜明活泼的三维世界里，孩子们要动用复杂的肌肉运动来引导和控制它，牵动大脑所有的感觉和运动神经皮层。而书本只是一页页单调的文字，阅读的时候只有一小部分处理书面语言的大脑被激活。
>
> 读书还使人更加孤独。许多年来，游戏使孩子们与同龄人保持着复杂的社会关系，使他们一起建造“世界”、探索“世界”。而书本却使孩子们彼此隔绝在一个个安静的空间里，悄然无声地阅读，中断了与其他孩子的互动。
>
> 图书最危险的特性是：它们走的是固定的线形道路。读者无法控制书本里的故事发展，而只能乖乖坐下来，跟着故事走。这太不可思议了，为什么有人要进入完全由别人一手策划的冒险？

这种冒险给孩子们灌输了消极的东西，使他们感到自己没有能力改变境遇。阅读不是一种积极参与的过程，而是一种顺从谦卑的经历。

这当然是一番玩笑话，但是至少可以提醒我们，电子游戏也有着书本所不具备的优点，很可能正在用一种前所未有的方式锻炼着我们的下一代。

与众不同的电子游戏

从游戏规则上看，大部分电子游戏与象棋、围棋、扑克这种传统智力游戏有本质上的不同。棋手们在下象棋之前，对规则总是烂熟于胸，毫不含糊：比如马走日、象走田、士走斜线。谁能吃谁一目了然。你坐在棋盘前发愁的问题只是按照规则你该怎么走。

在电子游戏的世界里却不是这样，尤其是像《古墓丽影》这种探险型的游戏，几乎不会有完整的规则呈现给玩家。有时电脑会给出一些指令，告诉你如何操纵枪支或者绳索，但是完成任务的很多窍门只有通过不断地探索才会渐渐显露庐山真面目，很多规则只有在玩中才能发现。比如说你穿着盔甲就跳不过山崖，胸部受伤比腿部受伤失血多。玩家总是边玩边学，经历磕磕绊绊，在不断尝试和失败中将游戏剧情继续下去。玩家的游戏中总是要经历探测—猜测—再探测—再猜测的过程，就仿佛科学家在真实的世界中探索自然和社会规律一样。可以说，玩电子游戏的过程就是学习科学研究方法的基本过程。

今天的《魔兽世界》、《地产大亨》之类的电子游戏总是具有模糊的、多种多样的可能性。要战胜潜伏的恶魔，你可以这么走，也可以那么走，可以使用这种武器，也可以使用那种武器，你需要每次解决一个谜题，你必须思考——仅仅快速按键是不行的。一个现代的电子游戏会需要 40 个小时来完成，而且你永远不知道胜利是否会到来。电子游戏越来越接近不可捉摸的现实生活，更可以有效训练到大脑认知肌肉的能力。与此同时，一个正在玩游戏的人往往还要同时打电话、吃零食、听音乐、收发 E-mail、聊天。这种快速地对多种任务作出反应的能力也是20年前的人所没有的。

更重要的是，玩家在游戏中通过努力获得的“奖赏”（武器装备、武功秘籍、游戏通关）能刺激到大脑神经传递素多巴胺系统，当该系统接受到获得奖赏的信号，就会分泌出相应的因子使人兴奋、充满激情，从而兴致勃勃地继续玩下去。这种锻炼智力的方式绝对是人类过去发明的任何益智活动所无法比拟的。

电影、电视让你更聪明

其实不只是电子游戏，电影、电视等大众文化也常常受到学者们的抨击。几十年来，人们一直都认为，大众文化在沿着一条逐渐下降的道路，走向最低的普通标准，因为大众喜欢简单、弱智的快乐，而大型影视公司则要迎合大众所需。但是20年前就有学者发现，从智商测试结果来看，美国人的智商正变得越来越高，每10年增长3个百分点，尽管这些人群还日复一日地接受弱智电视和没有思想的流行音乐的熏陶。这究竟怎么回事？事实与人们担心的恰恰相反：电影电视对智力的要求其实是越来越苛刻，而非更宽松了。

今天的电视节目较之上世纪70年代的电视节目而言，其情节更复杂了，速度也更快了。电视剧里的单线故事变成了多线故事，两个主角和两三个配角变成了几个主角和十几个配角。对现实政治和社会的讽喻也在增加。情节简单、黑白分明的电视剧早已失去市场。

在观看更复杂的电视节目时，我们的大脑对微妙的暗喻、手势和面部表情有了更快速敏感的反应，我们总是忙于在屏幕上搜索各种线索，站在主角身后的配角的动作表情也不会逃过我们的眼睛。我们更善于猜测和构想故事发展的方向，电视电影制作商必须绞尽脑汁才能避免故事结局被大部分观众猜中。

今天人们再看《豪门恩怨》这种老电视剧会惊讶于剧情的简单，对白的空洞，动作的呆板。现在的电视剧叙述线索纷繁错乱，人物暧昧难明，常常含有需要观众主动填补的隐喻空间。例如，《越狱》就借鉴了电子游戏的做法，只给观众提供有限的背景，要靠观众自行猜测人物与事件、人物与人物之间的关系。上世纪五六十年代的观众如果看现在的电视剧一定会莫名其妙，无法接受。甚至连真人秀节目都在调动观众的预测性想象。在这种情况下，电视（电影）也和游戏一样，向人们提出了更高的认识能力上的要求。所以电影、电视实际上是让我们变得更聪明了。

电子游戏、电影、电视当然不会是“伟大的艺术品”，但它们正在逐年变得成熟，它们所带来的认知挑战正使我们的大脑在潜移默化中变得敏锐、睿智。它们并非一种致人愚蠢的东西，而人类自己正在它们的刺激中飞速地进化。

第二章　文化的秘密

迷信的力量

> 我们今天知道，迷信是一些充满谬误的观念，可是在科学、理性、法律等文明成果诞生之前，它却一度指引我们做出了正确的行为。

我们通常把迷信看做是一件不折不扣的坏事。不可否认，迷信在世上造成了很多危害，浪费财富、扰乱邦国、拆散家庭、挑动刀兵。但是哲学家们说："存在即是合理的"，这种充满谬误的东西，从蒙昧时代起就伴随人类左右几千年，是否也具有某种合理性呢？

英国人类学家弗雷泽勇敢地站出来为迷信辩护，他认为在人类文明进化的某些特定阶段，迷信也曾经发挥过不可替代的、积极的社会作用。

酋长的护身符

在古代社会的许多民族中，人们相信自己的领袖属于人类的高等种族，拥有无可争议的、超自然的神秘力量。普通老百姓既不可能获得，也不可能抵抗这种力量，结果就只能乖乖地接受统治。

新西兰的毛利人相信他们的酋长就是活着的神祇。他的身体是神圣的，触摸他身体的行为都属于违法，即使为了搭救他的性命也不行。有一次，一个酋长因为鱼刺卡着喉咙而窒息，那些悲哀地围绕在他身边的臣民们却没有一个人敢去碰他，甚至无人敢走近一步，因为他们将会为此付出生命的代价。直到后来一个西方传教士路过，取出鱼刺，才救了酋长一命。等酋长缓过劲来，说出的第一句话就是要求传教士把取鱼刺的外科手术器械奉送给他，以作为抽取他神圣的血、触摸他神圣的头这种违法行为的赔偿。

在古秘鲁，一个被称为印卡的统治家族也笼罩着迷信和崇拜着的光环。印第安人认为他们是太阳神的儿女，生下来就是为了教导和施恩于人。印卡不会受到那些通常导致一般人犯罪的诱惑——诸如情欲、嫉妒、贪欲和报复欲。如果有谁冒犯了某位印卡，就会受到极重的惩罚。可是没有一个印第安人受到过这种惩罚，因为这种冒犯根本不会发生。

在欧洲，荷马时代的希腊人也将国王和首领描述为神圣的，他们的房子、战车也是神圣的。19 世纪以前的英国人和法国人则相信他们的国王用手轻轻触摸就可以治愈皮肤病，法王路易十五和路易十六都在他们的加冕典礼上触摸了无数病人。中国皇帝被神化的事情我们更是耳熟能详。他们不是被描述为“天子”，就是被称呼为“龙”。历代开国皇帝的出生几乎都被描绘得离奇而有异相。

由于人们深深地崇拜着统治者，满脑子都是关于统治者力量的夸大的观念，因而他们别无选择，只有绝对地服从统治。所以说，在民主、共和的思想还没有出现之前，这种“愚民”行径的确加强了人们对统治机构，特别是君主的尊重，从而大大有助于社会秩序的建立和延续。当西方传教士来到西南太平洋的美拉利尼西亚群岛的时候，无意中用西方医术和科学技术破坏了土著人对酋长的迷信崇拜，最后导致了当地社会陷于崩溃瓦解。

私有财产是神圣的

有时候，迷信还会加强人们对私有财产的尊重，这种尊重有助于保障人们对财产的占有。

萨摩亚人把椰子树叶编成狗鱼的形状挂在面包树上，这样，小偷就不敢去偷他的面包果了，小偷害怕下次出海会有一条狗鱼来要他的命。如果把一根棍子横架在树上，就意味着谁偷了果实就会被身体上的脓疮折磨致死。如果贼真的长了疮，他就要承认自己的过错，并给主人送来礼物谢罪，主人回赠一棵香草，既是药物也是宽恕的凭据。

南美洲库瓦纳的印第安人用一根棉线围住他们的园地，这就是很安全的保护措施了，因为人们相信侵入者很快就会死掉。在马达加斯加，有些东西被列入禁忌，偷了就会招致惩罚。比如偷鸡蛋的贼会染上麻风病，偷铁器会带来肉体上的疼痛。

古希腊人似乎将诅咒作为保护财产的一种便宜而有效的手段广泛使用。一个愤怒的妇女会把对偷走她手镯或者内衣的贼的诅咒刻在铅板或者其他什么东西上，放在神庙里，由神来报复。

而在苏丹达尔福尔的山区，不用主人做任何事情，房屋、财务和牲畜都由一种凶猛而危险的守护神来保护。牛羊都撒开了放牧，无人看管。假使哪个坏蛋企图偷走或者宰杀牛羊，他持刀的手就会被吸住，直到主人赶来把他抓住为止。据说有个酋长的守护神在执行任务的时候过于敬业，不仅杀死了好几个企图偷窃的奴隶，还杀死了想从父亲的铺子里拿点东西的酋长儿子。恼怒的酋长请了许多朋友，全副武装，荷枪实弹地跑到商店里扫射了好几遍，才把这个守护神赶走。

无数人类学证据都说明，在法律和完备的国家机器出现以前，迷信的恐惧都曾经是人们不敢偷盗的重要原因，大大有助于人们安全地占有财产。

神圣的婚姻

很多原始部落的迷信风俗还迫使人们尊重自己的婚姻，在两性关系上谨守严格的道德规范。

在缅甸的克伦人中，如果某村的庄稼有一两年总是长不好，大家就会追查是不是出了奸夫淫妇。水落石出之后，犯罪者必须买一头猪来杀掉，俩人各拿一只猪蹄，在地上划出一些沟，再用猪血填上，然后还得手抓着地向神灵祷告，请求宽恕。

印度阿萨姆邦的一些部落相信只要庄稼还没入仓，即使是最轻微的纵欲也会毁掉收成。孟加拉湾拉加马哈山区的居民相信，通奸会使村里的人染上瘟疫，或者被老虎等野兽吃掉。苏门答腊的巴塔人认为，如果一个未婚女子有了身孕，就必须马上出嫁，否则人们将会受到老虎的侵扰，庄稼也会歉收。

乱伦在很多原始部落都会受到严厉的惩罚。在婆罗洲沙捞越，触犯这个禁忌的男女会被用一根锋利的竹桩钉在地上，或者装进柳条笼子扔进河里。中西里伯斯的托莫里人会把犯乱伦罪的人掐死，一滴血也不能落在地上，否则稻谷将不再生长。

在许多民族的观念里，不正当的性行为，无论是已婚还是未婚，都不单纯是某几个人的道德过失，而是一种对神灵的冒犯，扰乱了大自然的常规，可能使整个部族卷入灾难，所以必须赎罪，并且进行严厉的惩罚。在科技高度发达的现代社会，迷信已经没有了市场，混乱的性放纵和婚姻家庭危机反而成了普遍现象。这何尝不是一种讽刺呢？

鬼魂的报复

很多时候，迷信甚至还强化了人们对生命的尊重。

在世界上几乎所有原始部族中间，都广泛流传着对鬼魂的畏惧。冷酷无情的恶棍们总是为此心惊肉跳。古希腊人相信，所有刚刚被害的人的灵魂都非常痛恨凶手，一定会去折磨他。所以凶手都不得不背井离乡，直到死者的愤怒逐渐平息下来为止。不仅如此，他还会因为那个愤怒而危险的幽灵紧咬着他不放，而成为全社会恐惧和厌恶的对象。肯尼亚的阿基库尤人认为，如果某个杀过人的人来到某个家庭，同这家人一同吃过饭，这家人就会蒙受危险的玷污，如果没有巫师及时来洗刷，这家人就会死掉。

巴布亚新几内亚的卡伊人对在战争中被他们杀死的人的鬼魂有着极大的恐惧。离开战场后，他们总是急急忙忙，以便在夜幕降临之前安全地回到家中。因为他们相信，在长夜里死者的幽灵会追踪杀人者。返回村子后，有那么几天任何人都不能触摸他们，必须小心翼翼地绕着他们走。他们用一种爬行动物的血为自己消毒，但即使这样也不能完全保证他们不受被杀死的人灵魂的伤害。

北美的奥马哈印第安人，即使是一个得到受害者亲属宽恕的杀人凶手，也必须在两到四年之内，赤脚走路，不吃热食，不能高声说话，东张西望。他必须用长袍裹紧全身，不能梳头。部落狩猎时，他也得在营地远处扎帐篷。因为他受到鬼魂的追踪，人们都与他保持距离。

古代中国人尤其相信鬼魂报应的说法，这往往能够制止令人发指的恶行。因为人们相信受屈的一方的灵魂脱离肉体后，可能会变成拥有强大力量的厉鬼，对坏人进行生前无力做到的复仇。怀着这种意图自杀的例子并不罕见。而在有些存在“溺杀女婴”风俗的地方，富裕的善人会散发小册子，里面罗列了大量被杀的女孩鬼魂惩罚自己不仁父母的可怕故事，迫使他们生了女婴即使不愿抚养，也只能送给育婴堂收养。

可以说，对鬼魂的畏惧对于保护人类生命的确起了作用。一方面每个人由于害怕报复不愿意去杀害同类，另一方面鬼魂的纠缠又唤起整个部族去惩罚杀人凶手。鲁莽和冷酷的人于是有了双重遏制，以避免走到最后致命的那一步。

有人认为，统治机构、私有财产、婚姻制度和人身保障是支撑文明社会全部组织的四大支柱，动摇了它们就是从根本上动摇了人类社会。如此说来，迷信确实曾经通过加强这四大支柱而对人类作出了重大贡献。我们今天知道，迷信是些充满谬误的观念，可是在科学、理性、法律等文明成果诞生之前，它却一度指引我们做出了正确的行为。

旅游是一种现代朝圣

所谓“休闲旅游”，其实跟宗教信徒们不远万里的朝圣活动，在本质上是一样的。

当你在“五一”黄金周背着大包小包，跟着旅游团蜂拥到某一个著名的风景名胜区疯狂拍照留念的时候，你可能不会想到，你的这种所谓休闲旅游，其实跟宗教信徒们不远万里的朝圣活动，在本质上是一样的。

朝圣，无论是在东方还是在西方，都是以宗教为基础而开展的一种宗教活动。西方中世纪基督徒到耶路撒冷和罗马进行朝圣，到西班牙的圣地亚哥去朝圣。在中国，许多佛教徒到他们心目中的“圣山”、“神庙”去朝圣，比如说著名的唐三藏就去了印度。不过根据记载，西方中世纪的朝圣者虽然是以宗教为基础，怀着虔诚的心情去朝圣，但他们也在朝圣途中进行各种社交和娱乐活动，与各种人交往。所以人类学家认为，宗教朝圣实际上就是当代旅游的起源。

对于朝圣者来说，无论他们信仰的是什么宗教，有一点共同的就是，到另一个世界去遨游，经历一种全新的精神生活，使精神得到“充电”。而对于现代旅游来说，人们摆脱了日常平凡的琐事，摆脱了世俗的生活、工作、家务，离开家庭，到一个不同寻常的地方去经历一种“变化”，完了以后又回家，回到日常工作中。这样的旅游行为就像是一种宗教仪式，具有“神圣”的意味。因为在旅游的日子里，人们处在一种特殊的境地，更多地与超自然的东西接触，而这些超自然的东西能创造出非凡的奇迹。这对旅游者来说无疑是最大的收获。

旅游者们最喜欢去看的是那些著名的文化历史遗存，特别喜欢与那些被视为神圣的人造建筑或自然奇迹亲密接触。拿去北京八达岭长城旅游的人们做例子：游客们到达长城脚下之后便只顾着向上攀爬，最多只是扫视一下周围的自然景色。当他们气喘吁吁爬到最高的烽火台时，马上会围在刻有“不到长城非好汉”的石碑前照相。很明显，在这些人们的心中，欣赏美景或者是休闲娱乐都只是表面上的目的，最重要的是他们到这个神圣的地方来过了，这就是旅游。

美国飞机与土著神话

人类的古代神话中常常有神仙驾驶飞车翱翔天空的情节。一个真实发生过的事情却让我们对古代神话有了新的看法。

人类的古代神话中常常有神仙驾驶飞车翱翔天空的情节。科学家们告诉我们，那些都是古人幻想出来的，没有现实的依据。可是有一个真实的事情却让我们对古代神话有了新的看法。

在第二次世界大战期间，美国海军为了太平洋战场的利益，占领了南太平洋上的一个小岛。这个岛上有一些土著人的原始部落，在美国海军陆战队上岛之前，他们没有机会接触外来的文明，只困守一岛，每天伴随着蓝天、海鸥和无尽的波涛，一直生活得比较艰辛。

美国海军陆战队上岛以后，一下子带来了那么发达的科学技术，土著人看见轰轰飞行的飞机降落在新修的简易机场上，运来了大量的物资。尤使土著人感兴趣的是，飞机运来了各种食物，使那些穿着稀奇古怪服装的人，每天几乎不用劳动就能吃上那样好的食品。他们觉得，所有的奥妙都来自那些飞机，飞机可以自动生产出各种食物，就像神话中的“聚宝盆”，好东西一个劲儿地往外搬，就是搬不完。

但是没过多久，由于战略上的原因，美军放弃了这个小岛。土著人怀着复杂的心情看着那些“神人”坐着飞机，消失在茫茫的蓝天碧海之间。这个小岛很快被现代文明遗忘了，再没有人去注意它的存在。然而，这个小岛及岛上的原始土著居民却永远也忘不了现代文明给他们带来的深刻印象。

过了几十年，当一支考察队登上这个小岛时，出现在他们眼前的情景使他们大为惊讶：这些岛上的居民竟然在废弃的美军机场上用草木扎成了一个飞机模型，旁边盖了间小茅屋，屋顶插着几根竹子，还有人坐在屋里，头上绑着两块木头。还有人手举小旗在机场上跑来跑去，不停地仰望蓝天。

木块用来模拟耳机，竹竿用来模拟天线，土著人重复着他们所观察到的美军的操作过程，期待轰隆隆的飞机能再一次光临小岛。那些年老的人，每当祭祀时就会向年轻的一辈讲述这样一个“神话”：某年有一些神人，骑着飞龙，来到了这个岛上……

人类学家终于亲眼目睹了一个神话的诞生。我们那些流传几千年的神话难道也是这样产生的吗？也许在人类还很幼稚的某个时候，某种我们无法理解的智慧生物驾驶飞船来到我们这个宇宙孤岛——地球，做了一些我们不能理解的事情。当他们离开之后，我们的祖先便用看似荒诞的语言把一切记载下来，代代流传。

幸运的圣牛

> 总之，人们偏爱一种食物、忌讳另一种食物并不仅仅是所谓的文化习俗造成的，宗教中食物禁忌的形成原因其实在宗教之外。

圣牛崇拜的背后

印度拥有全世界最多数量的牛，大约1.8亿头，同时它还拥有世界上最多的生病的、绝产的、无奶的、衰老的和残弱的牛。这样一种境况理所当然地要归因于一个事实——印度独特的神牛崇拜——没有人可以杀牛或吃牛肉。

初到印度的旅游者都会看到一种奇异有趣的现象：车来人往的城市大街上，老牛三五成群大摇大摆地游来逛去，有的干脆街心横卧，对周围事物不理不睬，一副怡然自得、唯我独尊的样子，而往来的各种车辆、行人都躲着、绕着它们。牛，好像成为城市的主人，而人，反而成了客人了。

与牛的逍遥自在形成反差的是，印度还拥有7亿人口。显然人们无法否认，如此众多的人口必然对蛋白质和热量有更多的需求。为什么饥饿的印度贫民不能用牛来补充短缺的肉食呢？人们一般简单地归结为一种宗教的狂热。对牛的崇拜和保护正是印度教的核心教义。圣雄甘地甚至说过："牛是印度千百万人的母亲。古代的圣贤，不论是谁，都来自牛。"

但是对于喜欢刨根问底的人来说，这个解释并不完满。为什么"印度教的核心教义"是保护牛，而不是马或者骆驼呢？世界上大多数宗教都把牛视为好吃的东西，为什么印度教不同呢？

美国著名人类学家马文·哈里斯经过一番研究，认为印度教对杀牛的禁忌并不是一种偶然，而是人类在获取食物问题寻求收益最大化的结果。

其实印度人并不是一开始就不吃牛肉的，在印度古代典籍《梨俱吠陀》中并不禁食牛肉，在公元前的1 000年里牛肉是印度北部常吃的动物肉。但是后来印度人口增长，森林减少，大批土地用于耕种。牛吃的是草，挤出来的是奶，把一头母牛当做食物吃掉所获得的营养是很有限的，而一头母牛生产出的牛奶含有多得多的营养总量。况且，贫穷的农民还需要牛来耕田。所以保留牛比吃掉牛能产生更大的收益。婆罗门教从食用牛肉到禁食牛肉的这一转变产生的影响是深远的，在炎热、干旱的印度次大陆上，牛这种拉犁的动物和牛奶的生产者从此任劳任怨地喂养了急剧膨胀的人口。

吃，还是不吃？

马文·哈里斯认为，人们选择某种动物为主要蛋白质的来源是由获取动物的支出/收益比最低决定的。所以人类尽管是杂食动物，却只狩猎那些在最短时间得到最大热量回报率的动物。

像印度人不吃牛肉一样，世界上其他地区的很多人也拒绝吃另一些动物的肉，这也可以从收益最大化上来解释。比如说中东地区，很早就被人类驯化的猪也同样不可以吃，因为猪需要用麦子、玉米、土豆、黄豆等食物来喂养。在消化器官和营养需求方面，猪跟人类都很接近。在森林减少、人口增加、土地沙漠化加剧的中东地区，饲养猪的成本越来越大，所以在伊斯兰教的信仰中，看见猪、触摸猪都是不吉利的，人们也不会饲养猪。而以草和树叶为食的动物如牛、山羊等则是好养也好吃的。

一种动物如果保留它的用处大于吃掉它的用处时，人们便会选择保留它，否则它就被吃掉。马就处在这样一种时而被吃时而被保留的边缘。穆斯林兴起后几十年间迅速扩张，天主教的欧洲领教了穆斯林骑兵的威力。马在欧洲急需被作为战争工具保留，教皇在732年颁布教令禁食马肉。而蒙古人的铁骑横扫欧洲的时候，每个骑兵配有12匹马，这些马既是坐骑也是跟着跑的食物。

古罗马人把战争中抓来的俘虏变成奴隶，而南美洲的阿兹特克人却毫不含糊地把俘虏当做美食吃掉，这是因为对罗马人来说，让俘虏从事劳动生产出来的价值远远大于他们自身作为食物的价值。而阿兹特克人从来没有驯养出一种大型的食草动物或杂食动物，他们处在动物性食物短缺这样一种特殊的营养状况之中。所以对于阿兹特克人来说，吃掉俘虏的收益是最大的。

除了大型动物之外，人类也还能以蚂蚁、蜜蜂、蟋蟀、蚕蛹、蝗虫等小动物为食。同样重量的昆虫肉含有的热量、蛋白质和脂肪不少于同样重量的牛羊肉所含有的。但食用昆虫在世界各种主要文化中不很普遍，这是因为昆虫等小动物抓起来太费力。在非洲蝗虫以几百亿只的数量成群出现，所以它们就很容易地成为非洲人的盘中餐。

总之，人们偏爱一种食物，忌讳另一种食物并不仅仅是所谓的文化习俗造成的，宗教中食物禁忌的形成原因其实在宗教之外。

吃人不是因为饥饿

尽管今天的我们无论对吃人还是被吃都没有兴趣，但你必须承认，“吃人”是人类原始文明的一部分，我们有义务弄清它的真相。

把神甫变成大餐

1867 年 7 月 21 日，托马斯·贝克以一名卫理公会传教士的身份乘船来到了斐济岛。为了表示敬意，他摘下了自己的帽子，希望与岛上的部族首领交换。由于语言不通，贝克自作主张地将部族首领头上的梳子取了下来，并将自己的帽子戴到了对方头上。谁知贝克这个举动已经触犯了当地的法规。按照当时土著人的习俗，任何人都不允许触摸首领的头部，而这名英国传教士竟然敢拿首领头发上的梳子，显然是犯了弥天大罪。愤怒的当地土著人不由分说，就将托马斯·贝克绑了起来，然后用斧头砍死。

此后，土著人还在托马斯·贝克的尸体上抹了油，开始用火烤、煮。最后，岛上的居民围坐在一起，把他的尸体吃了个干干净净。当地居民将托马斯·贝克身上所有能吃的东西都吃了，包括衣服。对于托马斯·贝克脚上的两只靴子，土著人还花了一个月的时间去煮，最后由于“太硬、无法下咽”而保留了下来。

原始人类的共同嗜好

贝克神甫的遭遇很让人同情。不过他的悲剧只是众多有关食人族报道中的一个。有关食人族的故事流传已久。在《荷马史诗》中就有奥德修斯遭遇食人部落的情节。18 世纪，随着欧洲人的海外探险越来越多，食人族的事迹不断刺激着西方文明世界的神经。当库克船长首次遇到毛利人，后者比手画脚地教他如何剔净人骨。达尔文则看到火地岛人冬天以浓烟熏杀老年妇女而食之，“留下狗到日后再杀”，因为狗能捉海獭，更有用。在北美洲的印第安战争中，一个马萨诸塞的民兵惊恐地发现，他们的对手“以最令人感到恐怖的速度”煎烤着敌人。

也许你不敢相信，居然有这么多民族乐于咀嚼自己的同类。你可能更不愿意相信，我们这些披着文明外衣的现代人，祖先也有着同样的残忍嗜好。中国人引以为豪的北京猿人头盖骨化石上存在一些打击痕迹，被考古学家们证明是同类相残的结果。可以说，食人是人类进化发展过程中的一种普遍现象，曾广泛地存在于亚洲、非洲、欧洲等广大地区，是许多民族远古时代的文化特征之一。

为什么人类这么喜欢拿自己的同类当粮食？是因为人肉好吃，还是太饿了？海员们在救生艇上随波漂流，旅行者在高山狭路上被雪所困，居民们被困在遭到围攻的城池里，在此类情况之下，人们有时必须食用他人的尸体，否则就只有饿死。人类学家们对这种求生本能驱使下的吃人行为表示理解，但是我们前面提到的那些食人族，在大多数情况下并不缺乏营养，为什么还要吃人呢？

为了让神高兴

美国当代人类学家佩吉·里夫斯·桑迪发现很多原始部族其实并非完全为了享用人肉本身的美味而去吞食人肉。比如中美洲的阿兹特克人，每年都会定期举行大规模的人祭。因为他们觉得，当神灵感到饥饿时，就会对人类释放出破坏性的力量。为了维持宇宙间这股神秘力量的平衡，从而维护社会保持平衡的能力，他们就以人肉和活人的心脏供奉神灵。

人肉是神的食物，食人也就成了人与神交流的方式。通过这种祭献活动，人便能够获取神力。在以神为中心的原始社会里，食人成了实施统治的重要内容，作为社会组织的组成部分而流传下来。

在这种情况下，食人者的目的并非出自对于人肉的渴望，而是从全体人民的利益出发，祈求达到人神和谐共存的统一标准。尽管整个仪式的过程仍然充斥着血腥与暴力，献祭者也多为战争中捕获而来的敌方俘虏，但从伦理学的角度来说，这种行为又并非完全难以理解。

这种现象并非阿兹特克人所独有。在一些相对发达的文化中，比如在秘鲁的土著间也时常可以看到。在中国、西欧的古代神话中也常常有用人祭神的情节，比如在《哪吒闹海》故事中，人们就用童男童女当做献给龙王的祭品，只不过没有直接把小孩拿来吃掉，而是抛进海里。

把你的力量交给我

也许你还记得在武侠小说中，武林高手的身体里都有一种奇怪的东西，叫做“功力”。这种东西似乎是一种可以流动的能量，谁的“功力”更多，谁就更强大。有时候，“功力”还可以主动或者被动地从一个人身上传递到另一个人身上。

我们的那些喜欢吃人的朋友似乎也有这种看法，当他们发现某个人比较高贵，作战比较勇猛，便会产生吃掉他的念头，以便将他身上的类似“功力”的能量吸收到自己身上来。巴布亚的奥洛卡瓦人说自己吃掉战斗中捕捉到的俘虏是为了“捕捉灵魂”，以补偿失去的勇士。新几内亚的花族人吃本族的死人，来保留叫做“努”的东西，他们认为这是一种在自然界中无法再生的重要液体。在阿兹特克人看来，吃下战俘的肉，可以获得死者的威力，作为补充，捕获者还将披上死者的人皮，将死者的双手挂在腰间，作为装饰。奥那巴苏鲁人只吃巫师的肉，显然也是希望吸取巫师的神力。印尼的布晋人、北美印第安易洛魁人都认为，食人脑髓可吸取对方的优点和智慧，能集他人才华于己身，同时也能获得被食人灵魂的保护。

在这些食人者的逻辑中，食物被消化吸收后，并不只是身体生长的必要物质，而且具有象征价值和魔力。所以吃人显而易见是一种自我完善的方法。

人死亦能复生

有些原始部落未必会吃掉敌人或者其他能给他们带来力量的人，却喜欢把自己的亲人塞进锅里。这又是为什么呢？人类学家认为，这并不是说他们没有亲情，而恰恰是对亲人的爱的表示。

这些食人民族大多从事农耕。春夏更迭，花开花落，乃自然法则。这种有规律地有生、有长、有死的现象，常使原始人用自身与之相比。因为人同植物一样，有生有死，有少有老，因此许多民族认为人到一定年龄也是要死的，而且也能像成熟的植物、水果一样为人所食。果实吃后，核又复生，因此，在原始人看来，人被食以后，亦可复生。

在非洲的亚比西尼亚中部，年轻的人死了，整个部落哀不自胜，年老的人死了则奔走相告，群聚相贺。他们认为年轻人死了不能复生，而年老者因为到了一定年龄才死（正如果实要到成熟时才被食一样），所以死后尚能复生。非洲的阿散蒂人每年在薯芋熟时举行食人肉节。贾加人以为果子及庄稼长得好坏在于死人的意愿，小米熟了，就拌着人肉一起吃。南非的科萨卡非人认为使庄稼生长得最好的办法是用人肉做肥料。印度的贡德人在种田及收获时，吃人肉，并且把人血洒在田里。桑塔尔帕吉尔那人在父母老时，即掷之于屋顶，等老人滚下来，便杀食之，说道："瓜熟了，落下了，我们吃了它吧。"可见，这种食人习俗已经跟农业生产、灵魂不死等观念紧密联系在一起了。

总之，吃人并不是一种简单的残暴行为。尽管今天的我们无论对吃人还是被吃都没有兴趣，但你必须承认，"吃人"是人类原始文明的一部分，我们有义务弄清它的真相。

饥饿导致的可怕风俗

人都是被逼出来的。人类的伦理道德在很多情况下都是由生产力水平决定的，一些现在看起来很残忍的行为在特定的环境下其实是一种理性的选择。

世界各地的"弃老"风俗

在湖北武当山地区，人们偶尔可以在偏僻山坳里发现一些古老的窑洞，一般长约2米，宽约1米，高约0.8米。洞口方方正正，洞里平平整整，里面刚好能容纳一个人。这些洞是干什么用的呢？有人考察，在古代的时候，这一带曾经流行“弃老”的风俗：凡是上了60岁的老人，都要被送到偏远的窑洞里去，家里人送饭3日后便不再管，最终叫老人冻饿而死。

这种做法听起来令人难以接受，“弃老”蔚然成风，难道不孝子孙竟是此地的特产？其实不然，从古代到近代，在不同民族不同国家和地区，都有“弃老”的习俗。19世纪的美洲哈德逊湾部落就流行勒死年老体衰的父母的风俗。而爱斯基摩人则是将年老体衰的父母置于雪地活活冻死。还有是将年老体衰的父母架到树上，然后众人摇树将老人摔昏，然后弃之的。

在近代以前的日本，有些地方的人们认为70不死就是极大的罪恶。因此，就在初雪前的日子，把老人或背或绑弄到别处去。心不够狠的，就把老人丢到一个好地点，等初雪下后冻死，即使不冻死，早晚也是会饿死的。因为发生过老人爬回村庄的现象，所以，心狠一点的，就先把老人绞杀后弃尸，有的干脆就将老人推下悬崖了事儿。

为什么要丢弃老人？

为什么人类会如此厌弃自己老去的父母？大多数人类学家认为，这主要是因为：在渔猎采集时代，食物短缺是人类面临的最大威胁，剩余产品不足以养活精疲力衰、无法参与生产的老人，这些老人便成为整个部落的负担。因此，在原始部落生存条件十分艰难的处境下，往往出现老人借口衰老了，坚持要别人把自己杀死的情况，这时候死于亲近的人手中，在他们看来是所有将到的灾难中最小的灾难。

在日本甚至形成了这样的道德规范：70不死丢脸；70牙全丢脸；70多食丢脸。因此，老人一到70，往往求死的求死，敲牙的敲牙，节食的节食。

当然，为了减轻部落全体的负担，也不一定要杀死老人，减少新出生的人口数量也是一种办法。我国很多地方存在过“弃婴”的风俗，将一部分女婴置于雪地活活冻死，要么直接杀死或饿死，以减少消费食物的人口。巴西雅纳马莫人的办法是鼓励男人之间不断进行流血战斗，死掉一个算一个。新几内亚的克拉基人的做法更有创意，他们提倡年轻人搞同性恋，既可以发泄过剩的精力，又生不出孩子。

不过随着生产力的发展，当社会具备了供养丧失劳动能力的老人的能力时，特别是，当社会的发展不单单是依靠体力，更需要丰富的经验和知识时，“弃老”习俗的存在基础就从根本上动摇了。

不断变化的伦理道德

武当山当地传说，古时候一个外国使臣携带一只硕大如黄牛的老鼠前来挑战，败者向对方称臣纳贡。国王尝试了所有的办法，放出凶猛的老虎亦不敌这只大老鼠，举国上下为之不安。这时，一位刚被送进窑洞等死的老人听说后，叫儿子将猫养至十三斤半，再放出去，果然将外国大老鼠干掉。得知此计求解于被弃的老人，国王很快下令，废除“弃老”的规矩。其实，老人以智慧化解难题，从而使“孝养”老人的习俗得以确立和普及的故事，在我国很多地区和印度、日本、朝鲜、印尼等亚洲国家都有同类的传说。

“弃老”，实际上是人们在食物极度短缺的条件下，不牺牲少部分人就不足以保证更多的人生存下来时的不得已选择。虽然从现代人的观点来看似乎太残忍，但历史地看，这其实是一种于大家于自己最有利的选择。

法国启蒙思想家爱尔维修举过这样一个例子。说的是，有 100 个人因轮船失事滞留在一个无物可食的荒岛上等待救援。终于有一天到了这样的关头，如果不吃人，所有的人都会饿死。这时，每个人显然都同意抽签，而中签者自我牺牲：“被其他人吃掉”。从表面上看，中签者自我牺牲是害己，但从总体上看，却是利己。因为他选择了较小可能的死亡。如果他不抽签，是百分之百地等死；如果他抽签，却是百分之一可能性的死亡。

所以说，人都是逼出来的。人类的伦理道德在很多情况下都是由生产力发展水平决定的，一些现代人看来很残忍的行为其实是特定环境下一种理性的选择。

头发上的战争

为什么学校如此热衷于干预学生头顶上的那一丛毛发呢？留什么发型就那么重要吗？我们可以从远古时代的人们那里找到答案。

几乎每个从中学时代走过来的人都遭遇过一种蛮横的“剪发令”：男生前不遮眉，侧不遮耳，后不蹭领；女生提倡剪短发，不染发，不烫发，不披发，不做拉直发。还时常有新闻报道，某校女生因为发型不符合要求，被学校领导强按住头剪掉头发，并造成脖子抓伤云云……

为什么学校如此热衷于干预学生头顶上那一丛毛发呢？留什么发型就那么重要吗？我们可以从远古时代的人们那里找到答案。

灵魂的居所

在原始人的心目中，头发与生命是紧密联系在一起的。那时的人们隐约发现了头发与生命的一些联系：头发多且有光泽是年轻和强壮的表征，秃头则常常被认为是年老体弱的开始。同时，头发又最能体现人的旺盛生命力，哪怕白发若银，它仍生长不息，而且头发还是人身体上不易消失的部分，尸体腐烂后，头发依然能存留很长时间。

古代先民因此相信，毛发是随生命而来的，人的毛发与人的身体、人的生命有着直接的感应关系。身体的任何变化，自然会表现于毛发，而作用于毛发的任何行为也会同样作用于身体及生命。头发于是成为一种生命的象征。

有些原始人以草木是野兽出没之地，直接想到那生长茂盛的头发可能是人的魂魄和神祇居住的地方。印度尼西亚的托拉加人剪去小孩儿头顶上的头发，免得长虱子，可是他们总要在小孩儿的头顶上留一绺头发，以作为小孩儿魂魄的隐蔽之所。否则，魂魄无处可藏，孩子便要生病。汉族地区在给婴儿剃头时也都不剃光头发，而往往在头顶囟门处留一片头发，状似桃形，其意也是让神祇或魂魄有个栖居之处。这种观念在许多民族中都普遍存在。

另一些民族则产生了人的生命力凝聚在头发之中，头发是生命力象征的观念。故在西非贝宁的一些村落里，每当病人奄奄一息时，人们就将他的头发剃光，想借此将病人头发里的生命力转移到身体上。当婴儿降生后，人们也努力设法将婴儿头上的胎发耸立起来，等长到稍多时就扎成一小撮。因为他们相信，凝聚在头发中的旺盛生命力会给予婴儿抵抗疾病的力量。

中外文学名著中那些具有非凡精神锐气和天赋的伟力之士皆被作家描写得浓发密须、体格强壮。据《圣经》中传说，古代有一位名叫参孙的犹太英雄，他力大无比的秘密在于他的头发。他的敌人则买通他所宠爱的女子获得了这个秘密，并用计剃掉了他的头发，结果他变得无力反抗从而被俘。但在押期间，参孙的头发又重新长出，他拉断大厅的两根石柱，与欢聚胜利的敌人同归于尽。类似的英雄还有古希腊的大力神海克力斯、巴比伦英雄吉尔伽美什，他们的精神锐气、超凡伟力皆筑藏于浓发之中，一旦他们的头发丧失，也就意味着精神锐气和非凡伟力的丧失。

头发上的巫术

大概正是出于这种观念，在古代各民族中产生了许多与头发有关的巫术。

在英国的德文郡的约克郡曾有这样的风俗：孩子得了百日咳，就把这个孩子的一些头发夹在两片面包中给狗吃下，以使疾病转移到狗的身上。人们还会采取把病人的头发挂到树上的方式，使病人获得树一样的健康。

在欧洲16—17世纪迫害女巫的高潮中，被执行死刑的女巫要被剪去头发，因为人们相信巫术的魔力就来源于她们的头发。美洲的阿兹特克人在抓到男巫要将其处死前，必先剃其头发，因为他们相信只有这样做，才能将其法力与巫术都破除掉。东非的蓝地族在抓到犯人时，先剃其头发，并将剃下之发保留起来。其目的是为了消除犯人锐气，打消他逃脱的意图，而剃下之发要到犯人释放时才交还给他。

古代中国人相信，假若对头发施以法术，就会对头发的主人产生直接影响。男子在成婚时将自己的一缕头发交与新娘，即将自己的生命交与新娘，既表爱意，又可说是“人质”，妻子若对之施以法术，可以对丈夫的种种恶行施以惩罚；另一方面，妻子也可以对之施以爱情的巫术“迷住”丈夫保证婚姻美满。《金瓶梅》中，西门庆经不住妓女李桂姐的要求，回家骗了潘金莲的头发给李桂姐，李桂姐把头发絮在鞋底下，每日践踏。因此，潘金莲就每天头疼恶心，饮食不进。

梳谁的发型听谁的话

既然头发代表你的生命力，代表你所拥有的力量，那么要想征服你、控制你，恐怕就得从头发开始。于是，政治开始通过头发冷酷地完成对身体的规驯和标记。

正是明白头发的重要性，清军入关后，为巩固统治，发布著名的“剃发令”，并以“留头不留发，留发不留头”相要挟。他们把剃发留辫视为征服汉人的重要手段和汉人是否归顺满族统治的身体标志。而清朝后期的太平天国运动中，太平军不仅自己蓄发，而且每逢克复一地，就首先下令蓄发不剃。是否蓄发的态度也反映了群众对太平天国政权的拥护与否。

“那时做百姓才难哩，全留着头发的被官兵杀，还是辫子的便被长毛杀！”清朝政府和“洪秀全们”似乎一定要在这根辫子上一决高下了，头颅成为他们厮杀的战场！

到了辛亥革命时期，革命志士率先的革命之举是剪下那根辫子。到了“文化大革命”时期，还有一种不成文的流行理论：梳一条辫子是封建主义，梳两条是资本主义，披肩长发则是修正主义，统统在横扫之列。这其实同样是在以发型对群众进行规驯。

通常来说，整理头发象征着处于一定的社会控制之中，而不整理头发象征着置身于控制之外。所以，我们可以看到很多不甘于束缚的人首先在头发上实现了自由。中国古代的魏晋名士、20世纪60年代西方的嬉皮士们都喜欢披头散发，也都表现得玩世不恭，价值虚无。

说到这里，我们可以再回到我国中学里普遍存在的强制剪发现象。校长和老师们信誓旦旦地表示，要求学生们统一留他们所偏好的发型是为了维护学生的良好风貌，但究其实质还是在于几万年前原始人的那种意识：头发代表着生命力，是灵魂栖居的地方。要想规驯学生们的肉体和心灵，就必须从头发开始。

体育就是战争

我们视为神圣的体育比赛，在本质上与战争一样，都是在释放人类的原始攻击本能。唯一可以期望的就是，有了它也许我们就不必再流血了。

奥运会上的决战

科幻作家刘慈欣在其小说《光荣与梦想》中，讲述了一个略显荒诞的故事，说在未来的某一届奥运会上，只有两个国家参加，一个是美国，一个是将被美国打击的“西亚共和国”。这场体育大会将代替这两国间即将爆发的战争。

联合国一直在寻找战争的更好替代物，它必须满足两个条件：一是较为忠实地反映各交战国的综合国力；二是能够在一个被各交战国和国际社会认可的规则下进行战争模拟。研究结果表明，奥运会是模拟战争的最理想的工具。于是有了这次两国对垒的奥运会。

按照新的《奥林匹克宪章》，如果美国获胜，西亚共和国必须履行最后通牒中的条款，销毁生化武器，总统受到审判；如果西亚共和国获胜，战争将中止，多国部队将撤离。

当然了，这看上去像是一个陷阱：在世界第一体育强国面前，西亚共和国必败无疑。不过，它至少不必再流血死人，而且按照新的奥林匹克宪章，西亚体育代表团在单项上获得的每一块金牌和奖牌，都能为自己争得一定的权利，比如，拿到某某项目的金牌后，就能确保总统不受审判；拿到另一个项目的金牌后，就能确保政府不被肢解。这样一来，弱国就有“希望”了，它们有时的确会在某个单项上让世界大吃一惊。比如西亚共和国，它在射击、体操和马拉松上都占有一定优势。

不过，作家最终还是为这样的奥运会描绘了一个悲惨的结局：西亚共和国一块奖牌都没有拿到——不是运动员的竞技能力不行，而是这个国家长年受到经济制裁，实在太穷了，运动员参加比赛前从没有吃饱过肚子，一上赛场便统统晕厥了。

杀声震天的赛场

拿奥运会代替战争听起来的确荒诞。可是如果你经常观看体育节目，一定对杀气腾腾的战斗式体育语言毫不陌生。在 2004 年雅典奥运会的新闻报道中，就充满刀光剑影、鼓角争鸣。

说起比赛就是征战，如“袁伟民今率团出征雅典”，“中华健儿征战雅典战果辉煌”；说到教练和运动员就是将帅，如“乒坛少帅蔡振华巧妙布阵”，“体操小将溃不成军”；说起胜负就是斩杀，如“杜丽气势如虹杀入决赛”、“张怡宁斩关夺将势如破竹”。

除此之外，还有许多战争用语也频频出现，奥运开幕叫“重开战火”，比赛结束叫“硝烟散尽”，技压群雄叫“勇冠三军”，同胞相争叫“同室操戈”，轻松夺冠叫“兵不血刃”，大优势拿牌叫“牛刀小试”……

2000 年夏季的悉尼奥运会和 2003 年春季的伊拉克战争，中央电视台派出了同一位著名节目主持人白岩松主持了这两个看似截然不同、然而又表现出惊人相似的直播节目，节目制作模式几乎完全一致：国际评论、专家解析、实况转播、赛事（战争）进程、民众反响。

为什么明明标榜“和平”、“友谊”的体育竞技却充斥着战争语言呢？这是因为围绕着征服与反征服而展开的战争，与围绕着“更高、更快、更强”而展开的奥林匹克竞技运动，实在是太相似了。

精心准备的战斗

体育比赛的整个过程就好像是在打仗。美国为准备攻打伊拉克，从舆论准备到战前动员、从气象预报到饮食生活、从装备运输到新闻发布，可谓精心策划、严密布置，既考虑到了战略上的需要，又考虑到了战术上的突变；既依靠强大的军事力量展开闪电般的攻击，又依靠舆论的工具摧垮伊拉克军队的士气，消磨他们的斗志。

为了准备参加代表当今世界竞技体育最高水平的奥运会，各国也都在不同程度上进行着规划和准备。比赛当地的时差、天气、饮食、交通都在考虑之列。赛前会有很多被称为“技术官员”的间谍手里拿着摄像机想方设法窥探对手的训练情况，收集一切可以搜集到的资料认真研究，并不时放出口风迷惑对手。如果有什么先进科技可以合法地提高成绩，一定要不惜代价弄到手，比如说游泳选手穿的鲨皮衣。

老谋深算的教练们会盘算自己国家在哪些项目上最有可能取胜，哪些项目可以放弃。在乒乓球团体比赛中，哪个队员首发，哪个队员压阵，也要像“田忌赛马”一样巧妙布置。甚至连举重这样的项目也要在先举多少公斤，再加多少公斤上大动脑筋，不仅要发挥出自己的极限，还要在心理上震慑对手。选手会根据自己的特点以及对手的强弱环节，在抓举和挺举中有策略地开举，诱使或逼迫对手跟上，使对手在冒险中慌乱出错，导致失败。这不仅仅是比力气，更是比脑子。

规则和悬念

体育比赛和战争都必须遵守一定的规则。至少在表面上，现代战争并不是不择手段地胡作非为，不能使用大规范杀伤性武器、化学武器、细菌武器，甚至地雷；对于受伤的敌方士兵也要实行人道主义援助，俘虏也不能虐待；不能杀害对方平民等。奥林匹克赛场上则禁止出现假球、黑哨、裁判不公、以大打小、谎报年龄、服用兴奋剂等。

战争和体育比赛都充满了悬念。这当然说的是在双方旗鼓相当的条件下，美国攻打伊拉克和巴西足球队踢中国这样的不算。体育比赛中存在着一定的偶然性，容易发生一些意想不到的结果，以弱胜强、以小胜大、种子被淘汰、冠军爆冷门、赛车出意外等可谓比比皆是，见怪不怪。

而战争的胜负也常常很难预测，双方的政治、经济、军事、自然等诸多具体条件都可能发挥作用，甚至仅仅由于一些偶然事件，最后导致一方落败。比如拿破仑与反法同盟之间的战争，最后的滑铁卢战役要不是拿破仑的援军到得晚了一点，拿破仑又怎么会失败呢？

战争的替代品

从某种程度上讲，体育就是一种战争，在诸如拳击、散打、美式橄榄球这样的现代体育项目中存在的暴力同战争中的暴力殊途同归。双方选手直接打击对方头部、撞击对方身体，导致对方骨折、流血、受伤、疼痛、终身残疾甚至死亡，这让人们很难在体育竞争与暴力冲突之间划清界限。有许多体育比赛项目，就是由战斗动作演化而来的，比如射击、击箭和拳击等。

甚至可以说，体育是在为战争作准备。古希腊的斯巴达人对儿童的体育锻炼就是为了培养战争所需要的勇士。一些印第安人通过长途跋涉来为战争作好身体的准备。第二次世界大战以前的日本、德国等军国主义国家更是在体育中倡导兵操，通过体育培养士兵，同时也是培养战争的炮灰。

同时，体育也常常成为战争的替代品。早年间，在希腊半岛上，斯巴达人入侵伊利斯，伊利斯奋勇抵抗，迫使斯巴达订立停战条约。条约规定，在奥林匹克定期举行盛大庆典。这便是奥运会——它起源之一就是战争。

1982 年，英国、阿根廷为争夺马尔维纳斯群岛的主权不惜开战，结果以阿根廷人的败北而告终，战争结束而战争的阴云始终笼罩，于是战争的阵地很自然地延续到了体育。所以在四年之后的足球世界杯上，当阿根廷足球明星马拉多纳用两个进球将英格兰人赶出世界杯时，英国人的悲凉愤恨如同背负亡国之辱。而马拉多纳在所有阿根廷人的心中则是当之无愧的民族英雄。

在中国的赛场上还有这样一项历史悠久的传统，如果一场体育赛事和日本对垒，先不管场面的优劣势，球迷们都会自发地高唱“大刀向鬼子们的头上砍去”。而只要是中韩对抗，赛场响起的必定是“雄赳赳，气昂昂，跨过鸭绿江……”的雄壮合唱。

野兽与天使

从西方文化的观念来看，奥林匹克竞技运动与现代战争在人性上是相通的。古希腊人认为：人一半是野兽，一半是天使。兽性是人性必不可少的、回避不了的部分。正是人类性格的这种双重性，以至于人类在对待战争与死亡、拼命与搏杀中一方面表现出同情怜惜，另一方面也会表现出津津乐道。

为什么西方人对于足球赛、冰球赛、曲棍球赛那么疯狂，那么投入，而且动不动就大打出手？拳王阿里为什么如此受到世人的长期追捧？拳手泰森劣迹累累，为什么又屡次过关重返拳坛？原因很简单，因为他们不仅体现了超乎常人的攻击性力量，而且满足了人类普遍的原始动力中攻击性的释放需要。这种攻击性就是打击，就是搏斗，这种攻击性表现在社会生活中就是竞争，表现在军事战斗中就是征服，表现在政治生活中就是霸权。

有人类学家总结说，在那些战争频繁的国度中竞争性体育活动出现的机会也更多。与此相对，那些不喜欢打斗的人同时也不愿意参与竞争性的体育项目。这就是我们视为神圣的体育比赛，它本质上与战争一样，都是在释放人类的原始攻击本能。我们唯一可以期望的就是，有了它也许我们就不必再流血了。但愿有朝一日我们能够像本文开篇所讲的那个故事一样，在赛场上解决战争。

体育就是宗教

每次奥运会开幕的时候，总少不了“点燃圣火”。一个火炬与体育何干呢？这其中有宗教含义。

体育场一片沸腾，彩旗劲舞，纸片纷飞，数万观众此起彼伏地制造人浪，解说员在扩音器里声嘶力竭地呐喊，赛场上的运动员们为刚刚取得的胜利激情狂奔。人们为什么对体育如此迷狂？从起源上来看，体育是一种宗教活动的产物，体育在很多方面与宗教很相似。

奥运会的兴与衰

在原始社会，出于迷信，人类常常在祭祀活动中，用舞蹈、竞技、角力来进行祈祷，娱乐神祇，祈求庇护，这就是体育运动最初的起源。古代两河流域的人们，新年期间通常举行宗教性的竞技会以祭祀春天和太阳神，比赛项目包括赛车、赛跑和两队人持刀枪进行打斗。古代美洲的印第安人也曾经流行棒槌和标枪的决斗等竞技形式，失败者将被当做祭品供奉他们崇拜的太阳神。南美洲的玛雅人擅长球戏比赛，每逢祭祀活动都必不可少。如今考古发掘出来的玛雅文化古迹中，大都建有球场，而且无一例外地建在神庙旁边。

在古希腊神话中，万神之首宙斯的父亲在比武中看到宙斯智勇双全，欣然将王位传给了他。宙斯为了庆贺自己登上万神之首的王位，便下令在奥林匹亚举行隆重的庆典，体育比赛成为庆典活动中的重要组成部分。古希腊奥林匹克运动会中间就包含了许多具有宗教色彩的庄严仪式，绝不是一个独立的体育事件，而是献给神的祭祀性赛会。

不过也不是所有的宗教都喜欢体育，比如早期的基督教，就认为肉体是灵魂的监狱，对体育相当反感。公元2世纪后，基督教统治了包括希腊在内的整个欧洲，奥运会也随之衰落。公元393年，古罗马皇帝宣布基督教为国教，第二年就宣布废止奥运会。

那现代奥运会又是怎么复兴的呢？那是因为基督教发生了宗教改革。16世纪的宗教改革家们否定了中世纪的禁欲主义，声称保持身体健康也是每一个基督徒的天职，这才有人开始倡议复兴奥运会。近代体育正是在新教取得了胜利的德国、瑞典和英美等国家最先发展起来的。

为了体育不要命

每次奥运会开幕的时候，总少不了“点燃圣火”。一个火炬与体育何干呢？这其中有宗教含义。据说，最初的“圣火”仪式是这样的：手持火把的运动员从同一起跑线出发，争先恐后地跑到宙斯的祭坛前，其中最先到达者以点燃圣火作为其获胜的标志。在希腊人的心目中，奥林匹斯山上的诸神不仅有着无限的智慧，而且有着无穷的力量，神可以从这一点跑到那一点而不占用任何时间。人的肉体能力则是有限的，从这一点跑到那一点必须占用一定的时间，占用时间最少的人也正是最接近神的人。惟其如此，他才有权点燃圣火，接受荣誉。这也正是奥林匹克运动的宗教含义！

从世俗的角度看，一个打破百米短跑世界纪录的运动员，只不过比我们这些常人快那么几秒罢了，没有什么了不起的；一个力克群雄的拳击手，甚至会被视为四肢发达、头脑简单的粗人。可是，在具有奥林匹克传统的西方人眼里，他却代表了人类的肉体能力在这一方面所能达到的极限，因而是伟大的、神圣的。所以，尽管当时的优胜者获得的不是什么价值昂贵的金牌，而只是一个用野橄榄树的枝叶所编成的桂冠，但他在人们心目中的地位却是至高无上的。

人是有限的，神是无限的，但人与神之间的距离是可以通过一项运动来加以缩短的，这项运动便叫做奥林匹克。于是，凡是能够考验人的感性能力的各个方面，无论危险多大和代价多少，西方人都可以设立比赛项目。为此，他们不仅可以进行危险的赛车、残忍的拳击，乃至容易使身体变得畸形的举重比赛，而且可以进行别出心裁的高山滑雪和几近迷狂的足球比赛。

参加这样的比赛对于运动员来说，有时候就像一场灾难，大大超出了健身的目的，但西方人却乐此不疲地进行下去。说到底，奥林匹克已不仅仅是一项简单的赛事，而且是一种宗教，一种文化，一种对于人的感性生命力的开发与探究。惟其如此，那些伤痕累累，甚至身体畸形的胜者才显得那样崇高、那样伟大、那样值得模仿、那样受人尊敬。

现代人的宗教

如今的人类早已脱离了宗教的束缚，可是我们自以为代表现代文明的体育，在某些意义上却仍然发挥着宗教的作用。

首先，体育和宗教一样，使人由沉醉和迷恋，进入一种超凡脱俗的神秘境界。人体内有一种物质叫做内啡肽，可以使人感到亢奋。宗教修行可以通过精神上的自责、反省等苦修苦行的办法，造成人的痛苦和不安，由此引起大脑的反馈效应——分泌内啡肽，以达到“物我两忘”的境界。体育运动也可以使人体中内啡肽增加，进入一种忘我的状态。比如说全世界风行的长跑健身。有人就认为，长跑能把人带进快乐的境界，周身畅快，精神爽朗。

体育在一定条件下还能唤起我们对世界上一切未曾解释，也无法解释的事物的感情，对维护宇宙法则，保存万物的不可知力量的崇拜。很多挑战极限的运动，比如登山、攀岩、越野等，都会使人产生一种对生的执著追求，对永恒和无限的向往。

其次，体育和宗教一样，可以使人燃烧起忘我的狂热。宗教信徒的狂热之举古往今来数不胜数，他们相信为了信仰而献身，就是超越有限的自我，进入永恒和绝对的世界。各种体育运动，特别是冒险性的运动，也都有一批狂热的参与者，毫不畏惧献出自己的生命。穿越撒哈拉沙漠的巴黎—达喀尔汽车拉力赛，车毁人亡之事不断发生，能平安到达终点的选手只有10%。可是每年仍有数以百计的车手踊跃参加，出发之日，热闹非凡。

不管是运动员还是观众，他们为什么如此狂热，不惜生命、金钱和家庭？只能说体育是他们的宗教，体育对他们产生了宗教的效应。

最后，体育与宗教一样，制造着崇拜。崇拜神灵是宗教的重要特征，体育也在制造崇拜，不过是对现实的人的崇拜。人们总是把体育竞技中的优胜者当做英雄来崇拜，像马拉多纳、乔丹、贝克汉姆……这样的体育明星，球迷们可以无怨无悔地追随其左右，模仿他们的言行，观看他们的每一场比赛，收集他们的照片和用过的东西。他们在某种程度上已经具备了“神”的地位。

总之，体育并不像我们习惯认为的那样现代，它起源于现代科学和理性所鄙弃的宗教，而且在宗教式微的今天，仍然充满了宗教的气息。

医生，我的神啊！

> 那些号称掌握了科学的医生其实与原始社会里的巫师、中世纪的僧侣们做的事情一样，都是利用自己所信仰的东西为人类驱除病痛。

在漫长的文明历史上，世界各地的人们都创造出各种各样、稀奇古怪的宗教，崇拜从如来佛、上帝、安拉，到狮身人面兽等无数宝相庄严或者青面獠牙的神灵。你很难将它们与穿着白大褂，在无影灯下救死扶伤的医生联系起来。可是从某种意义上讲，医生这个职业居然是从神那里继承来的。

宗教是用来治病的

医疗是宗教最重要的功能之一。早在现代医学兴起之前的几千年里，驱除和预防疾病这项工作一直是由神负责的。可以说，一种宗教倘若不能治病，便不能够生存。

到圣地去朝觐，在神树、神山，甚至与圣人有关的一块石头前虔诚礼拜，是宗教的医疗的一种主要方法。欧洲有很多水滨圣地都同圣母显灵有关，有些水井和溪流如果居住着某些地方性的水泽精灵（水蛇、女妖之类），或者受到圣人祝福，也会受到虔诚礼拜。人们常常浸浴其中，期望能治愈疾病。

很多大河也具有这个功能，最著名的是印度的“恒河”。印度人视恒河为圣河，认为喝一口恒河水，有病治病，没病养生，什么传染性皮肤病在水中泡一泡就好，所以得牛皮癣、荨麻疹的人都要到恒河沐浴。整个恒河，不管在上游、中游还是下游，也不管是在春夏秋冬，一天到晚总是有印度教徒在洗浴，每年人数超过百万以上。

一个宗教领袖除非能够治病，否则很难成功。几乎每一个宗教创立者、圣人或先知，据信都拥有治病的能力。很多圣人如果想表现自己的非凡神力，只要医好一两个病人就会声名鹊起。

东汉末年的道教领袖张角，据说用符咒治愈了很多病人，深得百姓信任。于是张角遣弟子八人，使于四方，十余年间，收得信徒数十万，由此形成一个联结郡国、遍布各州的庞大群众组织，最后发动黄巾起义，导致了东汉王朝的灭亡。

据圣经记载，耶稣在传道途中医好了很多病人，使瘸子跑步，哑巴说话，麻风痊愈，甚至起死回生，名声传遍了整个叙利亚，成群的人前来追随他。即使最后被钉在十字架上，一名瞎眼士兵被他的血溅到眼睛上，还能恢复光明。

耶稣借行医以传道给后来的传教士树立了榜样，可以说基督教在全世界的传教活动都伴随着医疗手段。近代基督教自从进入中国以来就利用医药辅助传教。不少人感受到西方医学的灵验，往往从很远的地方到教会办的诊所或医院去就治。在东北，以外科手术闻名遐迩的传教医生司大夫被称为“奉天圣者”，经他医治的病人而信教的颇多。各地教会的第一个信徒也往往是那些被传教士治好的病人。对于传教士来说，一粒药片的作用有时超过10个布道员的作用。

医学起源于宗教

原始医学一般是和巫术有着密切联系的。古人们总是把疾病同恶灵联系起来，这些恶灵可以附在人身上，也可以附在某个地方。它们通常得靠一个神父或者巫师施行的一连串复杂的咒语和仪式来驱除。所以，走遍全世界，你会发现，任何一种宗教，不论是像佛教、天主教这样组织庞大、思想深邃的成熟宗教，还是亚马孙丛林里披着熊皮跳舞、相信万物有灵的原始萨满教，都会施行驱魔祛邪的仪式来治疗病人，使之恢复健康。我国商朝和周朝的时候都是巫医并称的，直到了春秋战国时期，巫和医才逐渐分开，但在一些地区新中国成立之前很流行。

巫师大概是原始社会最早的知识分子。他们的驱魔仪式可能只有一些心理治疗作用，但是在巫术发展的过程中，他们也会积累一些草药知识，尤其是有关动物毒素和植物特性的知识，比如毒参茄能用来做催眠剂，还用做解毒剂以加速蛇咬伤口的愈合，这就推进了两种医药科学的发展：镇静剂和疫苗接种。于是他们在施行巫术时，就会兼用草药和其他方法治病。从《哈里·波特》系列电影中，你也可以发现这一点：霍格沃茨魔法学校的课程就包括魔药学和草药学。

有一些巫师甚至会做外科手术，能够在活人身上实施头颅骨环锯术或钻孔术。在世界许多地区发现的众多头骨都显示，有病人通过这种手术得以存活。因为颅骨钻孔的边缘已经钝化，这表明手术过后骨骼组织愈合了。钻孔的位置说明了施行的外科手术是为了特定的目的，比如是为了驱走头痛或癫痫。同样可能的是，巫师们是想把一些东西从头颅中移走。也许是鬼怪在折磨着病人，手术过程很可能是兼有某种仪式和治疗两种目的和性质。毋庸置疑，那些史前的外科医生有一些是具备高超医术的，因为那些用来穿刺脓肿、放血和环锯术的古老的手术工具，竟然仅仅是有着锋利边缘的石块和燧石。

在世界各地的宗教里，常常会有一些专门负责医疗的团体。欧洲各地就都分布着以治病为基本职能的天主教修道会，如医护骑士团、奥古斯丁会、圣灵会、妇女会等。与基督教相比，佛教的医疗组织则有更早的历史。有的宗教团体是由专门服侍某个医药神的祭司们组成的，拥有并管理着某些圣物和遗物，所以号称拥有医疗的超自然力量。这些组织常常是高度专业化的，如美洲西雅族印第安人中有八个社团，有的专治烧伤，有的专治蚂蚁叮咬，等等。

要掌握医疗技术，需要很长时间的训练、专门的设施和图书，而积累、保存、传承这些东西又需要大量的人力和经费，专门的宗教医疗团体能够满足这些要求。这就使得医学的发展成为可能。而现代的医疗组织——医院也很可能是起源于这些宗教团体。

当姚明决定从 NBA 回国，用中医治疗自己的伤腿的时候，很多美国球迷大声反对，说中医不过是巫术罢了。对这种说法，我们完全用不着愤慨，因为中医本来就是从巫术中发展而来的，即使在今天，中医的很多思想和方法也还带有明显的巫术痕迹。不过西医也同样来源于巫术，曾经是宗教的一部分。那些号称掌握了科学，向一切疾病宣战的医生们其实与原始社会里的巫师们、中世纪的僧侣们做的事情一样，都是利用自己所信仰的东西为人类驱除病痛。

智慧掌握在愚人手中

无论是功夫熊猫，还是许三多，都是从原始社会那些疯疯癫癫跳大神的巫师脱胎而来的。

许三多和功夫熊猫

2007 年，电视剧《士兵突击》突然走红，占据了无数家庭的电视屏幕。而让从十几岁的中学生到耄耋老人，纷纷中了“兵”毒的，是一个缺心眼的士兵许三多。

许三多自幼怯懦，不懂最基本的人情世故，在村子里从来就是被嘲笑、欺凌的对象。当了兵以后他却以看似愚钝的执著取得了成功：听了班长老马随随便便的一个命令，就兴致盎然地修了一条石子路，于是被调入钢七连；为了不让班长史今失望，刻苦训练，从“孬兵”

成长为尖子；为了一句“不抛弃，不放弃”，他挺过苛刻的考验，成为顶尖部队老 A 的一员……

尽管看起来不那么机灵，可是许三多却比那些自以为聪明的同伴更懂得人生的真谛。他那句循环论证的名言——“有意义就是好好活，好好活就是做很多很多有意义的事儿”触动了很多观众的心。

2008 年夏天热播的好莱坞动画大片《功夫熊猫》演绎了另一个傻人成功的故事。这只熊猫原本整天只是跟着父亲卖汤面，机缘巧合被指定为神龙大侠。它又馋又笨，完全不能与虎、鹤、猴、蛇、螳螂五位师兄相比。可是当师兄们被大反派雪豹轻松击败之后，熊猫却从一卷无字秘籍中悟到了“无招胜有招”的道理，终于打败了雪豹，拯救了师傅和村民们。

影视和文学作品中，像许三多和功夫熊猫这样“傻人有傻福”的故事比比皆是。金庸名著《射雕英雄传》里的郭靖、奥斯卡获奖影片《阿甘正传》里的阿甘、茅盾文学奖作品《尘埃落定》中土司的傻儿子、托尔斯泰名著《战争与和平》中的皮埃尔都是如此。他们的愚笨行为最后总被证明是无比智慧的选择。

疯癫与真理

为什么作家们要把最高的智慧赋予那些愚钝的人呢？这其实是一个世界范围的文化现象。

在中国，春秋时期老子就非常反感那些能说会道的聪明才智之士，主张人们都傻一点——“绝圣弃智”。孔子也曾经把一个唱着歌、疯疯癫癫地从车前经过的人当做是大哲，想要向人家请教。《愚公移山》的故事更是把不知变通、搬山不止的愚公树为典型。在中国古代文学中，还有一大批貌似疯癫的世外高人、菩萨和高僧，最著名的大概要数济公活佛。

在西方传统中，人们根深蒂固地认为人处在疯癫状态之中时能够进入超感觉的世界，能够看见常人所不能看见的真理。早在古希腊时期，疯癫就被认为和天才相关。基督教《圣经》中说，世俗事物方面的聪明和经验是一回事，而智慧则是另一回事。圣徒的智慧在世人看来常常显得是愚拙，而世人的智慧在圣徒的眼里也常常是愚蠢。在文艺复兴前的欧洲，痴愚的人被视为掌握着真理的通灵者。

在中世纪和文艺复兴时期的剧作尤其是莎士比亚的作品中，有许多“宫廷愚人”的角色。尽管他们经常处于令人发笑的配角的地位，但当剧中主角因偏离理性而忘乎所以、茫然不知时，他们往往会用十足愚蠢的傻瓜语言说出凡夫俗子不敢说的真话或富有哲理的狂言。

把愚人视为圣人在俄国居然成为一种特有的文化。在十月革命以前的俄国，几乎每一个城镇和村庄都会有这类人的存在。他们行为乖张，举止疯狂，神态痴癫，大多衣不蔽体，或是身着破旧肮脏的衣物，并在身上挂满了小铃、绳头或其他一些零碎物体，通常居无定所，走街串巷，在外人看起来与流浪汉没什么两样，且多为文盲或识字不多，常语无伦次，更无逻辑性可言。但据说圣愚都具有某种神秘的力量，他们身上常常会有神迹出现。他们可以通灵，可以预言未来，甚至可以治愈疾病，担负着精神导师一样的作用。同时，圣愚也会惩罚、诅咒那些不尊重他们的人，让灾难降临到他们头上，因而在俄国传统社会中，上至王公贵族，下至贩夫走卒，基本上对圣愚都是既尊敬又畏惧，就连历代沙皇中也有很多人对圣愚礼遇有加、言听计从。

跳大神的遗产

我们就要问了：为什么世界各地的人都有愚人、疯人掌握智慧这种观念呢？人类学家们认为，这可能与一种影响广泛的原始宗教——萨满教有关。

萨满教就是“跳大神”，东北人常用这个词来嘲笑疯癫痴呆的人。可不要小看了“跳大神”，这可是一种曾经广泛流行于美洲、澳洲、欧亚大陆北部的原始宗教。这种宗教具有较复杂的灵魂观念，相信万物有灵，崇拜对象极为广泛，有各种神灵、氏族或部落的祖先、动植物以及无生命的自然物和自然现象。他们没有成文的经典，没有宗教组织和特定的创始人，没有寺庙，也没有统一、规范化的宗教礼仪。

萨满巫师是人和神的沟通使者，能代表人向神祈福、消灾除病、消除妖孽，是人与鬼魂交往的中间人。萨满与神灵的交往形式主要有两种：要么灵魂出窍，离开肉体去到精灵世界，探访人间吉凶祸福的根源，与致人疾病的鬼怪搏斗；要么精灵上身，变成了精灵的代言人。在这些时候，他们常常会长时间起舞诵唱，情绪逐渐激动，舞步越来越狂烈，最后抽搐颤抖，口吐白沫，两眼翻白，高潮时，暴烈狂躁，悲怆凄凉，要很长时间才能恢复正常。

可见，萨满要想与神灵进行沟通，必须能够进入一种癫狂状态。要想成为萨满巫师必须具有这种天赋。所以，萨满常常是神经衰弱或癫痫患者，习惯于靠直觉办事，性情敏感而多变。

也许正是从这种原始宗教中，人们形成了一种观念：发疯或者愚行就是在与神灵沟通，神经兮兮的疯子和愚人就是掌握着神的智慧的人。随着人类文明的进步，萨满教早已被基督教、佛教等更为完善的宗教所代替，可是它的某些观念却保存了下来，甚至在鄙弃宗教的科技时代，人们仍然相信智慧掌握在愚人手中。

这样说来，无论是功夫熊猫，还是许三多，都是从原始社会那些疯疯癫癫跳大神的巫师脱胎而来的。

人类学家上当了

当你想要看到某种事实的时候，你可能正在发明这种事实。

有一群人类学家听说在亚马孙丛林深处有一个原始部落，会戴着骇人的面具跳很怪异的舞蹈。这让人类学家们非常兴奋，因为他们可能从这种原始舞蹈中发现人类蒙昧时代很多早已湮没的文化习俗。于是他们跋山涉水，来到这个与世隔绝的部落营地。

因为语言不通，人类学家们跟部落酋长比比划划解释了半天，主人终于明白了他们的来意。于是，第二天晚上，人类学家便看到了该部落的人们真的跳着很怪异的舞蹈，戴着骇人的面具。而这正是他们所要看到的东西，于是他们回来后写了大量论文，记下了他们所看到的东西——有这么一个怪异的部落戴着那样的面具，跳着那样的舞蹈。他们断言人类的原始社会就是这个样子。整个学术界都轰动了。

若干年后，另一批人类学家也去了，这次他们与土著们一起生活了很久，至少学会了当地语言。没想到土著们却告诉了他们一个哭笑不得的故事：当年曾经有一批和你们很相似的怪人来到我们这里，想要看我们戴面具跳舞。我们原本不会跳舞，可是因为善良好客，不能让客人失望，就按照他们说的，连夜赶制面具，编出了一套舞蹈，跳出来给他们看。

原来，被人类学家们视为原始文化活化石的土著舞蹈恰恰是土著人出于礼貌发明出来的。第一批人类学家想要看到某种东西，也的确看到了他们想要看到的东西，但却不是真正的本真的东西。

在我们的世界里，还有多少事情是这样？当你想要看到某种事实的时候，你可能正在发明这种事实。

小红帽与大灰狼三百年的秘密

小红帽和大灰狼的故事演绎了 300 多年，每个人对故事的理解千差万别、五彩缤纷，正如我们每个人对这个世界的理解一样。

从前有个甜美的女孩，总是戴着一顶外婆送给她的红色丝绒帽子，大家都叫她“小红帽”……后来的故事想来不用讲你也知道，在小红帽看望外婆的路上，一只大灰狼出场了，花言巧语套出了外婆的住址，趁小红帽在树林里采花的时候，闯进外婆家里，把外婆吞进肚子，然后又钻进被子冒充外婆，准备等小红帽来的时候把她也吃掉。

接下来会发生什么？美国作家凯瑟琳·奥兰斯汀在《百变小红帽——一则童话三百年的演变》给我们讲述了好几个迥然不同的结局。

与狼同眠的小女孩

大灰狼说："把糕饼放在柜橱上，然后到床上来陪我。"于是小红帽脱下衣服，爬到床上，看到外婆没穿衣服的样子，她非常惊讶。"外婆，你的手臂好粗哦。""这样才好拥抱你啊。""外婆，你的耳朵好大哦。""这样才能听清楚你啊。""外婆，你的眼睛也好大哦。""这样才能看清你啊。""外婆，你的牙齿也好大！""这样才容易吃掉你！"说完，大灰狼转身扑向小红帽，将她吞噬了。故事讲完了。

吃完就完了？没有猎人来拯救这祖孙俩，惩罚坏蛋？没有。这就是《小红帽》最早的版本，由17世纪的法国作家佩罗创作，并且在巴黎名流们的沙龙里流传。一个小女孩主动爬上床，爬进大灰狼的被窝，在佩罗的故事书中，甚至有这样的插图：小红帽与野狼同床共枕，斜倚着枕头温情地触摸狼的大鼻子。这太色情了，怎么给孩子讲呢？其实这个故事还真不是讲给孩子们听的。

17世纪法国的贵族为了换取更高的社会地位和经济利益，常常彼此联姻。女性的贞操是这种交换婚姻的重要条件。这种交换婚姻甚至成为法国封建统治的重要基础。然而当时法王路易十四的宫廷里，却弥漫着一种骄奢淫逸、纵欲滥情的风气。御用文人佩罗根据法国乡间传说写作《小红帽》的故事，其实是想要维护传统的宫廷道德观。

佩罗的大灰狼指的其实是个时髦、迷人的巴黎上流社会人士，擅长勾引年轻的女子，夺去年轻女子的贞操，也就是剥夺她们在未来的买卖婚姻中的筹码。直到今天，欧美还有一句形容女孩儿失去贞节的俚语，就是："她遇见狼了。"小红帽在这里充当了一个反面的极具警示意义的角色，这就是"不守贞节，必定被狼吃掉"。

小心谨慎的乖女孩

与佩罗笔下宣扬性道德的《小红帽》相比，19世纪初德国格林兄弟的故事显然更让你舒心。故事结尾，出现了猎人这个如同父亲的权威形象：猎人趁狼睡觉的时候，剖开它的肚皮，救出小红帽和外婆，最后在狼肚子里塞满石头。小红帽被猎人救出，坐在猎人肩膀上，像个可爱的洋娃娃，泪眼婆娑地后悔不该走进岔路，并保证再也不敢这么不听话。

你会说这才像一个给小孩子讲的故事。没错，因为只有从这个时代开始，人们才意识到童年的存在。

在工业革命以前，儿童文学几乎不存在，也没有我们今天所谓的儿童。因为那个时候欧洲的小孩子往往夭折，除非他们证明自己有生存的能力，否则很少有人会关注他们。而一旦有了生存能力，他们便立即被视为成人。贵族的孩子尽可能地早婚，提高家族延续的几率。中下层的男孩甚至十一二岁就直接进入职场。

但是到了19世纪，工业革命改变了人们对"成熟"的看法。工业社会对劳动者的素质提出了新要求，人们渐渐开始有了"童年"的观念：人生中有一段不劳动、受教育的时光。儿童与成人是不一样的。因此也就有了专为满足儿童阅读的文学作品。我们喜爱的那个"光明尾巴"多半是格林兄弟为了让《小红帽》的故事更适合于儿童阅读而特意做的润色。

19世纪欧洲人的家庭观念也深刻地影响了这个故事。随着生活条件的改善，家家户户生的孩子越来越少，因为这样存活的几率比较高。由一对夫妻和几个孩子组成的核心家庭成为社会的主流。在当时欧洲新兴的中产阶级的眼里，家庭变得非常神圣。妇女们的衣服把肉体遮盖得比任何时代都严实，只接受少许教育，且教育的目的是为了找到好对象。处于绝对地位的父亲和丈夫充当了家庭保护者的重要角色，以严厉的道德规范、虔诚的宗教信仰主持着家庭生活。

这时，《小红帽》便从性寓言转为家庭寓言，传达出一些通俗的教训：要循规蹈矩，不和陌生人说话，要听父母的话。猎人的形象不只象征父亲，更主要的是宣扬男性的主导和女性的顺服，只有"好男人"（包括好父亲或好丈夫）才可以拯救妇女免受愚蠢之灾。

小红帽在夜总会登台

到了 20 世纪，纯洁的“小红帽”在美国遭到了更多的改头换面。40 年代美国的卡通剧中，小红帽成了成色十足的夜总会舞娘，丰乳肥臀，浓妆艳抹，身着猩红的连帽披肩，在舞台的聚光灯下轻歌曼舞，搔首弄姿，一个劲儿地朝台下身穿燕尾服、一派绅士打扮的大灰狼秋波顾盼、卖弄风情。曲终人散，小红帽搭上大灰狼的车来到外婆的家，外婆的家当然早已不再是法国乡下寒酸的木头小屋，而是换成了霓虹闪耀、门庭若市的外婆夜店，外婆也枯木逢春，摇身一变成了夜店中送往迎来的妈妈桑……

小红帽的故事被打上了美国消费文化的烙印，硬是从一个乡下丫头变成了一个人人垂涎的性感尤物，原本朴素的民间故事被炮制成色情味十足的文化产品，这正是现代大众文化产业的拿手好戏。尽管如此，你不能不说卡通作家们抓住了 20 世纪三四十年代美国妇女的新貌。这个时期的女人不仅更加公开展露性感，而且比过去害羞、腼腆的女人更强健、自信。卡通剧里的小红帽总是能够自己照顾自己。

第二次世界大战后，尤其是在性开放的年代中，未婚先孕的新娘比比皆是，女性越来越崇尚脱离婚姻家庭独立生活。在众多的童话故事中，灰姑娘、白雪公主、长发姑娘、睡美人都是在陈腐、平凡的男性陪衬之下演出的。这些男配角就是父亲、野兽、侏儒、王子，这些女主角的故事不断重复着一句话：行为乖巧，逆来顺受，就会遇见如意的王子。只有小红帽的结局不是结婚，便又逐渐成为不断增长的单身女性人口的新代表。

这时的小红帽更加凶悍，不仅与狼共舞，而且防狼有招、足智多谋。在美国诗人达尔 1983 年的诗集中，当野狼露出狰狞的面目要把小红帽吞到肚子里去的时候，小女孩儿笑一笑，突然从灯笼裤里掏出手枪，对准野狼的头：砰！砰！砰！几天后，小红帽已经在到处炫耀她可爱的狼皮外套了。

而随着动物保护主义的发展，那条做了几百年大反派的狼反而渐渐变得像个受害者。新近出版的童话书中出现了这样的情节：野狼小心翼翼地站在山顶上望着人类，身旁的小狼问：“他们是很危险的动物吧？”动物保护主义者们则在汽车上贴了标语：“小红帽说谎，请还野狼清白”，“请高抬贵手，不要再伤害这个濒临绝种的动物！”甚至美国法务部也表示，如果改变对野狼的刻板印象，聆听彼此的心声，也许故事会有不一样的结局。

童话虽然不是历史教科书，可是却包含着一个又一个时代的密码。小红帽和大灰狼的故事演绎了300多年，每个人对故事的理解千差万别、五彩缤纷，正如我们每个人对这个世界的理解一样。

钟楼怪人的狂欢节

有人认为《大话西游》太闹，综艺节目太俗，手机短信太无聊，但是这都体现了人性中隐藏的要求平等、要求削平贵贱尊卑等级的意识。

狂野的节日

1482年1月6日，巴黎市民沉浸在“愚人节”的狂欢之中。法院大厅正在进行“愚人之王”的选举。选举规定，每个候选者无论是男是女，都要参加“怪笑比赛”。于是各种奇形怪状的面孔不断地出现，每副面孔上都有一副怪笑，每个人各有姿态。竞选者和观赏者通通无拘无束。整个大厅只是一个粗暴同狂欢的大熔炉，在那里每张嘴里都有一个叫声，每对眼睛里各有一种光辉，所有的人都在喊叫和喧嚣……

最后，一个地地道道的畸形怪物——巴黎圣母院的钟楼怪人卡西莫多被选为愚人之王。他长着四方的鼻子，马蹄形的嘴，独眼，驼背，跛脚，身体的高度和宽度差不多，下部是方方的，两腿从前部看好像是两把镰刀，刀柄同刀柄相连起来。面对这样一个怪物，一阵阵惊奇和赞赏的狂叫淹没了大厅，人们的情绪达到了最高点。

所有的医生们，所有的随从们，所有的扒手们，同着学生们一起排成行列，到牧师的储藏室里去找寻愚人之王用的纸糊冠冕和可笑的袍子。卡西莫多任人家给他穿戴，他不笑，温和的样子带着骄傲。人们簇拥着幸运的愚人之王像潮水般涌出来，把“怪物”抬在肩上，狂热地欢呼着到大街上去游行。

“乞丐王国”的男女老少唱着跳着，用肮脏的词汇互相嘲笑和辱骂着，宣泄着胸中的欢愉；巴黎圣母院的副主教藏匿在人群之中，口里喃喃地念着咒语；被称为魔女的吉卜赛女郎爱斯梅拉达，在她脚下的波斯地毯上翩翩起舞，轻捷、飘逸、犹如天仙，脸上荡漾着迷人的笑容；而愚人之王在人们的肩上兴奋地号叫着，那张可怕的脸由于激动更加变形，恰似狰狞的魔鬼……

笑声的魔力

这就是法国文豪雨果的名著《巴黎圣母院》中“狂欢节”的场景。狂欢节是西方文化史上一种渊源深远的节日。最早的狂欢节可以追溯到古希腊酒神祭典之后的狂欢活动。在狂欢节期间，人们停止工作，走上街头、广场，举行各种游艺活动。人们打破以往的等级界限，不顾一切官方限制和宗教禁忌，化装游行，吃喝玩乐，进行各种可笑的仪式和祭祀活动，小丑和傻瓜、巨人和侏儒、国王和乞丐都登台演出，充满了戏谑和发泄，集体创造出一个怪诞的时空，把等级制度、宗教禁欲对自身造成的压抑情绪通过狂欢统统释放出来。这是一场自发自愿、人人参与、人人是导演、人人是演员和观众的盛宴。

俄罗斯著名思想家巴赫金认为，狂欢节使得世界与人的关系不再是冷冰冰的、严肃的，世界不再是令人望而生畏的，而是与人贴近、合为一体的，是包括人在内的一切。狂欢打破了等级森严的社会结构以及与之相关的恐惧、敬畏、虔诚和礼节，破坏和消除了一切由恐惧和敬仰形成的距离和禁忌。一切在普通的世界里可怕的、吓人的东西，在这里都成了欢快的“滑稽怪物”，从而使人变得没有恐惧，没有虔诚，能够以彻底的新的眼光去看待这个世界。

狂欢是人类生活中具有一定世界性的特殊的文化现象。从历史上看，不同民族、不同国家都存在着不同形式的狂欢活动。我国虽然没有西方那样的狂欢节，但是民间熟悉的庙会其实也具有相似的精神内涵。在这些活动中，下层群众充当了主角，不限制妇女参与，服装和道具也可以胡穿乱用，具有一种潜在的颠覆性和破坏性。中国古典小说如《水浒传》、《红楼梦》、《三国演义》、《儒林外史》中都有大量关于狂欢场面、狂欢精神的描写。

喜剧的秘密

过去，文艺界的人们常常为一个问题争论不休：究竟什么是喜剧？喜剧从何而来？巴赫金认为，喜剧就是一种狂欢。我们可以从几乎所有喜剧中发现狂欢的精神。周星驰的经典影片《大话西游》就是这样一部典型的喜剧。

在巴黎的狂欢节上，丑陋残疾的敲钟人被戴上王冠，选为国王。这是一种对神圣的王权的戏谑模仿。在这种滑稽的模仿中，严肃的事情被降格为诙谐。《大话西游》大量地运用了这种手法。

“曾经有一份真诚的爱情摆在我的面前，但是我没有珍惜……”这段《大话西游》中的经典台词，原本是王家卫影片《重庆森林》中金城武饰演的警察的独白，带有哲理性和沉痛的记忆。它严肃地说着一个关于遗忘、记忆和永恒的道理。而至尊宝则两次“抄袭”了这段独白。第一次是一脸坏笑的模仿，得意洋洋的吊诡逗笑观众，第二次却是对第一次戏仿的“戏仿”，成了肯定的真实。正是由于不经意地戏谑严肃的甚至沉重的情感，使年轻人很容易就接受了戏仿的快意，同时它在戏仿的时候又说着真实的悖论和感情的纯真，于是不胫而走，成为社会时尚。

《大话西游》中的人物更是如同狂欢节一般颠倒错乱。吴承恩笔下的唐僧虽然有点迂腐、有点分不清人和妖魔，但菩萨心肠、精通佛经、不畏艰辛，一心取经西天，依然是一代高僧的风范，到了《大话西游》中却成了啰唆、自私、让人哭笑不得的人见人烦的家伙。热爱自由、勇于反抗、斩妖除魔、顽强不屈的那个头戴金箍身穿虎皮裙，专为人间解除磨难的美猴王在《大话西游》里成了“从事很有前途的职业”的强盗，英雄特质丧失殆尽，背叛、说谎、油腔滑调，尽显无赖本色。狡猾、狠毒的白骨精在原著中“三戏唐三藏、驱逐孙悟空”，而《大话西游》里的白晶晶却成了纯情少女，对孙悟空一往情深，“妖不再是妖，成了人妖”。纵观《大话西游》中的人物，给我们的感觉是怎么能这么演，“好像一切都翻了个”。这种“翻了个”的感觉与狂欢节上的那种颠覆完全一致。

在狂欢节的广场上充满了一种特殊、不拘形迹的言语，与官方文学和统治阶级的语言大相径庭。人们毫无顾忌地吆喝、夸骂、发誓、诅咒，逻辑颠倒，褒贬融合，甚至不合语法。《大话西游》的语言完全具备这种特征。“此地乌烟瘴气，各位又面目狰狞，绝不像一家客栈，莫非是一间黑店?”“小便完了穿裤子，不然你哪来那么大一缸水洗澡?”“为了爱情，就算你真的毁我的容也是值得的。”“哇，连我也中招了，两块胸肌都掉到肚脐上了。”“帮个忙，大家都是神仙，不要再性骚扰我好不好。”这些非理性语言使人们的逻辑思维猛然断裂，打破观众接受的期待视野，在猝不及防中获得惊奇感，从而达到喜剧效果。

狂欢充斥的世界

在我们今天的生活中，狂欢几乎是不可或缺的一部分。在几乎占去电视领域半壁江山的综艺节目中，通过插科打诨、模拟、戏仿以逗人笑乐是其拿手好戏。《开心辞典》的主考官王小丫与选手之间的一问一答其实是对现实考试的一种戏仿；在《非常6+1》中，一个普通人经6天培训即可如明星般登台演艺；《欢乐总动员》的《超级模仿秀》环节就有戏拟明星的味道。在无数戏说历史剧中，沉重的历史被置换成了恩恩爱爱的轻松“故事”，对历史的真实判断被演绎成了鸳鸯蝴蝶式的感性。一代明君成了风流倜傥的多情小生；行刺秦王的壮举被演绎成了一段儿女恩怨情长。

网络则是一个更大的俗众狂欢广场，网络文学和 flash 动画中，戏拟的东西不可计数。许多大家名篇如四大名著、金庸小说都成为移花接木的好材料。在如此戏仿中，权威消解了，传统推翻了，僵化的思想打破了，充满了重估一切价值的开拓探索精神。

当手机成为人们的日常生活用品的时候，手机短信也成为一种大众狂欢。短短的几行字实现了对传统以及权威话语的歪解，对各种传统意象的扭曲，以及对爱情、亲情、友情的嘲弄。如“你勤劳得像蜜蜂，漂亮得像蝴蝶，忠诚得像小狗，乖巧得像小猫，憨厚得像老牛，威猛得像老虎，怪不得别人都叫你……禽兽。”把人们心目中代表各种传统美德的形象以“禽兽”二字来加以概括，不仅构成一种令人先喜后怒的艺术效果，也是一种对传统话语的反拨。

有人认为《大话西游》太闹，综艺节目太俗，手机短信太无聊。其实这种现代人所不能适应的“闹”正是狂欢节的艺术感受的体现。它体现了人性中隐藏的要求平等，要求削平贵贱尊卑的等级意识，在相互的嬉戏中体现平民化的倾向，为自己营造了一个自由、亵渎神圣、心灵狂欢的时刻。在这个时刻，钟楼怪人的狂欢节就仿佛是严肃世界的一个出气孔一样，让人们在狂欢式的大笑中幸存。

银幕上走下来的心魔

吸血鬼、化身博士、科学怪人、狼人、哥斯拉，人们怎么会琢磨出这么多怪物？其实是大萧条、世界大战及丑恶的社会潮流催生了它们。

恐怖对电影来说似乎是一个绝好的题材。当大厅里的灯光渐渐暗下去时，一束来自观众背后的光柱就会把各种鬼怪、僵尸们放大了的形象投射到银幕上，随着那些面目狰狞的形象在银幕上像幽灵一般活动，一种恐惧之情便会慢慢攫住观众的心灵。

电影诞生100多年来，已经有不少堪称经典的妖魔鬼怪陆续成为观众心目中的恐怖“明星”，比如吸血鬼、化身博士、科学怪人、狼人、金刚、哥斯拉、异形等。你可能会奇怪，人们怎么会挖空心思琢磨出这么多怪物？美国文化研究学者戴维·斯卡尔告诉我们，其实是人类社会中的大萧条、世界大战、冷战以及种种丑恶的社会潮流催生了它们。

第一次世界大战中初露狰狞

早在电影初创的默片时代，以爱迪生等为代表的第一代电影人就不断把各种传说或来自科幻小说中的恐怖故事搬上银幕。但是当时的电影手段带来的恐怖效果很有限。恐怖电影真正成为观众的梦魇还是从第一次世界大战之后开始的。

1920年，一部名为《卡里加利博士的小屋》的德国电影走进了欧美各国的电影院。主角卡里加利博士堪称疯狂和幻想、残忍和固执的结合体，利用催眠术驱使青年人去杀人。当时的观众还没有我们今天如此强韧的神经，深受震撼。这部影片实际上是一个关于不受控制的独裁主义导致战争灾难的政治寓言，反映的恰恰是第一次世界大战给人们留下的恐怖阴影。卡里加利博士代表的是发动战争的国家，将青年人催眠之后，成百上千地送去屠杀他人，同时也被他人屠杀。

在德国的影响下，美国的恐怖片开始兴起。默片时代最著名的美国恐怖片是1920年的《化身博士》，它描写的是一个关于疯狂的医生和他疯狂的发明的故事。片中的杰克医生发现的一种可以分离人类本性中善与恶的药物一旦被服用后，便使他变成了邪恶的海德先生。而这种对于科学发明和“疯狂的科学家”的恐怖的想象也是源于第一次世界大战之后，各种威力巨大的新式杀伤武器的应用，使人们内心中充满了对于神秘的科学发明和那一小撮“与世隔绝的”科学家的恐惧。

在大战中，难以计数的士兵死在阴冷潮湿的战壕和简陋的战地医院里。战争给人们的肉体带来的创伤也反映到了恐怖电影中。20世纪20年代美国环球电影公司精心制作了两部著名的恐怖影片《钟楼怪人》、《歌剧院魅影》，塑造的就是两个身体畸形、容貌被毁的可怕形象，并且将他们与欧洲的标志性建筑——巴黎圣母院和巴黎歌剧院联系在一起，深深地触动了刚刚经历战火伤痛的人们的神经。

根据心理学的观点，幽灵的产生是人的一种保护机能的结果：当人们无意识中感觉到自己的身体处于致命的危险中时，人们就创造了一个想象出来，代替自己承受危险的形象。恐怖片中那些可怜的残疾人就是这样诞生的。

大萧条中的恶魔

1929 年，美国历史上著名的经济大萧条开始了，股市崩溃，工人失业，整个社会哀鸿遍野。但是，在这段 20 世纪美国最糟糕的年月，却成为恐怖电影最兴旺的年代。唱主角的是一个名叫德古拉的吸血鬼伯爵。

在电影《德古拉》中，这位面色惨白的贵族拥有温文尔雅的风度和超自然的魔力，以吸食人血为生，可以化作一阵轻烟穿过锁孔，也可以由人形化为蝙蝠或者豺狼。他唯一害怕的可能就是阳光。在当时人们看来，这就是一个神通广大、敲骨吸髓的资本家形象，不断地吸干一处人民的膏血又迁移到另一处。

与吸血鬼贵族形成鲜明对比的是另一个经典形象——科学怪人。在电影《科学怪人》中，一个疯狂的科学家将从墓地、绞刑架和医院里收集来的支离破碎的人体器官拼凑在一起，随着电弧噼啪作响，这个魔鬼就在机器时代的高潮中获得了生命。冷酷无情的科学怪人动作缓慢，似乎每动一下都需要经过慎重思考。他拥有的是一副沉重的、布满伤痕的无产者躯体，象征着卑微的、不幸被抛弃的工人阶级，他身上穿的工作服和沾满沥青的靴子都说明了这一点。

当时的美国评论家说："富人可以仍旧去南太平洋群岛，知识分子去墨西哥，穷人则去电影院。"而穷人们看到的正是他们心中黑暗角落中蠢蠢欲动的恶魔。

第二次世界大战的阴影

当美国人刚刚从大萧条中复苏时，1933 年，一个新的怪物——金刚的出现似乎预示着欧洲大陆即将再次笼罩在阴云之下。

电影《金刚》讲述的是一只来自神秘海岛的狂暴巨猿几乎把纽约砸成一堆废墟的故事。在影片结尾高潮部分，这个史前怪物爬到当时世界最高的建筑物——帝国大厦顶上像打蚊子一样与战斗机搏斗，已经成为电影史上最令人难忘的情节之一。也许是因为人们当时已经对迅速复兴、大肆鼓吹扩张和反犹的德国感到不安，著名的《纽约客》杂志登载了这样一个笑话："一天晚上，一个上了年纪的犹太绅士在电影院观看《金刚》。片中的巨猿在纽约发了狂，他掀翻大楼，举起火车还要把它砸碎。这位绅士战栗着说：'希特勒！'"你可能想象不到，《金刚》正是阿道夫·希特勒最喜欢的电影，可以说是百看不厌。

希特勒喜欢的另一种动物是狼，他的名字阿道夫在古德语中就是高贵的狼的意思。他的总部也总是用狼穴、狼谷之类的词命名。狼自古以来就是一种与军事主义和战场紧密联系的形象。当欧洲战云渐浓之时，好莱坞也推出了一个狼形恶魔——狼人。这种怪物平时是正常人，但每到月圆之夜就变成返祖的野人与纳粹标榜的狼性的结合体。

战争无可避免地爆发了，法西斯的疯狂行为在电影中也一个接一个地反映出来。纳粹集中营中的医生在科学研究的伪装下，放纵着各种病态的虐待狂心理，所进行的各种荒谬邪恶的"医学研究"，与30年代恐怖电影中疯狂医生的所作所为惊人的相似。在这类电影中，疯狂的科学家总是试图发明更大规模的杀伤性武器，或者为了创造出更新的、经过改造的高级物种而进行残酷的试验。这些丧心病狂的角色大都抱有统治全世界的梦想，或是沉迷于某个绝对理论。这些可怕的影片无疑在提醒人们警惕当时德国纳粹的人种进化科学和种族优越论有关。

并不安宁的和平年代

第二次世界大战以后的观众依然爱看怪物类电影，但是与现实世界所目睹的更加令人震撼的历史事件相比，狼人的利爪和吸血鬼的獠牙开始令人厌倦了，取而代之的是原子弹所产生的蘑菇云。

在20世纪50年代，好莱坞电影怪物的形象有两种基本类型：一种是通常由核试验所导致的巨大无比、践踏一切的巨型怪物；另一种则是来自外星的侵略者，通常长得庞大而畸形，常常不是对人类进行洗脑就是对人类的思想加以控制。总之，这时的怪物形象就是将原子弹和美苏冷战拟人化的表现。

1954 年拍摄的《哥斯拉》是当时以基因突变为题材的代表作，凑巧也拍摄于日本——人类历史上唯一遭受核武器肆虐的国家。尽管如同蜥蜴一般的哥斯拉怪兽仍是类似金刚的巨型怪物，但却是以核辐射造成突变为背景。类似的庞然大物还有章鱼、蜘蛛、蟑螂、螃蟹、巨人，无一不是由于核辐射而变得无比巨大，给人类带来致命的威胁。

与核恐惧如出一辙的就是欧美国家在苏联面前的红色恐慌。电影中那些来自另一个世界，能够控制人思想的怪物象征的就是苏联共产党。比如《来自火星的入侵者》中，一个飞碟在地球上着陆，将地球人一个个拖入地下，植入控制人思想的芯片，变成奴隶。

虽然美国军队随时备战，但是在冷战的环境下西方世界的公众仍感到一种整个社会可能随时会被毁灭的忧虑。恐怖电影大行其道不足为奇，仅 1957 年就有 55 部恐怖电影公映，到 1959 年增加到 100 部。

噩梦接踵而来

当人们从战争的威胁中走出来，恐怖就会消失吗？不可能。新的噩梦总是一拨一拨地袭来。

20 世纪六七十年代，美国“性解放”潮流盛行。口服避孕药成了生活放纵的年轻人的生活必需品。孩子则成了这场运动最不受欢迎的对象。同时一种被广泛使用的孕妇镇静剂——萨立多胺引发了一场可怕的灾难——造成大批婴儿先天畸形，没有双臂或者双腿，堕胎问题也因此成为社会争论的焦点。

人们对于性和生育的矛盾心理和种种忧虑都给这个时代投下了一层阴影。子宫成为恐怖电影专家们创造魔鬼的新墓地。恐怖的胎儿、妖魔般的儿童几乎成了当时恐怖文学必备的话题。影片《它还活着》讲述的是一个长着爪子的变异胎儿在出生时受到了侮辱，于是采取攻击性的行为，把整个产房中的人全部杀死。而《异形》则通过对科技和生育焦虑的阐述创造了一种史无前例的战栗。一群宇航员在宇宙的某个角落发现了一艘遗弃的飞船，当他们展开调查时，身上便被一种怪物植入种子，种子在人体中飞速生长，变成可怕的异形怪物破体而出，似乎寓意着生育即是死亡。

到了 20 世纪 80 年代，一度被人们冷落的吸血鬼又成了观众追捧的明星。不过这次吸血鬼代表的不再是资本家，而是艾滋病幽灵。吸血鬼的獠牙刺破受害者的颈部，仿佛热恋中的情人彼此亲昵，包含性的暗示。而被吸血鬼咬过的人如果没死，便也会变成吸血鬼，开始吸别人的血，就仿佛瘟疫迅速传播。而且吸血鬼所热衷的鲜血也正是艾滋病毒传播的载体。见不得阳光的吸血鬼正如夜晚出没于街角的瘾君子。

魔由心生，而心联系着社会。战争、大萧条、冷战、科技噩梦、艾滋病等都是魔鬼的培养皿，恐惧的营养师。那些华丽的血腥、伤残的肢体、绝望的尖叫在黑暗中狂欢，每一个魔鬼都是人造出来的，它们除了带来刺激的享受，满足隐秘的愿望，也会用自己成长发育的历史，提醒我们这个世界遭受了怎样的创伤。

西方人眼中的中国噩梦

周润发、李连杰、成龙到了好莱坞之后全都变了个模样，那就是西方人眼里的中国人。

2007 年，好莱坞大片《加勒比海盗·世界的尽头》吸引了中国观众和众多海外华人的关注，因为香港影星周润发将在这部影片中扮演一个海盗。可是看过电影之后，华人却大失所望，甚至深感受辱，因为发哥的造型实在太难看了：秃头纹面，眉毛粗黑，指甲长长，好像鲶鱼一样的胡须，衣服也是似是而非好像中国字的大袍大褂。

其实发哥的这个造型并不是《加勒比海盗》的导演突发奇想，而是脱胎于上世纪初美国电影中最著名的一个华人形象——傅满洲博士。

神秘邪恶的傅满洲

傅满洲系列小说最早出自英国作家萨斯·罗默之手。1913 年，罗默出版了第一部傅满洲小说《神秘的傅满洲博士》，讲述了一个白人英雄紧急追踪来自中国的“恶魔”傅满洲博士的故事，一下子畅销英美。从此，有关傅满洲的邪恶故事便在广播、戏剧和期刊中广为流行，吸引了数以百万的读者与观众。

罗默关于傅满洲的小说一共有 13 部长篇、3 部中篇和 1 部短篇。在每一部小说中，罗默总是以这样的描写加深读者对傅满洲的印象：“试想一个人，高高的，瘦瘦的，像猫一样不声不响，肩膀高耸，长着莎士比亚的额头、撒旦的脸，脑袋刮得精光，细长的、不乏魅力的眼睛闪着猫一样的绿光。他集东方人的所有残忍、狡猾、智慧于一身，可以神不知鬼不觉地调动一个财力雄厚的政府所能够调动的一切资源。试想那样一个可怕的人，你心中就有了一副傅满洲博士的形象。”

1929 年，好莱坞开始把傅满洲搬上银幕，一共拍摄了 14 部，使之与福尔摩斯、人猿泰山、超人、007 等形象一道，成为美国社会家喻户晓的人物。在这些系列电影中，傅满洲的主要活动便是施行谋杀与酷刑。他发明了各种稀奇古怪的谋杀方式。诸如利用毒蛇、蝎子、狒狒等动物或利用高科技手法配制的毒药，而所有这些谋杀手法又都带有明显的所谓的“东方的野蛮色彩”。他总是幽闭在自己的黑暗世界中，策划种种邪恶的勾当。他周围总是聚集着一群爪牙和帮凶，随时听候差遣，傅满洲由此也成了邪恶世界的主人。他不仅掌握西方先进的科学，而且精通中国古代的炼丹术，东西合璧的智慧使他具有超人的能力，经常是在这部片子中遭到惩罚死去，又在下一部电影里奇迹般地复活，从而演绎出了一个又一个惊险罪恶的故事。

在第二次世界大战中，中美两国成了反抗法西斯的盟国，“傅满洲”因此停拍。但“二战”结束后，冷战揭幕，中美关系布上阴霾，“傅满洲”再次复活，并以更邪恶和恐怖的面貌出现，四处捣乱。直到上个世纪 80 年代初，“傅满洲博士”才完全被好莱坞放弃。有人说，“傅满洲博士”在好莱坞的时起时落，就像中美关系的一个晴雨表。

彬彬有礼的陈查理

不过好莱坞电影里的华人也不总是“傅满洲”式的恶魔，这便是美国作家比格斯创造的东方福尔摩斯——“模范少数族裔”侦探陈查理。陈查理所代表的是这样一类美籍华人：谦卑、守法而又不失精明，对美国社会忠心耿耿，但他的容貌举止仍旧与美国白人明显不同。“这个人很胖，可走起路来却步履轻如女人，他生着孩子般的圆脸，白净的皮肤，短而密的黑发，斜挑的眉头，上吊的双目，他从奈佳小姐身边走过时，谦恭而彬彬有礼地向她鞠躬致意。”

从 1926 年到 1949 年，美国有 4 家电影公司拍摄了 49 部以中国侦探陈查理为主角的系列影片，其时间跨度之长，规模之大，大概只有日后的《007》系列可与之媲美。陈查理头脑聪明，屡破奇案，不断挫败各种犯罪团伙和黑色势力。与那些孔武有力、说着粗口、依靠拳头加手枪的美国侦探不同，陈查理穿着讲究、彬彬有礼，破案时从来不带武器，完全是凭借过人的机智化险为夷。他从来不向白人展示愤怒、受挫感与不快，似乎是一名清心寡欲、安于职守、被白人社会所首肯的“模范分子”。他对白人主人公鞠躬与道歉的谦和态度，象征性地暴露出他试图取悦于白人的姿态。不仅如此，陈查理在剖析案件时语言幽默，还常常引用孔子等中国古人的名言。当时，陈查理式的英语在美国广为流传，类似“孔子曰”这样的说法成为美国人争相使用的流行语。

考虑到当时充斥在美国影片中的各种华人负面形象，陈查理可以说是好莱坞银幕上为数不多的正派的中国人形象。

被阉割的华人

傅满洲和陈查理，这两个人物在欧美人心目中留下了深刻的印象，几乎成为中国人的代名词。他们一个邪恶一个正派，似乎你也不能说好莱坞就是在刻意诋毁华人，这不是也有正面形象吗？不过且慢，这两个令人印象深刻的角色身上还有着一种共同的气质：他们都是缺乏男性魅力的华人男子。

傅满洲总是力图统治别人，主宰西方民族，获取支配其他男性的权力，但对女性却没有表现出正常的性需求，只是在想要一个聪慧的孩子时，他才对欧洲女人感兴趣。实际上，炼长生不老丹和吸鸦片是他压倒一切的生理需求。这其实是在暗示傅满洲的同性恋倾向。而他的对手史密斯则身材魁梧、灵活，有着健康的古铜色皮肤，这些在西方代表标准的男子汉气概。

而大侦探陈查理的身上既没有福尔摩斯的刚毅果敢、风流倜傥，也没有菲利普·马洛的力大无比、粗犷豪放，更不见山姆·斯派德的坚毅与浪漫。与白人主人公要么英俊潇洒，要么刚毅坚强完全不同，陈查理表情呆板单一，身体肥胖臃肿，不近女色，行为举止缺少阳刚之气，动作矫揉造作，女里女气，颇有某种女性化倾向，是一个被阉割的形象。所以尽管陈查理还算是个正面角色，并且受到西方观众的追捧，却一直没有得到华人世界的认可。

值得注意的一点是，陈查理的女性化特征日后成为好莱坞刻画中国男人形象的又一要素。在很多美国人心目中，中国男子往往麻木不仁、呆头呆脑、拙于言谈、毫无风趣。中国男人在外形上也大都猥琐瘦小，缺少阳刚之气，与高大威武、豪爽奔放的西方人形成了鲜明对比。久而久之，在美国社会里，中国男人的形象又与“性无能”的种族主义神话挂上了钩。陈查理这个人物，就是这一反华种族主义神话的化身。

在今天的好莱坞电影中，傅满洲式的邪恶、陈查理的女性化已经渐渐消失了，李小龙、成龙、李连杰等华人男性塑造出了中国武术的强悍形象，可是如果稍加注意，你会发现在美国电影中，他们扮演的角色几乎完全成了格斗机器，或许具有某些情感和性格，但是通常都是不近女色的，连个接吻的镜头也不可能出现。傅满洲和陈查理的身影无疑还在华人身后徘徊。

中国在好莱坞电影里的形象，其实就是一种西方对东方文化的霸权。所有西方人对中国人的种族偏见和歧视都暗藏在电影中，渗透你的思维里。如果你不能警醒，懵懵懂懂地只顾看热闹，认可了自己的形象就是电影中的样子，也就注定要成为西方人的文化奴隶。

第三章　制度的妙想

粥勺和囚船——四两拨千斤的好制度

制度比技术更重要，制定一个合理的制度，我们就可以达到事半功倍的效果。

分粥的故事

在大兴安岭的深山里，有七个矿工被大雪困住，无法下山，只得待在小木屋里等待春天的到来。他们储备了一些粮食，如果计划得好的话，用来熬粥勉强能够让他们度过这段艰苦的日子。

他们没有计量工具，也没有带刻度的容器，每天分粥成了一个难题。怎么才能让所有的人都满意呢？他们试验了很多种办法。

第一次，他们指定了一个分粥人专门负责给大家分粥。很快大家发现，这个人为自己分的粥最多，于是又换了一个人，结果还是一样，主持分粥的人碗里的粥总是最多最好。权力导致腐败，绝对的权力导致绝对的腐败，在这碗粥中体现得一览无余。

第二次，他们认为大概是指定的人不够公平，只要民主选举出一个大家都信得过的人主持分粥就能解决问题。起初这个被公认品德较高的分粥人还能公平分粥，但不久之后他就开始有意识地为自己和溜须拍马的人多分。大家一致认为，不能放任他腐化，就又把他罢免了。

第三次，他们修改了以下规则，在分粥人之外又增加了一个监督人。起初这个规则运行得还不错，但是后来分粥人和监督人开始暗中勾结，从权力制约走向权力合作，这两个拥有权力的人分的粥最多。规则又失败了。

第四次，他们干脆民主选举了一个分粥委员会和一个监督委员会，形成了完善的民主监督和制约机制。公平基本上做到了，可是监督委员会经常提出各种花样翻新的方案，分粥委员会便据理力争，粥还没分完就变凉了。这个制度效率太低。

第五次，七个人谁也信不过谁了，干脆大家轮流主持分粥，每人一天。可是这样就等于承认了个人有为自己多分粥的权力，同时又给了每个人为自己多分粥的机会。虽然看起来平等了，但是每个人在一周之中只有一天能吃饱，其余六天都饿得发昏。大家认为这一制度造成了资源浪费。

第六次，七个人为了互相制约，决定无论谁来分粥，怎样分粥，其他人都可以提出异议，一票否决。这回可真是公平了，每个人的意见都能体现出来。可是到了最后，粥根本分不下去，谁也喝不着了。

第七次，他们终于找到了一种好规则。每个人仍然轮流主持分粥，只是作了一个巧妙的限制：分粥的那个人领最后一碗粥。令人惊讶的是，在这个规则下，七个碗里的粥每次都是一样多，就像用科学仪器量过一样。因为每个主持分粥的人都明白，如果他不把粥分均匀，那么最少的那一碗一定是属于他的。

就这样，七个矿工终于保住了性命，在粮食吃完之前等来了雪化开山的日子。

开往澳洲的囚船

18 世纪末，英国人来到澳洲，随即宣布澳洲为它的领地。这样辽阔的大陆，地广人稀，怎么开发呢？英国政府招募了很久，但是没有人愿意远渡重洋到荒凉的澳洲去搞什么建设。英国政府没办法，于是决定把罪犯统统发配到澳洲去，就算是让他们赎罪了。

英国政府把向澳洲大规模运送犯人的工作承包给了一些私人船

主，按照从上船时的人数支付船主费用。当时那些运送犯人的船只大多是一些破旧的货船改装的，船上设备简陋，没有什么医疗药品，更没有医生。船主为了牟取暴利，尽可能地多装人，因此船上条件十分恶劣，很多人还没有看到澳洲长什么样，就已经在长途航行中死去了。

3年以后，英国政府发现：运往澳洲的犯人在船上的死亡率达12%，其中最严重的一艘船上424个犯人死了158人，死亡率高达37%。英国政府花费了大笔资金，却没达到大批移民的目的。而且，罪犯的生命也应该得到尊重啊，英国政府因此还受到了人道主义的谴责。

为了降低死亡率，英国政府想了很多办法，每一艘船上都派一名政府官员监督，再派一名医生负责犯人的医疗卫生，同时对犯人在船上的生活标准作了硬性规定。可是这些措施不仅没有把死亡率降下来，有些船上的监督官员和医生竟然也不明不白地死了。原来一些船主为了贪图暴利贿赂官员，如果官员不肯同流合污就被扔到大洋里喂鱼了。

政府又采取新办法，把船主都召集起来进行教育培训，告诉他们要珍惜生命，要理解去澳洲开发是为了英国的长久大计，不能把金钱看得比生命都重要。但是情况依然没有好转，船主们的觉悟还是那么低，死亡率一直居高不下。

终于，有一位英国议员发现了问题的关键：政府给船主报酬是以上船人数来计算的。拿到了钱的船主们自然对犯人们的死活漠不关心。英国政府随即改变制度，不论你在英国上船时装多少人，到了澳洲下船的时候再清点人数支付报酬。

自此以后，船主主动请医生跟船，在船上准备药品，改善生活，尽可能让每一个上船的人都健康地到达澳洲，一个人意味着一份收入，于是死亡率降到了1%以下。有些运载几百人的船只，经过几个月的航行，竟然没有一人死亡。

用制度来解决问题

在人们的社会生活和经济活动中，制度的好坏无疑将影响人们活动的最终结果。无论一个企业还是一个组织，或是一个部门，或是一个团队，都必须用制度来约束人们的行为。

规则远比人的自觉性管用得多。在分粥的故事中，从第一次和第二次分粥我们可以看出，单单依靠某个人的能力和品德，无法保证公正。更何况，现在的人们很可能谁也不信任谁。那么好，我们就指定一个制度，让制度自动解决这个问题。第七次分粥实际上就是从互不信任出发，用制度驱使人们公平分粥。

而在囚船的故事中，英国政府曾经试图用监督和提高觉悟的办法使船主尊重犯人的生命，但是都失败了。最后仅仅是制度上的一个小小变动，就轻松地提高了犯人在船主心中的地位。

从分粥的过程我们还可以看出，社会经济生活中制度建设的难点在于如何兼顾公平和效率。矿工们第一次的规则最有效率，但是最不公平，第六次的规则最为公平，但是毫无效率可言。矿工们明白，采用这两种规则，要不一部分人被饿死，要么全都被饿死，所以果断地另寻他法。

在我们的现实生活中，经常能够看到一些公共资源分配不公的现象。火车票就是一个典型的例子。在春运的几天里，人们在售票窗口常常一张票也买不到，但是从票贩子手里却可以很容易地拿到高出票面价格一倍以上的票。据报道称，票贩子的票主要来自火车站内部职工。这些铁路上的分粥人利用手中的“粥勺”轻松地为自己谋取了利益，造成了铁路客票分配的严重不公平。

铁道部不断地采取措施对自己的员工进行教育，要求他们不要倒票，并且以绳之以法相威胁，但是似乎收效不大，过年过节的时候老百姓仍然买不到票。这个时候，我们就应该从制度上找找原因。或许在某一个环节上稍加改动，我们就能四两拨千斤，解决“一票难求”的问题。

总之，在我们的生活中不能缺少制度。从某种程度上讲，制度比技术更重要，制定一个合理的制度，我们就可以达到事半功倍的效果。

有什么样的技术，就有什么样的制度

制度不是仅仅制定出来就万事大吉，还要有相应的技术支持才能变成现实。

有什么样的武器打什么仗

在人类的战争史之初，步兵用的长矛是彼此厮杀的最有效武器。将军们必须想方设法发挥这种武器的最大威力。公元前7世纪起，古希腊人发明了方阵。步兵手持长约2米的长枪、肩并肩地排成密集而整齐的队形，如同巨大的刺猬一般向前挺进，能轻易地打败数量上占优势但较混乱的敌人。

公元3—4世纪，欧亚草原上的游牧民族发明了马镫。这虽然是一项很小的技术发明，却可以使骑兵稳稳地坐在马背上，并且能够解放双手，全力挥舞兵器。部队获得了前所未有的冲击力和机动性。骑兵成为战场上的主角。奔袭、迂回、包抄、冲锋成为决胜的关键。

骑兵在欧洲战场上称雄了约1 000年的时间。但是到了14、15世纪，随着黑火药兵器的日益发展，步兵再次成为战场上的主角。早期的火枪精确度差，射程短，发射速率低，很笨重，使用很不灵便。将军们开始将手持火绳枪或滑膛枪的士兵排成密集的编队，齐步前进，协调一致地进行射击，第一排发射之后，退到后面装子弹，后面一排的士兵上前发射，整个队形仍然在向前推进，好像是向前席卷的火力网。

到了19世纪，由于火炮的杀伤力越来越强，同时高度精确的远射程来复枪替代滑膛枪，成为基本的步兵武器，步兵又渐渐不再以容易遭受巨大炮击伤害的密集队形来编组，而是散开成线式队形，不时隐蔽，以跃进方式前进。

第一次世界大战时，机枪能够很轻易地将冲锋的士兵一排排地扫倒，于是大面积的战壕成为战场上的奇特景观。双方都有固定的防线，彼此拉锯，造成极大的消耗。但是在这场大战的末期，坦克出现了，战壕战便一去不复返。第二次世界大战中，德国人以坦克和飞机为主力的闪击战成为陆战经典模式。

武器技术更新，军队进攻与防御的制度也随之发生改变。这大概是技术改变制度最明显的例子了。不过一项项技术的威力可不只是改变了战场，还改变了我们的商业和政治。

美国西部草原上的铁丝网

1867 年，一个名叫约瑟夫的牧羊童向美国政府申请了一项奇怪的发明专利——带刺铁丝网。约瑟夫在加利福尼亚一个牧场里工作，常常一边放羊一边看书；在他埋头读书时，牲口经常撞倒用木桩和铁丝围成的放牧栅栏，成群地跑到附近田里偷吃庄稼。牧场主对此事十分恼怒，威胁要将他辞掉。

约瑟夫经过观察发现，羊很少跨越长满尖刺的蔷薇围墙。于是，一个偷懒的想法浮上心头：何不用细铁丝做成带刺的网呢？他把细铁丝剪成 5 厘米长的小段，然后缠在铁丝栅栏上，并将细铁丝的末端剪成尖刺。这下想要偷吃庄稼的羊只好“望网兴叹”，约瑟夫再也不必担心会被牧场主辞退了。

他的这项发明很快就被赋有商业头脑的牧场主看中，并开设了一家工厂专门生产这种新的放牧栅栏，以满足其他牧场的需要；产品上市以后，订单纷至沓来，生意很是红火。

不过约瑟夫想不到的是，他的这项简单发明后来居然被一位著名的经济学家称做是“改变世界面貌的七项专利之一”。为什么这么说呢？

19 世纪四五十年代，美国西部大开发进入高潮，政府正式承认“占地”拓荒者的优先权，允许他们以非常低廉的价格购买已被其垦殖的土地。这种谁开发谁拥有的“跑马圈地”式的私人产权制度使很多人抱着发财梦从温暖、富裕的东部来到荒凉、贫困、条件恶劣的西部，并在这片土地上放牧。

但是，产权制度存在的条件是这种产权必须能得到维护。随着适于放牧的土地越来越少，后来者就常常要侵犯先到者的利益。这使得牧场的私人产权受到很大的挑战。雇人巡逻维护牧场费用太高，而木头建造牧场围栏既容易腐朽，又很容易被翻越。私自放牧者还是时常光顾，牧场的私人产权制度徒有其名，这说明维护私人牧场产权制度成本很高，从而影响了私人牧场的发展和西部的开发。

恰在此时，约瑟夫发明了带刺的铁丝网。这种围栏价格十分便宜，可以大量使用，同时它可以有效地隔离邻近牧场的牲畜，阻止私自闯入者，保护牧场所有者的利益，土地划界的过程能够在短期内迅速完成。随后，开发西部的牧场主普遍采用这种围栏，以致带刺铁丝网的销量猛增。据美国有关的历史统计，1874 年这种铁丝网的销量只有 1 万磅，可到了几年以后的 1880 年，其销量猛增到 8 050 万磅。带刺铁丝网的发明使维护牧场私有产权的成本大大降低，私有牧场制度得以普遍推广，美国西部因此迅速繁荣起来。

这件事被制度经济学家们视为技术导致制度变迁的经典案例。

从农民到农业工人

其实，技术发明引起经济制度变迁的事情还有很多。比如在古代，地主很难对土地上的农民进行监督，为了激励农民努力耕作，世界各地的农村都普遍采取租佃制度，地主从农民的收成中抽取 30%—70%。到了现代，农业生产普遍采用拖拉机和其他农业机械，以前几百人才能侍弄的农场，现在可能几个人就可以耕作。而且监督一个拖拉机手也远比监督一个手工劳动者简单得多，农场主的监督成本明显下降了，于是租佃制度消失了，土地上的农民变成了拿固定工资的农业工人。

美国现代企业制度的出现则是因为铁路这种技术，第一个现代工商企业也正是铁路公司。铁路运输必不可少的安全、准时、可靠，以及机车、铁轨、车站设备的长期保养和修理，需要相当规模的管理组织。这意味着需要雇用一群经理来监督极为广阔的范围内的各种职能活动，并且要任命一批中、上层管理人员来监督、评估和协调负责日常活动的经理的工作。由此产生了美国企业管理上最初的管理层级制。

同时，由于单独一个企业家几乎不可能拥有足够的资金，而众多的股东也不可能都去经营铁路，于是所有权与管理权发生分离了。为了降低成本和减少运输时间，铁路公司之间的合作作为一种全新的现象开始了。到19世纪80年代，美国本土的铁路货运已不需要转运，铁路公司的联营非常成功，现代工商企业初步形成。

一方面，一种新技术的出现可能会降低某些制度的操作成本，提高收益，使这些原来并不现实的制度发挥其优越性；另一方面，新技术的出现也会诱使人们改进制度，以便从这种制度中获得最大的利润。这就是技术促进制度变迁的道理。

民主、专制靠技术

甚至连封建专制、民主共和这样复杂的政治制度也与某些技术的发明有着内在的联系。

人类最初的政治组织只是一个个小型的部落和酋邦。象形文字的发明为很多从事同一种工作的人们提供了一种交流的方式，政府因此能够向偏远的地区发布连续的消息，控制相当大的一片区域，这就使统治众多部落和酋邦的帝国有了存在的可能。历史上最早兴起的帝国，比如古埃及、古巴比伦和中国商朝，都缺不了文字这种伟大的技术发明。

公元9世纪开始，欧洲人掌握了用坚固的石材修筑城堡的技术。当时，城堡是最可靠的防御方式，足以抵挡骑兵的快速攻击，于是地方贵族们广修城堡，以确保自己的庄园和财产不受侵犯。数以千计的城堡遍布欧洲，在这种状况下，国王要想教训某个不听话的贵族，就非得劳民伤财，大动干戈，花费高额的成本。国王的权力很小，贵族拥有很大的自主权，在他们的领地，国王的命令和法律往往无法直接起效，要经过贵族的认可才行。欧洲封建等级制度也由此形成。

到15世纪，随着攻城大炮的火力日渐猛烈，城堡招架不住了，加强君权的成本大大缩小，欧洲的封建制度也随之衰落。专制王权日益加强，西欧各国开始实现政治统一和中央集权，并且逐渐形成具有民族意识、主权、领土观念的民族国家。专制国王们积极推动本国工商业的发展，促进了资本主义的兴起。

但是专制王权很快就受到了铅合金活字版印刷术的挑战。报纸、杂志将所有的人们与社会联系在了一起，向社会传播最新的消息。这为公民们反对专制政府提供了一个有利的战斗位置，公众的观点变得越来越重要。当街头巷尾的脚夫、杂役都对正在发生的政治事件了如指掌的时候，建立一个民主共和的政府也就为期不远了。

20世纪末，由于互联网在许多国家和地区的急剧扩展，民主变得更加容易了。政府很难掩盖自己的不足，任何执政者的丑闻都有可能演变为点燃民众不满情绪的导火索。公民可以直接参与和讨论公共问题，与政府交流。有人预测，在不久的将来，议员们唇枪舌剑的场面就会消失，代议制民主将被每个公民的直接民主所取代。

一种制度是否会被实施，是需要考虑成本和收益的。很多高明的制度，并不是人们想不到，而是因为在当时当地实行起来成本太高。在这种时候，能够有效降低制度成本的技术一旦出现，就会带来天翻地覆的变化。制度不仅仅制定出来就万事大吉，还要有相应的技术支持才能变成现实。

人类社会：竞争 = 危险？

生物学家和经济学家们都对“竞争”这个词津津乐道。但有时个体竞争的成功，很可能成为集体悲剧的开始。

如果说生物学家和经济学家们有什么共同点的话，那就是他们都对“竞争”这个词津津乐道。在生物学家眼中，“物竞天择，适者生存”是一条真理，无数的物种在这条真理之下得到进化，发展出我们今天绚丽多彩的生物世界。在经济学家眼中，“市场竞争”是一剂灵丹妙药，有了它，人类发明了一代又一代新产品满足永无止境的需求，人们享受到了越来越低廉和优质的服务。

但是，“竞争”真的可以“放之四海而皆准”吗？一些学者注意到，有时个体竞争的成功，很可能成为集体悲剧的开始。

大角麋鹿和肥胖的海象

雄性麋鹿在繁育后代的竞争中靠的是它们头上树杈一样的鹿角。雄性麋鹿个体的鹿角架越宽阔，它在与对手争夺雌性麋鹿的争斗中才有更大的获胜可能，因此也拥有了更多繁育后代的机会。在这方面，自然选择垂青于大角麋鹿，有一些雄性麋鹿的鹿角几乎达到了 1.5 米宽。但是，麋鹿的这种竞争对于它们的群体来说并没有什么好处。

宽大炫耀的鹿角在主人奔跑逃命的时候毫无用处，反而是一种累赘。曾经有人看见一群狼追逐一只顶着 1.5 米宽的大角的麋鹿进入一片树林。尽管麋鹿竭尽全力沿着曲折的路线逃跑，可是头顶上的大角在树丛中绊来绊去，让它无法迅速通过树林。结果争夺配偶时的优势成了逃避捕食时的障碍，一种自然选择的胜利者成了另一场生存竞争的牺牲品。

不幸的是，雄性大角麋鹿已经占有了相当多的雌性麋鹿。它的后代也不出所料遗传了它那值得炫耀的大角。于是，一段时间之后，整个麋鹿群体的逃生能力都降低了，高兴的只有那些垂涎欲滴的狼群。

海象是另一个例子。这种海洋哺乳动物体形庞大，在针对配偶的争斗中，个头较大的雄性海象常常能够占据优势，胜利者占有一大群雌性海象，也因此繁育了一大群像它们一样肥胖的后代。体重是海象争夺生殖权的一个有利条件，但是在其他方面却成了缺陷。为了维持庞大身躯的消耗，一头雄性海象每天需要吃掉几百公斤的鱼；而且由于体重太大，有时雄性海象不小心还会把自己的亲密爱人压个半死；过于肥胖还容易导致畸形。所以，当雄性海象们争相炫耀自己肥硕的身姿的时候，它们群体的命运却并不乐观。

进化似乎走进了一个悖论：个体的竞争优势反而削弱了群体生存的能力。

竞争将人类引向何方?

那么在人类的社会中，竞争又会如何呢？有人认为自由竞争、强者生存、弱者淘汰、弱肉强食不仅是自然界的本质，也是人类社会发展的内在规律。但是，如果我们冷静地看看人类的处境，就会发现，竞争给人类带来的前景并不美妙。

在体育比赛里，球员们为了取得胜利，通过服用促蛋白合成类固醇药物来增加肌肉力量。当人们为了获胜争先恐后地服用药物的时候，问题就来了。球员的健康因此蒙受严重的后果，性格暴躁好斗，内分泌紊乱，精子变异，甚至罹患各种癌症。从整体上看，他们的情况显然因此而变得糟糕了。

在选拔考试中，考生们为了取得更高的成绩不得不花费大量的时间和精力参加辅导班，或者按照繁重的复习计划专攻考试的科目。这是一场比拼毅力和记忆力的竞争，人们为此付出的越来越多。很多考生付出了健康的代价，精神衰弱成为普遍现象。而他们在考试科目上付出的大量心血在考试结束后很可能被证明是毫无用处的。从整体上看，考生们也遭受了竞争之苦。

在人与人的经济竞争中，全球贫富差距越来越大，最富裕国家中的 1/5 人口控制了全球国内生产总值总额的 86%，全球出口总额的 68%；世界上最富有的 200 人总收入占世界全部人口总收入的 41%；而与此同时，有 80 个国家目前的人均年收入比 10 年前还少。

在国家与国家争夺资源的竞争中，资源越来越为某些富国所垄断，而且也越来越匮乏。众多发展中国家眼下或是资源短缺，或是被迫过分廉价地出卖资源，于是资源紧张很快成为社会危机的催化剂和并发症。

在世界各民族的生存竞争中，无数花样百出的杀戮机器被制造出来，用于消灭自己的对手，保全自己。无数的战争和死亡没有为人类带来和平，反而让人类生存的世界越来越紧张和危险。

人类在“非零和博弈”中延续

让我们步入危险境地的竞争究竟是一种什么东西？从博弈论的角度看，你会发现，在这种场景中，参与活动的各方完全处于对立的状态，不论采用什么策略，一方有所得必然意味着其他各方有所失，换句话说就是“损人利己”。就好比一块蛋糕，一个人切走一大块，也就意味着其他人只能分享一小块，当局者因此处于你死我活、水火不容的状态，没有调和的中间道路，结果当然非常残酷。这种博弈被称为“零和博弈”。

在零和博弈中，所有人的得失加起来等于零，可是所有的人们都为这个“零”付出了很大的代价，从整体上看得不偿失。这就是我们的竞争。

那么，我们还有没有别的道路可以走呢？研究博弈论的学者们认为是有的。因为如果我们改变一下规则，就可以让“零和博弈”变成“非零和博弈”。在这种博弈中，对局各方不再是完全对立的，一方或几方所得，未必意味着他方必有所失；反之亦然。这样，就会出现各方都认为对自己有利的对策和结局，当然也会出现各方均受损失的对策和结局。故而非零和博弈也称为合作型博弈。简单来说，就是从大家一起分蛋糕变成了大家一起做蛋糕。蛋糕烤糊了，大家都吃不成，可是蛋糕做大了，大家都会从中得利。既然如此，温情脉脉的合作也就成了最优的选择。

有些社会学家认为在人类发展过程乃至个人生活中，总是合作多于竞争，甚至说人类所有重大成就都是合作的结果。在很多时候，合作可能比竞争更有效率。认识到非零和博弈的重要价值是人类认识史上的一个重要进步，它启示人们重新思考竞争对手的存在，倡导在合作中求得生存和发展。当我们社会的规则倾向于非零和博弈的时候，我们就不会饱受“竞争”之苦。

瘸腿牛当官记：“官”为什么越来越多？

政府机构就好像是一个能够自己膨胀的怪物，如果不加控制，就会以一定的速率变得越来越庞大，直到让国家财政不堪重负。

如果你的父母在国有工厂里工作，你很可能曾经注意到，办公楼里看报、喝茶的领导比车间里挥汗如雨的工人数量少不到哪儿去。也许你还曾经听到长辈们抱怨政府机关里吃饭的人多，办事的人少。人们常常把这种机构膨胀、人浮于事的现象归咎于社会风气。但是对社会学家来讲，仅仅用“社会风气”来解释一种现象，未免太肤浅了。也许内中还有更深层次的规律值得我们去探寻。

建不起来的大坝

在谈论社会规律之前，我们还是先来看一个故事。

动物共和国为了使公民们免受山洪的威胁，决定在山谷里修建一座大坝。总统大象觉得瘸腿牛比较忠厚老实，就委派它负责这座大坝的修建工作，任命它为大坝委员会的委员长，给了它一大笔钱，命令它在雨季到来之前，一定要完成任务，否则就把钱还回来，换别人来干。

瘸腿牛感到受到了重用，非常受宠若惊，信誓旦旦地向大象保证，一定会把大坝建得固若金汤，100 年都不倒。大象放心地看着瘸腿牛一拐一拐地走进了山谷。

瘸腿牛来到了河边，心中开始犯嘀咕，自己种地很拿手，可说到搞水利工程却根本不在行，怎么办呢？它于是决定在山谷里找个帮手。这时一只水獭跑出来毛遂自荐，说：“我家世代都是筑坝高手，让我做你的副委员长吧。”瘸腿牛乍一听有人愿意来帮忙，很高兴，可是一听说水獭是筑坝高手，就犹豫起来。把这么一个有能力的人召进来，以后干出了成绩，一定会被大象重用，搞不好还会爬到我头上来。不行，这种傻事坚决不能做。于是瘸腿牛找了个借口，把水獭拒之门外。

水獭走后，瘸腿牛深吸了一口气。看来找帮手这件事还得谨慎考虑。像水獭这样有才能的肯定不能要，要就得要比自己水平低的，而且还得要两个。两个副手钩心斗角，就顾不上威胁委员长的位置了。想好了以后，瘸腿牛把树林里闲逛着吃草的梅花鹿和卧槽马请来，给它们一点钱，让它们俩做副委员长，具体负责大坝的工程建设，自己则躲到山坳里看《三国演义》去了。

梅花鹿和卧槽马对筑坝也同样是一窍不通，便学着瘸腿牛的样子也开始找帮手。水獭再次来应聘，又一次被拒绝了。经过一番招聘，两个副委员长各自拥有了两个秘书长：猪、狗、羊、驴。给了一点钱之后，副委员长便继续在树林里闲逛，让秘书长们去修大坝。

秘书长们很快照葫芦画瓢，任命了一批副秘书长，副秘书长又任命了一批主任，主任再任命副主任。大坝委员会的成员越来越多。很快，山谷里所有的居民都成了大坝委员会的成员，个个都有官衔，只有一个例外，那就是水獭。

雨季快要来了，总统大象决定到大坝工地上视察一下。到了山谷里，它惊讶地发现，想象中的宏伟大坝根本不见踪影，工地上只有一群小耗子小口小口地嗑木头。大象急忙召集大坝委员会开会，没想到来开会的人从树林一直排到河边。把瘸腿牛叫过来一问，才知道不但大坝拖拖拉拉没能按期完工，连大象给的那笔钱也都一层一层当做工资给发完了。大象长叹一声，只得宣布大坝委员会解散，让全体公民提前上山躲洪水。

官场病：帕金森定律

动物共和国修水坝的事情，在我们人类社会屡见不鲜。人们常常发现，政府机构就好像是一个能够自己膨胀的怪物，如果不加控制，就会以一定的速率变得越来越庞大，直到让国家财政不堪重负。我们国家曾经先后几次精简机构，试图给政府机关“减肥”，可是每次减肥之后总是会迅速反弹。究竟是什么一次又一次地让“减肥”的愿望落空呢？

1958 年，英国有一位名叫帕金森的历史学家兼政治学家发现了一个有趣的原理：

对于一个不称职的官员，他可能有三条出路，一是辞职，将位子让给能干的人；二是让一位能干的人来协助自己工作；三是任用两名水平低的助手。对于这位不称职的官员来说，第一条出路是走不得的，那样他会失去许多利益；第二条路同样也不能走，因为那样会使自己多出一个有力的竞争对手；看来只有选择第三条路最为适宜。于是，两个平庸的助手分担了他的工作，而自己则能高高在上发号施令，同时也没有人成为自己升迁的障碍，而下级既然能力不济，他们又会上行下效，为自己找两个更加无能的助手。如此恶性循环，就会形成机构重叠，人浮于事，扯皮推诿，效率低下的行政管理体系。

从我们的故事中看，瘸腿牛不懂得怎么筑坝，所以是一个不称职的官员。可是它不愿意辞职，因为如果那样的话，它就得把钱退还给大象总统。它又不愿意让水獭帮忙，因为水獭有可能因为立功而获得大象的赏识。所以，瘸腿牛就只能找来水平不如自己的梅花鹿和卧槽马当副委员长。大坝委员会就这样膨胀起来了。

大坝委员会聘用了这么多人，并不会像你想象的那样都没事干，他们会给彼此制造许多工作：

一份文件需要大家共同起草圈阅，每个人的意见都要考虑、平衡；下属们产生了矛盾，上级要想方设法解决；升级调任、会议出差、恋爱插足、工资住房、培养接班人……哪一项不需要认真研究，工作愈来愈忙，甚至这几个人也不够了，还得继续增加人手。

如果这样还是有人闲着，没关系，一个人的工作量两个人干，花的时间一样长。一个忙人 20 分钟可以寄出一叠明信片，但一个无所事事的老太太为了给远方的外甥女寄张明信片，可以足足花一整天：找明信片一个钟头，寻眼镜一个钟头，查地址半个钟头，写问候的话一个钟头零一刻钟……工作会自动地膨胀，占满一个人所有可用的时间，如果时间充裕，他就会放慢工作节奏或是增添其他项目以便用掉所有的时间。于是，大坝委员会像金字塔一样不断上升，行政人员不断膨胀，每个人都很忙，但工作效率越来越低下。

走出“膨胀”的怪圈

帕金森认为对于一个组织而言，管理人员或多或少是注定要增长的。所以帕金森定律注定要起作用。他提出了这样一个公式来计算一个行政机关需要补充的新职工人数：

$$X = [100(2KM + L)/YN] \times 100\%$$

K 表示一个可以发号施令的官员。L 表示这个人从上任到退休的年数。M 是部门内部传达命令耗费的时间。N 是被管理的单位。Y 是去年在职职工的总数。X 就是一个机关新的一年里可能增加的人数比例。不论工作量有无变化，用这个公式求出来的得数总是处在 5.17%—6.56% 之间。这就说明，只要帕金森定律发生作用，这机构就会以稳定的速度膨胀下去。

帕金森定律告诉我们这样一个道理：不称职的行政首长一旦占据领导岗位，庞杂的机构和过多的冗员便不可避免，庸人占据着高位的现象也不可避免，整个行政管理系统就会形成恶性膨胀，陷入难以自拔的泥潭。

之所以会出现这种情况，社会学家认为，关键问题在于“权力的危机感”。就像瘸腿牛，它拥有了一定权力，可是这种权力是大象授予它的，随时可以再收回去。所以瘸腿牛决不会轻易辞职放弃这个权力，也不会轻易给自己树立一个像水獭那样的对手。良心又不允许他害人，所以才会选择两个不如自己的人作为助手，这种行为是自然而然的，无可谴责。

我们社会中绝大多数的行政官员都面临着这种局面。那么有没有办法走出这个膨胀的怪圈呢？

社会学家提出了一个似乎很简单的办法，只要不把用人权放在被招聘者的直接上司手中就可以了。如果大象总统直接将水獭任命为瘸腿牛的副委员长，显然就不会有接下来的事情。如果瘸腿牛直接把水獭任命为梅花鹿和卧槽马的秘书长，大坝委员会的膨胀恐怕也会就此停止。

大象总统的烦恼：为什么大家都不称职？

> 从社会学的角度看，所有的人最后都会到达一个不称职的岗位上。

动物共和国的大象总统最近病了。它的公民们都很着急，请了很多医生来，可是谁也搞不清楚大象得的是什么病。一个社会学家刚好路过，听说这事，就毛遂自荐来给大象看病。大家觉得社会学家看病虽然有点离谱，可是既然人家主动请缨，就抱着不妨一试的态度把他领进总统府。

大象躺在床上，面黄肌瘦，没精打采。社会学家大大咧咧地往它面前一坐，说："你有什么烦恼，先说给我听，然后我才能给你治病。"大象想了想，慢慢道出了自己的心事。原来他发现在他的政府里，几乎所有的官员都不称职，总是不停地做蠢事。这样下去，整个动物共和国岂不是很危险？因为天天都为这件事发愁，大象终于病倒了。

社会学家微微一笑，请大象说说他的官员究竟如何不称职。大象于是像祥林嫂一样打开了话匣子，把它对下属的不满全都倒了出来。

"就说瘸腿牛吧，原本是生产队长，种地很好，后来我让它做农垦主任，结果全国粮食大丰收。我看它能力很强，就委以重任，让它当大坝委员会的委员长，负责修筑大坝。不成想，它把大坝委员会搞得官多兵少，人浮于事，把钱都花光了，大坝还没修成。后来我只好请海獭做工程师，负责修坝。"

“那海獭称职吗？”社会学家问。

“一开始还不错。海獭是个搞技术的，对修坝很在行，把大坝修得有模有样。后来我觉得海獭做工程师有点屈才，就让它接替瘸腿牛的位置，当大坝委员会的委员长。可是这小子太让我失望了，它只知道埋头做自己的活，却不会指挥大家一齐动手。结果它把自己的工程做得很完美，它的手下却因为没人指导，全都无所事事。”

“像这种情况的还有猪大厨。它负责食堂的时候表现相当好，大家伙吃得都满意。可是我提拔它做公民健康委员会主任后，它却只知道一门心思地让大家多吃。现在全国公民都得了肥胖病，我也是它的牺牲品，体型都快和它一样了。”

“牧羊犬，当刑警的时候经常立功，一当上公安局长就到处搜查，搞得居民怨声载道。金刚鹦鹉读书的时候成绩很优异，后来当老师教得也不错。可是等它当上了大学校长，仍然只会重复它读书的时候学到的东西，根本不会创新，搞得大学里死气沉沉。”

大象很难过地说：“为什么我的官员们都曾经做出过出色的成绩，现在却总是在干傻事？难道是我这个总统领导无方？”

社会学家安慰它：“不必自责，大多数人都不称职，这是必然的。”

“必然的？”大象有点不相信，“我一直认为，如果我认真选择人才，就能让所有的人在所有的岗位上都发挥出色。”

社会学家微微一笑说：“从社会学的角度看，所有的人最后都会到达一个不称职的岗位上，尤其是在我们现在的层级社会里。”

大象问：“什么是层级社会？”

社会学家解释说：“你看你的政府都是由不同层次，不同级别的官员组成的，这些人一级一级构成了一个金字塔一样的组织结构。而你就站在金字塔的最顶端。当你的属下在原先的位置上表现优异的时候，你就会把它提拔到高一级的位置上，如果它仍然做得很好，就会再次得到提拔。但是你知道，这些岗位层次越高，难度也就越大，当有朝一日你的属下终于被提拔到了一个它的能力达不到的岗位时，不称职的现象就一定会发生。而你的提拔也就到此为止了。结果本来可以在低一级职位施展优秀才华的人，却不得不处在一个自己所不能胜任而级别却较高的职位上，并且要在这个职位上一直耗到退休。这在社会学上被称为‘彼德原理’。”

大象不服气：“照你这么说，那我这个政府岂不是什么事情都干不成了？”

社会学家不慌不忙地给它解释：“虽然很多人不称职，可是还是有很多人尚未被提升到超出自己能力的职位上，它们的工作使你的政府保持着正常的运转。可是如果它们工作得很好，不久又会被提升，总有一天也会变得不称职。”

大象有些懊恼：“那它们自己为什么不提出来，或者是提高一下自己的能力呢？”

社会学家慢条斯理地说：“对于被提拔到不称职岗位上的人来说，它们有三种选择：（1）辞职，回到或留在自己胜任的位置，但此种人古今中外少有；（2）学习、磨炼、提高自己的能力，其结果往往是又被继续提拔，再次升到不能胜任的位置；（3）洋洋自得，在不能胜任的位置上，干一些自认为聪明的蠢事。不幸的是，绝大多数人选择的都是最后一种。”

大象沮丧地说：“那我该怎么办？”

社会学家给它出主意说：“也许你应该劝大家改变想法了。你的属下都很奋发进取，可是当它们表现出色的时候，你总是用升官来奖励它们。渐渐的，它们也把升官当成了自己奋斗的目标，即使明知道自己不再胜任更高的职位也不愿意放弃。如果你能够用其他方式奖励它们，它们也许就能够选择根据自己的才干、能力和兴趣来工作，而不是为了追求提拔而工作。”

大象若有所思，忽然从床上爬起来往外跑。社会学家急忙问：“你干什么去？”大象头也不回地说：“我去辞职。我觉得自己以前当交通部长的时候最称职。”

不听话的“五虎上将”

当你笼统地说要惩罚消极怠工者时，你的手下却可能宁愿承担被惩罚的风险而选择不工作。但只要让惩罚变得具有连锁关系，问题就解决了。

赤壁之战后，刘备跨有荆益，天下三分有其一，五虎上将关羽、张飞、马超、赵云、黄忠各据一方，守卫边疆。蜀汉国家初具规模。刘备对这五虎上将非常倚重，每月每人发500两黄金，希望他们不管是对北方的曹魏、东方的孙吴还是西南的蛮夷，都能奋勇厮杀，拓展疆土。可是敌人们也不傻，纷纷掏钱贿赂五虎上将，让他们手下留情。于是，五虎上将们打上了小算盘，如果尽忠职守，豁出命去杀敌，每个月只能拿500两黄金，如果在边境上马放南山，刀兵入库，每个月就能拿到10 000两黄金。于是，五虎上将们都开始与敌人握手言欢。

刘备很快发现不对劲，国土久久不见拓展，什么时候才能统一天下啊。他想用解雇来威胁五虎上将，遭到解雇的人丢了工作，敌人当然也不会再贿赂他，结果是一两黄金也捞不到。可是五虎上将根本不怕。因为要守卫这个国家，至少要四名他们这样的超一流武将，刘备顶多只能解雇一位。他们五个人早就商量好了，大家都在边境上磨洋工，看你解雇谁。即使你解雇了其中之一，剩下四个人继续磨洋工又怎么办呢？

束手无策的刘备急得上火，只能打草鞋出气。诸葛亮到底是军师，给刘备如此这般讲了一通。第二天，刘备开始一个一个地找五虎上将谈话。他对关羽说，你守卫的领土要是半年之内没有扩大我就解雇你。对张飞说，你守卫的领土要是半年之内没有扩大，而关羽的扩大了，我就解雇你。对马超说，你守卫的领土要是半年之内没扩大，而关羽和张飞的扩大了，我就解雇你……就这样一直谈到黄忠。

五虎上将这下傻了眼。关羽肯定不敢懈怠了，因为解雇的铡刀就悬在他头上。张飞知道关羽努力工作，他也开始拼命杀敌。马超知道他们俩的事情，自然觉得只要一偷懒，工作就会不保。最后五虎上将全都像上了发条一样开始拼命工作，再也没办法串通怠工了。蜀汉的疆域像发面馒头一样膨胀起来。

当你笼统地威胁要惩罚消极怠工的行为时，你的每个手下都可能宁愿承担被惩罚的风险，而选择不工作。但只要让惩罚变得具有明确的连锁关系，问题就解决了。你先选一个责任最大的人，然后依次分配下去，按顺序威胁。除非你的雇员没脑子，否则你的威胁应该能让他们个个听话。

把叛徒拎出来

简单的一句“差价双倍返还”就把广大的消费者变成了同行业最忠实的侦探，不但可以自动找出叛徒，而且可以立刻对叛徒施以严惩。

走进一家大型电器城，你发现某一型号电视机打出了“全市最低价”的标语，下面还有一行小字，信心十足地宣称：只要在全市任何其他电器城发现更低的价格，差价双倍返还。厚道的人大概会非常高兴，看来销售商们竞争很激烈啊，杀价杀到这个地步，这型电视机一定很便宜；较真的人也许会跑遍全城，非要找出一个比它便宜的不可。

可惜大家都想错了。销售商们打出的价格根本就不低，搞不好利润比进价翻了一倍，“全市最低价”倒是真的，因为很可能不管你走到哪家电器城，都是这个价。为什么会这样呢？原来这种所谓的“全市最低价”其实是全市电器城联合起来搞的统一价格，而“差价双倍返还”根本不是给消费者看的，而是一种维护价格联盟的妙招。

在市场竞争中，商场常常会大打折扣战，结果搞得大家筋疲力尽，元气大伤。于是有人出面呼吁停战，大家达成协议，统一价格，谁也不比谁低，结果当然都是全市最低价。但是这种价格联盟常常不太可靠，总会有人想要占便宜，在统一价格的基础上稍微降一点，吸引更多的顾客。大家都这么打小算盘，价格联盟很快就瓦解了。

要想把价格联盟维持住，就必须想办法把那个不安分的叛徒揪出来。可是谁有工夫整天全市瞎转悠，监督每个电器城的价格呢？于是有人设计出了一套维持垄断的“侦测系统”：只要顾客发现其他公司所贩卖的同型产品价格更低，拿出证据来，差价双倍返还。

只要“差价双倍返还”这句话一贴出来，保证没有一个电器城敢擅自降价了。为什么呢？比如大华电器城按照价格联盟的约定，把电视机价格标为 2 600 元，而家美电器城悄悄降价为 2 400 元。你拿着家美电器城的海报回到大华电器城，刨去双倍返还的差价 400 元，买下一台电视只花了 2 200 元，比偷偷降价的家美电器城还要便宜 200 元。

这种情况下，家美电器城的降价策略不仅没有吸引到更多的顾客，反而把顾客都驱赶到遵守价格联盟的电器城去了。不仅如此，家美电器城的叛徒行径也昭然若揭——为了领补偿金，顾客们会自动地将他们的降价消息通知其他公司。叛徒很可能因此遭到同行业的严厉惩罚。

简单的一句“差价双倍返还”就把广大的消费者变成了同行业最忠实的侦探，不但可以自动找出叛徒，而且可以立刻对叛徒施以严惩。这实在是一种很难想象的高招。

别想当逃兵

士兵在战场上的最佳策略是通过当逃兵获得更大的生存机会，而要想制止临阵脱逃，就只能让士兵感到冲锋比当逃兵求生的机会更大。

在枪林弹雨、血肉横飞的战场上，假设你只是普通一兵，是勇往直前还是趁人不注意找个弹坑躲起来装死？如果排除军人的荣誉感和为国献身的使命感，单从个人的策略角度看，当逃兵绝对是最佳选择。因为如果整个大部队都在往前冲，多你一个未必就会赢，少你一个也未必就会输，而你的勇敢却会极大地增加自己受伤甚至牺牲的风险。

士兵个人的这种理性的策略选择对于整个军队却是有害的。如果每个士兵都如此推理的话，恐怕战争就不存在了。可是，战争仍然在历史的背景舞台上轰隆作响，因为将军们想出了很多措施改变士兵们的策略选择。

在大部分的军队中，假如有士兵在战时逃跑，他就会被就地正法。临阵脱逃遭受惩罚意味着一种可耻的死亡，选择勇往直前显然就变得更具吸引力。于是大家都拼死一战，反而有可能取胜，生存的机会更大，因此，退缩就会被枪毙的压力反而对士兵有帮助。

不过战场上兵荒马乱的，谁知道哪个胆小鬼什么时候会躲起来呢？监督是个大问题。古罗马人决定让每个士兵都成为彼此的督战队，规定军队排成直线向前推进的时候，任何士兵只要发现自己身边的士兵开始落后，就要立即处死这个临阵脱逃者。为使这个规定显得可信，未能处死临阵脱逃者的士兵同样会被判处死刑。

今天的美国西点军校也沿用这个办法抓学生作弊，规定作弊者会被立即开除，如果发现作弊而未能及时举报同样会被开除。结果该校的考试无人监考仍秩序井然，一旦发现有人作弊，学生们就会举报，因为他们不想由于自己保持缄默而成为同样违规的同伙。

古代中国将军也用死亡逼迫士兵勇往直前。隋朝的时候，大将杨素每当与敌军对阵的时候，就先找出有过失的士卒杀掉，多的时候上百，少也不下十人。战斗打响时，他先命令300人冲锋，若冲破敌军防线便罢了；如果不能攻破敌军阵地而败退回来，则不问缘由全部斩首。然后，再命令两三百人发起进攻。将士们受此恐吓，抱着必死的心理，作战非常勇敢。

秦末的时候，韩信的做法大概更人性化一些，他命令将士背靠大河摆开阵势，与敌人交战。前临大敌，后无退路，士兵自然断了当逃兵的念头，勇往直前。他的对手项羽也有过类似的做法，渡过河水，破釜沉舟，每人只携带三日口粮。结果士兵们果然以一当十，奋勇死战，大败秦军。

近代的英国人采取了另一种方法。在美国独立战争中，英国将军们让士兵穿上鲜红色的军装，排着整齐的几何图形编队行进，结果为英勇的美国大陆军提供了非常好的靶子。你说英国将军愚蠢吗？其实他们很清楚当时在做什么。整齐的几何图形编队使想要离开队伍的士兵非常抢眼，而纽扣闪闪发亮的鲜艳军装使逃兵很难把自己隐藏起来。正是这样的部队，在几十年之后的滑铁卢战役中击败了当时最伟大的军事家拿破仑。

士兵在战场上的最佳策略是通过当逃兵获得更大的生存机会，而将军要想制止临阵脱逃，就只能想方设法让士兵感到勇猛地冲锋比当逃兵求生的机会更大。不论是加强监督、置之死地而后生，还是在军装和队形上做文章，都是为了改变士兵在战场博弈中的最优选择。

拿什么降低犯罪率？

10年工夫，美国的犯罪率从灾难性的高度戏剧性地全面下降。有经济学家说，兴许是毒品新产品和堕胎帮了大忙。

20世纪90年代上半期，美国的犯罪率持续走高。一时间人心惶惶，好像世界末日就要到来。枪杀已经变得司空见惯，盗窃汽车、强买强卖、抢劫、强奸……几乎每天都在发生。更糟糕的是，所有的专家都肯定地认为这个趋势还会继续，并有人预言，一些年轻的新生代杀手将把整个国家带进万劫不复的灾难当中。

然而，10年之后，奇迹出现了，美国的犯罪率不仅没有“不断上升”，反而几乎所有类型的犯罪率，大到人身袭击，小到盗窃汽车，都在下降。青少年犯罪率在5年时间里下降了50%多。

专家们纷纷抛出自己的解释，有的说是因为经济增长了，可是在美国经济增长更为迅猛的60年代，犯罪却最为猖獗。有的说是法官们开始更多地使用死刑，可是死刑只能威慑杀人犯，其他犯罪为什么也减少了呢？还有的说是因为枪支管制，但枪自己又不会犯罪。对于这个难题，美国芝加哥大学的经济学家史蒂芬·列维特说，兴许是毒品新产品和堕胎帮了大忙。

毒品泡沫破裂了

20世纪五六十年代开始，毒品成为美国最令人头疼的社会问题。美国联邦和各州政府每年要花费200亿美元来打这场禁毒战争，联邦监狱里的犯人60%都是毒品犯罪分子。可是对毒品供应的打击使毒品更为紧俏，利润高涨吸引更多毒贩铤而走险。

紧随毒品而来的是犯罪。由于毒品的生产和贩运都是非法的，不受法律的保护，因而毒品交易中的纠纷只能诉诸武力解决。于是，不管是贩毒集团最后演变成黑社会，还是黑社会插手毒品买卖，总之贩毒这个行当一刻也离不开暴力。

当时由于受到摇滚巨星、电影明星、体育明星，甚至是政治家们的追捧，可卡因几乎成了权力与个人魅力的代名词。它干净、洁白、样子非常好看。相比之下，海洛因却会让人感觉不够档次。可是对于那些生活在贫民区的毒品贩子们来说，可卡因的销量从来都不被看好，因为它太贵了。于是遍布全美，甚至包括加勒比海和南美的毒贩和“瘾君子”们都开始想办法提纯可卡因。一种新产品——强效纯可卡因问世了。

对于那些收入不高的吸毒者来说，强效纯可卡因无疑是一种非常理想的毒品。因为他只需要购买一点点，通常只需要几美元。它的效力可以在几秒钟的时间里直达人的人脑，然后很快消失，这样就会促使隐君子们不断购买更多的可卡因。所以从一开始，强效纯可卡因就注定会在市场上取得巨大成功。

高档毒品终于流入寻常百姓家。毒贩们更加努力地扩大自己的销量，不惜杀害自己的竞争对手，甚至同帮派的人。为了争夺毒品销量较大的地盘，毒贩们甚至会发动枪战，暴力犯罪大大增加，仅在 1988 年就有 25% 的凶杀案跟毒品有关。

然而，就在人们惊呼暴力犯罪泛滥成灾的时候，从 1991 年开始，与毒品有关的暴力犯罪行为却开始消退。这是为什么呢？毒品仍然在流行，真正减少的是毒品交易所带来的利润。

随着毒品的普及，可卡因的价格越来越低。毒品贩子们为了竞争也相互压低价格，利润自然也就越来越低。最后，毒品泡沫就像股票市场上的泡沫一样全面迸裂。年轻的毒品贩子们纷纷意识到自己不值得为了如此低的利润去冒险。很快，毒品交易失去了其原有的吸引力。毒品贩子们也不会再为了抢夺地盘而相互厮杀，更不会冒生命危险去买卖毒品，暴力犯罪自然也就减少。

从 1991—2001 年，年轻黑人（他们在毒品贩子中占有相当大的比例）中的凶杀案发生率下降了 48 个百分点，年龄比较大的黑人和白人当中的凶杀率也下降了 30 个百分点。经济学家推算，强效纯可卡因至少为犯罪率下降作出了 15% 的贡献。

堕胎对社会有利

犯罪率下降的另一个重要原因是堕胎。听起来好像莫名其妙，可事实上堕胎是否合法对于犯罪率似乎确实很有影响。

在美国，是否允许堕胎是个争论已久的话题。1900 年，美国政府在全国范围内禁止堕胎，这个禁令直到 60 年之后才在某些州略有松动。1973 年，一个名叫诺玛的女子向政府提交申请，希望能够将堕胎合法化。她是个贫穷、没有受过教育、也没有任何专业技能的女孩子，整天酗酒、吸毒，虽然只有 21 岁，可她却已经生了两个孩子，并且都已交给别人领养。再次怀孕的诺玛只是想进行一次人工流产手术。她的请求得到了一些权势人物的支持。最后法庭宣判诺玛胜诉，并且颁布法令，一夜之间在全国范围内实现堕胎合法化。

什么样的怀孕女性会选择堕胎呢？在大多数情况下，是那些贫穷、未婚或者是未成年的女孩。事实上，当一位女人不想要孩子的时候，她一定有她自己的原因。比如说她可能还没有结婚，或者她的婚姻很不幸福。她可能觉得自己太穷了，没法抚养孩子。她也可能觉得自己的生活本身就不够稳定，或者是不够幸福，或者是她觉得自己抽烟喝酒的习惯会影响到孩子的健康。她可能是觉得自己太年轻了或者是还没接受到足够的教育。她也可能很想要孩子，但不是现在。总而言之，当一位女性不想要孩子的时候，那很可能是因为她觉得自己没有办法为孩子提供一个很好的家庭环境，觉得自己目前无法把一个孩子健康地养大成人。

在这种情况下，如果强行让孩子出世，他们成为贫儿的概率要比正常婴儿高出 50%。而且即使被生下来，这些孩子生活在单亲家庭的概率也高达 60%。研究表明，那些在单亲家庭长大的孩子成为罪犯的可能性要比普通孩子大一倍。未成年母亲也是导致孩子长大成为罪犯的一项重要因素，有研究表明，那些受教育程度比较低的母亲是导致孩子成为罪犯的最重要的因素。她们甚至会痛恨那个不该出生的孩子，根本不会为他提供良好的生活环境。

换句话说，对于成千上万名选择堕胎的美国女性来说，如果她们的孩子出生的话，他们很可能会过上不幸的生活，甚至会成为罪犯。

法令颁布之后的第一年，美国大约有75万名女性进行了堕胎手术，出生婴儿人数与堕胎数之间的比例为4:1。1980年堕胎女性数字达到了160万人，每出生2.25个婴儿，就有1例堕胎。到了20世纪90年代早期，就在法令生效之后第一批出生的婴儿成长为青少年的时候，也就是他们犯罪的黄金时期，美国的犯罪率突然急剧下降。这说明，当初有很多可能会成为罪犯的人并没有出生。

与此形成鲜明对比的是，20世纪60年代的罗马尼亚领导人齐奥塞斯库曾经在没有任何征兆的情况下，突然宣布堕胎为非法。跟那些禁止堕胎法令颁布之前出生的孩子相比，这些被迫出生的孩子在生活当中的各个方面都遇到了挫折：在学校里的成绩更差，在就业市场上也缺乏竞争力，而且事实证明，他们成为罪犯的概率也要更大。1989年，东欧剧变，成千上万名罗马尼亚人向当局发出抗议。许多示威者都是十几岁的孩子和在校大学生。齐奥塞斯库最终被推翻并枪决。讽刺的是，要不是他那道堕胎禁令，最终推翻他的很多年轻人根本不会来到这个世界上。

社会是如此复杂，复杂到我们常常很难用直截了当的原因来解释种种社会现象。也正是如此，它才会激起我们无穷的兴趣和乐趣去探究。

在猪圈里寻找公平

小猪躺在食槽旁边，等着大猪去踩踏板。而大猪为了自己能有吃的，也只能容忍小猪不劳而获。有没有办法让小猪也运动运动呢？

在博弈论中有这样一个著名的故事，说在一个狭长的猪圈里，有一头大猪和一头小猪。猪圈的一头有一个踏板，只要踩下踏板，就会有一定量的饲料顺着管道流到猪圈另一头的食槽里。因为猪圈比较长，每次流出来的饲料又不太多，如果小猪去踩踏板，等它跑回来饲料早就被大猪吃光了。而大猪去踩踏板的话，呼哧呼哧跑得快一点，回来小猪还能给它剩下一半的饲料可吃。所以小猪干脆就躺在食槽旁边，等着大猪去踩踏板。而大猪为了自己能有吃的，也只能容忍小猪不劳而获，占便宜。

这个故事揭示了我们现实社会中的很多“搭便车”现象。尤其是在一个公司里，有能力的人要想自己吃上肉，常常就得容忍没能力的人躺着喝汤。这种状况显然是不公平的，也不能充分地发挥每一个人的力量。那么我们有没有办法让小猪也运动运动呢?

管理学家茅建奕继续将猪圈的故事讲下去。话说有一天饲养员终于感到目前的状况不该继续下去了。他设计这个狭长的猪圈本意是想让两头猪都去踩踩踏板。可是现在大猪整天来回跑，很健康，小猪却连站都懒得站起来，浑身肥膘。饲养员想，大概应该让它们少吃点，多跑跑，于是把每次流出来的饲料减少了一半。

这次改革的效果很快就呈现出来。两头猪全都躺在食槽旁，谁也不动了。原来，小猪去踩，大猪将会把食物吃完；大猪去踩，小猪将也会把食物吃完。谁去踩踏板，就意味着为对方贡献食物，所以谁也不会有踩踏板的动力了。两头猪很快都饿得像猪干一样。

饲养员一看不行，赶紧又把饲料的量增加到原来的一倍，这样谁也不会一口气把饲料全吃完。过了几天，饲养员却发现自己的开支猛增，饲料都快买不起了，而两头猪却变得懒洋洋的，不到万不得已谁也不去踩踏板。原来，饲料增加之后，小猪、大猪都会去踩踏板。谁想吃，谁就会去踩踏板，反正对方不会一次把食物吃完。小猪和大猪相当于生活在物质相对丰富的“共产主义”社会，所以竞争意识却不会很强，没有积极多踩踏板的愿望。可是每次提供的双倍饲料却成为饲养员的沉重负担。

饲养员绞尽脑汁，终于决定对猪圈动大手术。他把踏板挪到食槽旁边，又把饲料减少为原来的一半。这次效果非常好。不管大猪、小猪，只要去踩一下踏板，回过头来就可以吃到流出来的饲料，而且几口就可以吃完，另一头猪根本没有机会占便宜。结果小猪和大猪都在拼命地抢着踩踏板。等待者不得食，多劳者多得，而饲养员也没有过多地增加成本。

其实，这个故事比喻的是现代企业中的激励制度设计。老板是饲养员，能力参差不齐的员工就是大猪、小猪。最常见的情况就是能力强的员工奋力踩踏板，而能力弱的员工偷懒，占便宜。有些公司老板为了激励大家都努力工作，把奖励提得很高，又是持股，又是期权，结果员工们个个都成了百万富翁，老板花钱如流水，可员工们的积极性却未必高。也有的老板，不想让不出力的员工白占便宜，又把奖励限制得很低，可是仍然见者有份，于是一度十分努力的大猪也不会有动力了。

最好的激励机制就是像饲养员第三次做的那样，确保踩踏板的那只猪吃到让它满意的饲料，不踩踏板就没的吃。这种机制说起来简单，却需要精心的设计。

现实中很多人都在自觉地使用小猪的策略。股市上等待庄家抬轿的散户；等待产业市场中出现具有赢利能力新产品、继而大举仿制牟取暴利的游资；公司里不创造效益但分享成果的人；等等。因此，对于制订各种经济管理的游戏规则的人，必须深谙“智猪博弈”指标改变的个中道理。

把谁送上金星？

留学生与面试者合谋将美国工程师送上金星，美国太空总署却多付了200万美元。胡雪岩替左宗棠购置军火，清政府也为此多掏了好几百万两银子。

美国太空总署正与将被送往金星的人才面试。只有一个人能去而且可能无法再回地球了。第一个应征者，一位美国工程师，被询问想得到多少报酬。他回答："一百万，我要把钱捐给我的母校。"下一位应征者是个英国医生，也被问了同一问题，他要求二百万："我要留一百万给我家人，一百万则作为医学上的研究基金。"

当第三个应征者中国留学生被问到想要多少报酬时，他小声地在面试者的耳边说："三百万。"面试者问："为什么比其他人多了这么多呢?"这名中国留学生回答："如果你给我三百万，我给你一百万，自己留一百万，剩余一百万我们可以把美国工程师送到金星去。"

把权力租出去

这个中国留学生正在做一件我们似乎已经见怪不怪的事情——权钱交易。经济学家们给这种行为取了一个他们认为比较科学的名字——"寻租"，也就是寻求租金的意思。腐败就腐败呗，寻求什么租金呢?

租金原本是一个经济学术语，是指因为某些资源不能无限制地供给而产生的超额收入。比如一个地方的土地都被大地主占有了，农民没办法，要想种地就得给地主交租；一位天才的艺术家技艺超群，谁也比不上他的水平，别人要想得到他创作的绘画或者雕塑作品，也得给他高额的报酬。

然而后来人们发现，除了地主和天才艺术家之外，政府也可以利用手中的权力，故意使社会上的某些资源变得稀少，从而让某些人借此获得超额的收入，就等于是政府把自己手中的权力租了出去，让别人获利。这样，租金一词的外延扩大了，一切由于行政权力干预市场经济活动造成不平等竞争而产生的收入都被称做"租金"，同时，依靠这种权力大发横财的行为则被称为"寻租"。通俗地说就是指权力与金钱的变换：以权换钱，以权谋私。

寻租理论是本世纪 70 年代以来西方政治经济学的一项重要发展。它的倡导者之一布坎南还因与此相关的贡献获得了 1986 年度的诺贝尔奖。

胡雪岩与美国汽车商

前几年在书刊、影视和街头巷尾着实热闹过一阵子的清末富商胡雪岩就是一个靠“寻租”获得超额收入的典型“成功人士”。

太平天国后期，左宗棠率军进剿浙江，胡雪岩通过关系谋得一个拜见左宗棠的机会，他带去的见面礼便是10万两现银，“报效军中”。几年以后，左宗棠再次率兵赴新疆平乱的时候，胡雪岩付出的这份“租金”便为他赢得了巨大的收益。

当时左宗棠因军饷不继，委托胡雪岩在上海为他筹借洋款、购买军械，就等于是将权力出租给了胡雪岩。胡雪岩当然也不会客气，狠狠地从中赚了一笔。当时洋人的贷款利率仅八厘，胡雪岩给国家报账的时候却说成是一分五厘。经过他手的借款有六笔，总额1 700万两，利息累计达800万两，而他个人就从中净赚约200万两银子。气得外交官曾纪泽直骂他奸商。

20世纪80年代早期，汽油价格扶摇直上，宽敞气派但耗油量大的美国国产汽车的市场需求量锐减。相对小巧玲珑而且省油的日本汽车在美国市场却大为出彩，市场份额步步扩大。面对这种局面，美国的汽车制造商、汽车工会联手组成强大的活动团队，花费巨资游说议会和政府通过立法阻止日本汽车进口，保护国内市场。最终，在进行了艰难的讨价还价之后，里根政府同日本政府达成了关于汽车进口配额的协议，3年之间使美国国产汽车的价格每辆上涨了400美元，日本生产的汽车在美国市场上的价格每辆上涨了1 000美元左右。1984年，美国汽车制造商的利润由于这一协议而增加了89亿美元。

看不见的脚踩了看不见的手

很多经济学家们喜欢把“市场经济”比喻成“看不见的手”。因为市场上大家追逐利润的活动，即便是某些垄断，也大都是生产性的努力，也就是说是想把经济蛋糕做得更大。个人追逐私利的结果，反而是社会整体福利的提高。

可是另外一些经济学家却泼来一盆冷水，说还有“看不见的脚”：

很多从个人角度来看是合情合理的做法，可能最后对大家都不利。寻租就是这样一支“看不见的脚”。它常常是在政治上的秘密交易，不是努力生产而是努力分配，也就是说，这些人想的是怎么从别人已有的劳动成果中多分一杯羹，结果造成所有人都吃亏。就像一个观众踮起脚尖能使自己看游行队伍看得更清楚，但所有的人都踮起脚尖，谁也不能看得更清楚。

有了“寻租”，所谓的“市场”很可能就会失灵，也就是“看不见的脚”踩了“看不见的手”。因为在租金广泛存在的情况下，谁不主动地为争夺租金而奋斗，就意味着谁自身的利益受到损害。人们不再希望通过增加生产、降低成本的方式来增加利润，相反，却寄希望于种种合法与非法的手段，如拉关系、走后门、请客送礼，甚至行贿，把大量的财力、人力用于争取获得政府掌握的平价物资、低息贷款、优惠政策等。

本文开头的那位中国留学生与面试者合谋将美国工程师送上金星，美国太空总署却为此白白付出了200万美元。胡雪岩替左宗棠购置军火，国家也为此多掏了好几百万两银子。而美国汽车商虽然保住了国内市场，美国的汽车消费者却不得不多花几十亿美元。

可恶的许可证

奸商们为了获得超额利润，花钱从政府官员手中寻租的权力。政府官员很快尝到了租金的甜头，可是要是别人不想到他们那里寻租怎么办？一些富有想象力的政府部门就主动想办法设立很多不必要的关卡与障碍，迫使人们为明明属于自己的正当权利和利益向他们交租。这在经济学上被称为“设租”。

比如，有一个省会城市，公安部门在城市主要道路上设立道路隔离栅栏时，除了给装有交通灯的大路口以及“惹不起”的单位门前留有通道出口以外，其余路口、单位门口、居民区门口、商店门口皆封得严严实实。有关单位和居民的工作与生活突然间变得极其不便。想方便吗？拿钱来：开个路口得上万元！几个月过后，路上隔离栅栏就添了许多的口子。这就是利用权力设租敛财。

发放许可证是政府“设租”的法宝。北京的出租车市场就是一个典型的案例。原本让私人个体自由从事出租车行业完全可以按照市场的规律来满足北京人的出行需求。可是北京市的交管局偏偏声称北京市的出租车市场已经饱和，必须进行总量控制，拒绝再发放个体出租车的经营执照，而是把有限的经营许可证发给了一批出租车公司。在这种模式下，地方政府通过经营权拍卖，每辆出租车可获数十万元收入，出租车公司获得一张政府授权的牌照，就可以获得稳定且不菲的垄断回报。而被迫受雇于出租车公司的司机们却不得不每月向公司缴纳一笔丰厚的份钱。很多出租车司机索性开起了“黑车”，而北京市民也不得不忍受高昂的出租车价格。

向“寻租”宣战

有些人认为出现“寻租”、“设租”这些腐败行为是因为我们的政府官员和商人们道德败坏，应该加强思想道德宣传，加强监督；也有人认为，“寻租”是因为实行了市场经济，人人逐利，岂能不坏？

其实这些看法都没有说到点子上。寻租出现的根源在于制度安排上的弊端。如果政府官员垄断了行政权力，可以自由地处罚和裁量别人，又无需承担由此带来的后果，道德再高尚的圣人也难免将自己的权力出租出去。一项出于良好动机的政策，如果不严谨、不完善、不规范，那么手中握有某种权力的人就可能曲解它，甚至借此设下“陷阱”，将它变成设租索贿的工具。

而仅仅建立一个监督机构，很可能也是“头疼医头，脚疼医脚”，甚至比不治理更糟。有一个寓言故事讲的是牧童让狗去管羊群，又让棍子管狗。可又用什么管棍子呢？一般说来，政府在政治经济领域的职能每扩大一次，每增加一个政府机构，每增加一个官员，每添一项审批权、管理权，都增加了一次寻租与设租的机会，寻租与设租的可能性就进一步增大。所以简单的监督仍不能解决“管理管理者”的难题。

而把“寻租”归咎于市场经济的人则把问题搞反了。恰恰是在市场经济体制尚未完备、政府权力对社会经济的影响尚未完全消除之前，利用权力寻租谋私的行为最容易发生。

说到底，我们必须在两个方面下工夫，一是尽可能地建立健全我们的市场经济体制，消除竞争壁垒，鼓励公平竞争，不让政府过多地参与经济生活。二是下决心进行政治经济体制的改革，比如，实行民主选举，司法相对独立，权力相互制衡，加强舆论监督，等等。一句话，寻租和设租都是围绕着权力而衍生出的危害社会的行为，只有从制度上管好权力的分配和运用，才能从根本上遏止寻租与设租行为。

打死他也不说

每个人都会以利益最大化来指导自己的行为，当你委托别人为你做一件事时，如果他的利益与你不一致，就别指望这事能如你所愿。

缺德的翻译

19 世纪的美国西部是个无法无天的世界，歹徒和警察都很强悍。话说有个名叫乔斯的墨西哥亡命之徒，在得克萨斯州抢劫了一家银行，然后带着一大袋子钱打算向南逃回老家。不过得克萨斯州骑警可不是吃素的，在后面紧追不舍，一直越过国界，在一个墨西哥小镇抓住了乔斯。

可是乔斯被捕的时候孑然一身，口袋里连个硬币都搜不出来，肯定是把钱藏在别的什么地方了。不把巨款带回去，警察们肯定交不了差，于是他们决定逼乔斯说出藏钱的地点。不过他们在审问时遇到了难题，乔斯只懂西班牙语，而警察又只会说英语。于是他们找来了一个当地人，临时充当翻译。

警察先把乔斯狠揍了一顿，逼问道："你把钱藏在哪儿了？"翻译也用西班牙语说："警察要你告诉他们藏钱的地方。"乔斯挣扎着回答："告诉警察，我决不告诉他们。"翻译也原样转达给警察："乔斯说，他决不会告诉你们。"

不耐烦地警察们齐刷刷地拔出枪对准了乔斯的脑袋，对翻译说："告诉他，如果他不说出来，我们马上打死他。"翻译不敢怠慢，立即告诉乔斯："警察说，如果你现在不说，他们就打死你。"

乔斯没想到得克萨斯的警察们这么粗暴，看着眼前一排黑洞洞的枪口吓得浑身发抖，决定还是保命要紧。他垂头丧气地对翻译说："告诉警察，我把钱藏在河边的桥上了。"翻译回头对警察们说："乔斯说，打死他也不说。"

得克萨斯州骑警委托那个墨西哥翻译逼问巨款的下落。可是当劫匪在枪口的逼迫下招供的时候，墨西哥翻译却立即耍个花招骗警察杀掉劫匪，接下来不用问也知道，一定是骑上快马直奔藏宝地点发财去了。

这个笑话告诉我们一个道理，那就是每个人都会以自己的利益最大化来指导自己的行为，当你委托别人为你做一件事的时候，如果他的利益与你不一致，就别指望这事情能如你所愿。这种现象在经济学上被称为"激励不相容"，是美国教授威廉·维克里和英国教授詹姆斯·米尔利斯共同提出的，二人因此获得了 1996 年度的诺贝尔经济学奖。

根据这个原理，要想把事情办成，就必须把你和替你做事的人的利益绑在一起。所以警察应该事先答应翻译找到了巨款就给他一笔还算优厚的酬劳，然后冷酷地告诉他："别耍花样。我发誓如果让我发现你家汤锅里即使是多了一只鸡，哪怕你躲到月亮上去，我都要把你揪回来，剁成肉酱……"金钱加恐吓大概多少能让翻译打消从中谋利的念头。

把大家捆在一起

"激励不相容"在军队中体现的最为典型。将军的目标就是赢得战争，所以他希望打仗的时候人人向前，英勇善战，不避艰险，不畏牺牲。但从士兵的角度看，一马当先或奋勇向前则意味着自己不伤即亡，若伤亡在即，胜利于我何益？况且作为个体，士兵只能控制自己的战斗行为：如果我往前冲，别人向后撤，则我亡人存；如果我往后撤，别人也往后撤，全员皆退，那就要比比脚下的功夫，看谁撤得快。所以作为个体，一个理性的选择是：他人在前我在后，他人先冲我后上；他人迟疑不前，我就悄悄地开溜；如果大家都想溜，我就捷足先溜。如果人人都这样想，则兵将均亡，满盘皆输，个人的理性选择招致了集体的灾难。

可见，将军与士兵的目标并不一致，发生了激励不相容，这仗很难取胜。怎么办？将军只有想办法把士兵们的利益与自己的目标捆在一起，实现“激励相容”。

战争结束后，表彰英雄，按功行赏，加官晋级等措施必不可少。打胜了仗可以获得赏赐，更可以通过升迁获得某些特权，况且，升迁之后，在战争中伤亡的可能性就会大大降低。这与士兵保住性命的目标也是吻合的。

体罚、打骂在军队中也较为常见。古代军队中的割耳、鞭笞、差遣苦役等，现代军队中的批评、教育、警告、记过、关禁闭等，都可以迫使士兵把上阵杀敌作为自己的目标。杀头是这种激励的最高形式，古今中外的军队都设有不同形式的督战队，对逃逸和开小差的士兵，无一例外地施以极刑。所以，开溜的想法是断不可有的，只能奋勇向前；左右都是一死，何不来得壮烈些？

解放战争时期，我党则把政治宣传作为最有效的激励手段，非常强调思想政治工作的作用，政委和指导员会向每一个战士解释这场战争是为穷苦百姓而战，描绘解放以后的美好愿景，在战前动员大会上回忆苦难，讨伐罪恶，最终达到全军上下同仇敌忾的效果。有经验的老兵通过《白毛女》戏剧的演出，就能够嗅出大战在即的味道。

此外，深通谋略的将军们还会通过各种巧妙的手段将士兵们保命的目标与奋勇杀敌捆绑在一起。韩信的背水一战，项羽的破釜沉舟，都是把士兵置于只有在战场上玩命才能保住性命的境地之下。人们习以为常的军服也有这方面作用。在战败之际，差异明显的军服会让你暴露在光天化日之下，有利于对方识别、清剿，激励你努力求胜，别指望战败之后还能苟活。

能刮奖的发票

可见，要想让别人忠实地为你做事，说得天花乱坠都未必有用，最关键的还是要让他的利益与你所要实现的目标保持一致。我们国家的发票刮奖就是一个很不错的例子。

在 2001 年以前，我们国家在监控纳税人应税收入方面存在较大的漏洞。比较典型的是，餐饮服务业一些企业主为了少缴税，在填写发票时弄虚作假，或者干脆拒绝给消费者开具发票，导致漏税情况严重。政府曾经大力宣传，希望消费者付钱之后务必索要发票。可是无论你怎样号召人们索要发票，甚至提升到爱国主义的高度，除非单位报销需要，绝大多数人在餐馆吃完饭都是一抹嘴就走了。没有利益的事情，人们连手都懒得伸一下。

2002 年前后税务部门终于想到了一个好办法，决定推行发票刮奖。发票票面金额大的中奖概率高，发票票面金额小的中奖概率相对就小。消费者消费后拿了发票就可以参加兑奖，中奖后到地税部门领取奖金。结果，自从发票能刮奖之后，2004 年一年仅北京市由发票改革带来的税收增收额就达到 10 亿元。

可见，发票刮奖的机制将消费者和国家的利益直观地捆绑在了一起，实现了双赢。比较来看，我们国家的医疗改革却因为“激励不相容”，显得相当不成功。

在上个世纪 90 年代的医疗改革中，政府以市场化为目标，大幅度减少了对医院的投入。医务人员必须从别的途径增加收入。于是乎，“以药养医、以检养医”等不良现象应运而生，愈演愈烈！在这种情况下，医院增收的目标与政府改善国民医疗条件的目标是背道而驰的。要想扭转局面，发布多少道禁令都没有用，最好的办法还是政府对那些群众反映良好的医院予以褒奖，让医院在为人民服务中获得收益。

惩治腐败也是如此。政府官员就相当于国家的代理人，可是他们的个人利益与民富国强的国家目标可能并不一致，所以很有可能国家出台一个好政策，下面的官员却将其扭曲为祸害百姓、从中渔利的坑人之举。要想让官员们与人民的终极利益保持一致，最有效的办法不是三令五申和严厉打击，而是实行民主选举——如果当官的不为老百姓办事，就会丢掉饭碗。

“激励不相容”其实是一个很简单的道理。大到民族国家、企事业单位，小到两三个人的合作，如果你发现人们不能完全发挥积极性，甚至所作所为与集体目标相背离，那就应该好好想个办法把大家的利益捆绑在一起。

谁害死了商鞅？

商鞅居然是被自己制定的连坐法律害死了。当个人的信息不能完全地被观测、监督到的时候，集体性惩罚就是有效率的。

公元前 338 年，在秦国边关附近的大路上，形容枯槁的商鞅仓皇而行。19 年来，他一直在这个诸侯国里执政，规划富国强兵的蓝图。他的变法包括重农抑商，奖励耕战，并且制定了很多严刑峻法，其中有一条是“连坐法”，就是五家为一“伍”，十家为一“什”，互相告发，同罪连坐，告发“奸人”的可以获得与斩杀敌人同样的奖赏，不告发的就要腰斩。一家藏“奸”，什、伍同罪连坐。客舍收留无官府凭证的旅客住宿，主人与“奸人”同罪。

在变法的十几年里，商鞅得罪了很多人。公元前 338 年，一直坚定支持商鞅的秦孝公死了。商鞅的仇人们立刻跳出来向新的国君控告商鞅谋反。商鞅闻风而逃，打算潜逃他国躲灾避难。

他逃到秦国大门函谷关下，想要找间客舍住下来。客舍主人不知道他就是闻名遐迩的商君，便对他说：依照商君的什伍连坐法，客舍接待客人先要验明客人的身份，未经验明身份便接待了的，客舍主人便是犯法，要“连坐”。商鞅自然不敢承认自己的身份，只能悄悄走出旅店，仰天长叹：“我这是作法自毙啊！”最后，他被秦王捉住，五马分尸处死了。

商鞅的下场很有戏剧性，他居然是被自己制定的法律害死了。不过这也可以证明，他那个“连坐法”的确很有效。所谓“连坐”就是指本人未实施犯罪行为，但因与犯罪者有某种关系而受牵连入罪。其实中国古代历朝历代都很喜欢采用这种可怕的惩罚方式，邻里、家族、朋友、上下级甚至家奴都在连坐之列。

夏启和商汤在出征之前的训词中就曾威胁部下，警告他们如果在战争中不听从命令，就会将犯者连同其子一起处死。秦汉以后，专制君主们动辄以灭族来屠戮罪者。秦汉法律有“诛三族”之说，魏晋南北朝亦族刑不绝，甚至连已经出嫁之女也遭到追戮。明代初年的“四大案”，因连坐而被杀的竟达 15 万人。明成祖则创造性地诛了方孝孺“十族”，连这个大学者的所有弟子都杀个一干二净。连坐之法的残酷至极带给人心理上的震动是不可低估的。

“连坐”这种惩罚不是中国独有的，但中国可能是有史以来的世界各国中，实施“连坐”范围最广、时间最长、最严厉的国家。很多人也把这个视为古代中国“残暴”、“野蛮”、“反人道”的明证。但奇怪的是，“株连九族”这种事情并不仅仅存在于暴君统治时期，很多时候那些公认的仁慈君主也会使用这种刑罚，夏启和商汤都是后世所追仰效法的“圣王”。甚至直到现代社会仍有余波。民国时期政府还曾以戒严令、行政命令规定连坐办法，刚解放时的“成分论”、“文化大革命”时期的株连家属，也都明显带有“连坐”的性质。那么，为什么这种残暴的刑罚方式能在中国社会中存续几千年？为什么集体性惩罚的阴影在现代中国仍会不时出现呢？

经济学家张维迎教授与邓峰博士说，也许可以从信息均衡的角度来解释这个问题。对国家而言，要征收赋税、征发徭役、征兵入伍、镇压叛乱，这些都依赖于对居民的管理和监督能力，也就是说，政府需要具有获得信息的能力。秦始皇统一文字、度量衡，秦帝国以及后续的皇朝都努力构建水陆交通网、驿站邮传等制度，使信息传递达到了古代世界的最高水平，就是为了统治好这个国家。

但是国家和个人之间处于很明显的信息不对称的地位，朝廷要想知道每一个老百姓有没有策划谋反，有没有偷税漏税、逃避服劳役和兵役，还是非常困难的。许多现代文明社会是通过增加警察、官员的数量来完成对人民的监督的，但在中国历史上，历代历朝的官僚都不多。汉朝、唐朝的政府官员都维持在10多万名，宋朝更是锐减到3万人以下。明代后期也不会超过8万人。如此数量之少的官僚，再考虑到古代的信息和通讯技术，以及中国的庞大地域，政府是如何进行统治的？

古代帝王们的办法就是“连坐”。当个人的信息不能完全地被观测、监督到的时候，集体性惩罚就是有效率的。实行连坐法的目的，就是要使得人民互相保证，互相监视，互相揭发，一个人在家里要受家人的监督，在家外要受邻里的监督，连带责任使个人永远处在他人的监视或管理之下。这就为国家收集个人信息大大节约了成本。从这个意义上说，对于某一群人的集体性惩罚是小政府控制大国家的有效手段。古代中国正是利用人与人之间大规模实施的连带责任，克服了信息不对称和技术、交通落后，维持着帝国的一统。

不止古代的皇帝们，即使是今天的我们，在处于信息不对称的劣势地位的时候，也会很自然地祭出“连坐”这个法宝。比如说，某省人不得不为一部分该省奸商承担连带责任，受到其他省人的白眼；中国人不得不为少数同胞在俄罗斯的欺诈行为承担连带责任，失去生意伙伴的信任。2008年三聚氰胺毒奶粉事件刚刚被捅出来的时候，人们只知道是三鹿奶粉出了问题，但是几乎所有的国产奶粉厂家都立即遭到了市场的“连带性惩罚”，很多后来检测证明无毒的奶粉也没人敢买了。为什么？因为消费者无法获取奶粉厂家的真实信息，只能采取“连坐”的方式，拒绝整个行业。

反过来讲，像麦当劳这样的连锁店之所以有价值，是因为同一商号下的商店相互之间承担着连带责任，这种连带责任使得每个商店对客户的承诺更为可信，从而使连锁店比独立的经销店获得更大的竞争优势。

董事长的烦恼

为什么本来好好的一件事儿，没有向着设想的结果发展，硬是给办砸了，甚至走到相反的方向去了？

事事不如意的董事长

蜀汉保险公司的董事长刘备这几天事事不顺心。儿子刘禅夏天刚刚参加完高考，分数还过得去。爷俩拿着报考指南翻来覆去琢磨了好几天，觉得稳妥起见，把全国排名第20位的赤壁大学填为第一志愿。可是没想到今年很多家长和考生都想到一块去了，全都报了赤壁大学。结果刘禅被挤了下来。隔壁孙权的儿子孙亮，考分没有刘禅高，奇迹般地被全国排名前10的建业大学录取了。

蜀汉保险公司的业务也频频走低。蜀汉保险公司看现在买车的人越来越多，新推出一种车险，车辆发生碰撞损伤或者是被盗都可以赔偿，一时很受欢迎。可是没过多久刘备就发现不对劲，他的顾客们三天两头开着被撞得面目全非的车来索赔，大笔大笔的保费支出去，公司利润直线下滑。

就连招聘也不顺心。刘备想找几个精明能干的保险经纪人，开出了8万元的年薪，招来廖化、夏侯杰几个。工作起来才发现，这几个人一个个干嘛嘛不行，吃嘛嘛不剩，试用期还没过刘备就气得把他们都轰走了。

事事不顺心，刘备烦的直喝闷酒，对老朋友诸葛亮大发牢骚。诸葛亮轻摇鹅毛扇，微笑着说："其实这几件事都是同一个问题——逆向选择。"

不要什么，偏来什么

“什么逆向选择?”刘备不明白。诸葛亮解释道，所谓“逆向选择”就是我们常说的事与愿违。本来好好一件事，没出现设想的结果，最终硬是给办砸了，甚至走到相反的方向去了，这就是逆向选择。这种事情通常都是在一方没有掌握另一方信息的情况下才会出现。

刘禅高考报志愿就是一个典型的例子。志愿如何填报，除了取决于你本人的意愿外，更取决于这所大学已经有多少考生报考，在你之后还会有多少人报考。更准确地说，取决于你认为别人是怎么想的。在考生人数众多的情况下，你不可能知道其他人的想法，填一个既让自己满意又能实现的志愿，即达到一个填报的均衡点，真乃难乎其难。家长和考生常常是一头雾水地碰运气，结果常常是让某些分数低的人上好学校，使一些分数高的考生去较差的学校。

刘备骂了一句问：“那我的车险生意是怎么回事?”诸葛亮继续说：“每个人的开车习惯和生活方式都是不一样的。尽管公司也知道，在它的顾客中有些肯定比其他人具有更低的风险，但不能知道哪些人是高风险的，哪些人是低风险的。凡是那些积极买保险的人都是容易出险的人，比如吕布那样的飙车族，因为他们容易出事故，所以常常渴望购买保险，以便出险之后有保险公司为他们付费，对这种人保险价格太低你就赔本了。而像张昭那样整天谨小慎微的人往往犹豫不决，如果保险价格提高了，又会把他们拒之门外，你保险公司的保费收的高，我的出险率低，你进一步提高保险价格，我干脆不买保险了。最后你的客户只剩下一帮冒险家。”

刘备狠狠地喝干一杯酒，又问：“看来我招聘了一帮庸才也是因为我没掌握情况。”诸葛亮笑着说：“你们公司聘请保险经纪人，当然想找水平高的。可是求职者知道自己是水平高低，你却不知道，所以只肯拿出这一行的平均工资年薪 8 万来招聘。在这种情况下来应聘这个职位的人里面，谁最渴望得到这份工作？显然是在别的地方通常拿不到 8 万元的人。当素质最低的人成为最希望被录取的人时，逆向选择就会出现。你最想雇用的人大概连应聘面试都懒得来，因为他既然是这么有能力的保险经纪人，获得 8 万元以上的年薪应该是轻而易举的事。”

体制出了问题

刘备郁闷道：“怎么会这样?”诸葛亮说：“出现这种情况，往往都是因为机制出了问题。比如说，独裁和民主是两种政治机制。在独裁的体制下，权力是你死我活和钩心斗角中夺来的，最坏的人往往最有希望掌握权力，最渴望权力的人往往是最不应该握有权力的人。于是，最善于阴谋诡计和最残暴的人成为了国家的领袖。可以想见的是，几乎所有的独裁者都是邪恶的坏蛋。可是在民主的体制下，要想获得权力就得赢得人民手中的选票，而要赢得人民的选票，就得乐于并且善于为人民作贡献。最终掌握权力的人显然是最合适的人选。两种机制之下，选出来的领袖截然相反。”

刘备颔首道：“有道理。那我的问题该用什么机制解决呢?”诸葛亮说：“高考填报志愿其实国家可以模仿拍卖的方式，让学生决定自己上哪所学校。即在考试过后，将所有考生从高分到低分排列，分数最高的学生最先选择学校，然后是分数次高的，依此类推。这样，志愿就是考生在完全信息的条件下，按照自己意愿独立选择的。它既有效率，因为省却了在信息不对称下的劳神费力，还能够做到公平，因为在这里没有谁的利益受到侵害。”刘备苦笑道：“办法是好，可惜我儿子赶不上了。那我的车险又该怎么办?”

诸葛亮说：“对于车险，保险公司就应该设计两种保险，一种是保费很低，可是一旦出现车损，保险公司赔付的也少；一种一旦出事，保险公司赔付的多，可是保费也很高。前者可以吸引不爱出事的张昭，后者可以吸引横冲直撞的吕布，而保险公司也不吃亏。”

刘备越听越起劲，忙问招聘该怎么办。诸葛亮说：“在招聘的时候你可以这样说，试用期 3 个月支付每月 7 000 元的工资，试用期满后就可以年薪 10 万元。这样能力高的人见能够得到超过自己期望水平的工资，就会前来应聘，而平庸之辈知道自己会因试用期不合格而被开除，可能直接放弃应聘。”

“世界这么大，社会这么复杂，你永远不可能把对方的事情了解得清清楚楚。不过如果在机制上动动脑子，总是能解决的。”诸葛亮说。刘备哈哈一笑，两人饮酒直到天亮。

第四章　混迹社会的护身符

糖果不能一次发完

> 如果你想要别人继续听任你摆布，请记住，一定不要把糖果一次发完。

每隔几年，随着人们的生活费用上升、生产进一步发展，美国国会里那些以劳工利益代表自居的民主党参议员，就会向国会要求提高工人的最低工资标准。他们在国会和电视台大谈民生疾苦，恨不得声泪俱下，把自己打扮得好像救苦救难的圣人。

然而有一次，某个好事的参议员觉得应该一劳永逸地解决工人的最低工资问题，便煞费苦心地起草了一个提案，建议把工人的最低工资标准与生活费用上升、生产进一步发展这两个指标挂钩，以后随着社会的进步，最低工资标准就可以自动地提高。

那些亲劳工的民主党参议员，对这个有利于劳工的提案将持什么态度呢？按理他们应该支持这个提案，实际上他们却毫不犹豫地否决了这个提案。为什么呢？原来，每次民主党的政治家们要求国会提高最低工资标准，必定会使得自己选区里的工人选民踊跃地支持自己。提高工人工资就成了参议员们寻求选民支持的绝妙法宝，就好像从口袋里掏出几颗小糖果诱惑小孩子一样，百试不爽。

假如他们同意将最低工资标准同生活开支和生产发展自动挂钩，也就等于从此放弃了这个吸引选民支持的法宝。把口袋里的糖果一次性全掏出来发给孩子们，尽管这次让孩子们很高兴，可是下次他们再也不会光顾你这儿，因为你已经没有糖果了。

参议员们的小心眼看起来挺可笑，但是却很实际。如果你想要别人继续听任你摆布，请记住，不要把糖果一次发完。

冤死的贪官

要打击你的敌人，就要尽可能地把他从千丝万缕的利益牵挂中摘出来，精确打击，不伤其他的盟友和靠山。

严嵩、严世蕃父子是明朝嘉庆年间的权奸巨贪。严嵩担任内阁首辅20年，权倾朝野。父子两人沆瀣一气，上下其手，卖官鬻职，贿货公行，敲诈勒索，搜括民财，疯狂聚敛，作恶多端。后来严嵩被抄家的时候，抄出来黄金3万多两，白银200万两，相当于当时全国一年的财政总收入，此外还有田地上百万亩，房屋6 000多间，以及无数的珍稀古玩、名人字画。

有良知的士大夫不甘坐视，上书嘉靖皇帝，试图扳倒这对奸臣父子。可凡是弹劾严氏父子的几乎没有一人能逃脱他们的魔掌，或被迫害致死，或被杖责下狱，或被削职为民，制造了一起起冤案。七品锦衣卫沈链在一次醉酒之后愤然上疏，历数严嵩十大罪状，文书刚送上去，他就被处以杖刑，发配居庸关外。六年后，在严世蕃的指使下，沈链被杀害于宣府，他的两个儿子沈衮、沈褒也被关入监牢，并活活打死。兵部员外郎杨继盛上疏弹劾严嵩十大罪行，立即廷杖一百，下狱三年，受尽酷刑，皮开肉绽，最后名字被严嵩塞进不相干的处斩名单，不明不白地被杀害。

严嵩晚年逐渐失去了嘉靖皇帝的宠信。严世蕃终于因为贪污被人揪住了辫子下到狱中。严嵩急得五内俱焚，当即以退为进，上表替儿子请罪，但此时的嘉靖对他们父子恩宠已失，不再刻意偏袒。严世蕃聪明过人，眼看老爸罩不住，为自己设了一条计谋脱难。他对那些来看望他的官员说："我一生大风大浪，这点贪污小案不放在心上，唯一担心的是当年和父亲联手整垮沈链和杨继盛并将他们冤杀的旧案，这在当时激起了全天下读书人的愤慨。如果刑部把这个案子翻出来，我就只好等死了。拜托你们千万帮忙把这个旧案盖下去。"

严世蕃的话刚落地，就有人通报给了刑部。法司黄光升一直发愁栽在严世蕃身上的贪污罪太轻，闻讯大喜，给严世蕃补上冤死沈、杨的重罪。这次究竟能不能把严氏父子扳倒呢？黄光升心里没底，便把奏章拿给新任内阁首辅徐阶看。

徐阶看了之后，用冷峻的口气对黄光升说："你的意思是想救严世蕃呢，还是杀严世蕃？"黄光升说，当然是杀他了。徐阶说："你这份奏疏一旦送上，严世蕃必定逍遥法外，反倒会把你的性命也搭进去。"黄光升听了目瞪口呆。

徐阶随即拿出一份早已拟好的判决书，上面写明了严世蕃的四条罪：（1）严世蕃在他老家南昌占据了一块有王气的土地，盖了一座的府邸，堪比王侯。（2）严世蕃与一名宗亲在京城聚集亡命之徒，训练私人武装，图谋不轨。（3）严世蕃勾结倭寇，聚集海匪，企图外逃日本。（4）严世蕃的部曲牛信，本在山海卫把守边关，最近忽然抛下队伍，逃往北方，企图勾结外敌。

黄光升傻了眼。法司定谳，讲究铁板钉钉，务求一槌砸死，绝不能让案犯有翻手可能。可徐大人所拟定的几条罪行，很难自圆其说。第一，严世蕃既然在家乡大兴土木，就没有必要亡命东洋；第二，严世蕃既然打算逃之夭夭，一走了之，为何还在京城组织别动队，制造动乱，还着人出走山海关，招致北虏？完全不经推敲，不合逻辑。

可是徐阶却不管这些，只让黄光升照抄上奏。狱中的严世蕃最初听黄光升要上书，拿到谳词第一稿副本一看，哈哈大笑说："不用怕，有救了。"后来得知徐阶修改过的奏章内容，立刻惊骇地大叫一声："这下死定了。"果然，嘉靖皇帝看到奏章之后，勃然大怒，当即下令复核之后立斩严世蕃。严府随即被抄，严嵩的官职也被一抹到底，两年后在万人诅咒中凄凉地死去。

严世蕃贪污受贿，陷害忠良，绝对该死，可是以谋反的罪名判处他死刑绝对是冤枉了。张居正在主修《世宗实录》时就说，严世蕃是该杀的，但罪名应该定为“奸党”而不是“反贼”。徐阶为什么要冤枉他呢？

作为一个老谋深算的政治家，徐阶很清楚，这些年来，所有劾奏严氏父子者无一不败的原因，就在于揭发严嵩、严世蕃的贪赃枉法、聚敛钱财、卖官鬻爵、残害忠良的罪行时，总是不可回避一点：皇帝要么昏庸失察，任用非人，要么包庇佑护，纵容贪臣。只不过不直点他的名，话说得尽量婉转而已。嘉靖皇帝是个自负自信、暴躁易怒的人，强迫他接受对严氏父子的指控，等于承认自己过去错了，是绝不肯接受的。结果贪者无罪，反贪者倒弄得一身不是。

严世蕃故意提醒刑部法司告自己冤死沈链、杨继盛，就是为了把对他的指控引到皇帝身上。徐阶太明白他在想什么了，于是不主张告严世番贪污下的金山银山，那让嘉靖挂不住脸，眼皮子底下出了巨贪，绝不是最高统治者光彩的事；同样，更不主张告严嵩父子制造冤狱，滥杀无辜，无论把谁推出午门外斩首，都是皇帝批准的，嘉靖有推卸不掉的责任。当皇帝的只有圣明，怎么能有错？所以，想达到告倒严世蕃的目的，一定要把嘉靖完全撇开。

这些年来所有劾奏严氏父子者，无一不义愤填膺，激烈抨击严氏父子的罪行，但每每事与愿违，徐阶从中吸取了教训。他给严世蕃拟的四条罪状，跟嘉靖扯不上边，将他完全撇开，但每一条都是犯上作乱，跟皇上过不去的。第一，府邸堪比王侯，什么意思？是不是有想当皇帝的野心？第二，与宗亲搞地下串联，是不是要篡权夺位？另立新主？第三，倭寇为明代心腹之患，组成反革命武装，里通外国，投奔日本，是何居心？第四，勾结边外觊觎我大明江山的异族，起内应外合的作用，一旦得势，那还得了？这几条捕风捉影的罪名终于要了严世蕃的命。

要打击你的敌人，就要尽可能地把他从千丝万缕的利益牵扯中摘出来，精确打击，不伤其他的盟友和靠山。不论在政治斗争中，还是在军事谋略里都是这样。

“一报还一报”的悲喜剧

当我们人类在钩心斗角、尔虞我诈的成人世界中折腾得筋疲力尽、遍体鳞伤的时候，才发现最有效的生存策略居然就掌握在婴儿手中。

两个人被警察抓获，警察分别给予两人同样的认罪减刑条件：“如果你招供而他没有，你无罪释放；如果你们两人都招了，两人各判5年；如果都不招，各判1年；如果他招了而你不招，你将判20年。”因为在不能保证同伙一言不发的情况下，自己主动招供是最为有利的，于是两个家伙争相地出卖同伙。这是很多人都比较熟悉的“囚徒博弈”故事。

对于警察来说，两个小偷互相出卖无疑是一件好事。可是如果我们把两个小偷的博弈，换成两个约好合伙做生意的商人呢？守约的那个可能什么都得不到，而毁约的那个多少还能得到一点。再换成其他社会角色也是一样，落入这种困境下的人们总是不得不违背约定，对同伴暗下黑手。如此看来，人类只能变得越来越邪恶了，什么真诚、善良根本不可能出现。幸亏这种噩梦并不存在，人类的很多美德仍然在现实中放射出光彩。那么人们是怎样走出“囚徒博弈”的困境的呢？我们可以先看看下面这个故事。

动物公民遭遇奸商

动物共和国新修了一条横穿森林的大路。很多外地的客商都跑到这里来做生意。动物王国的公民们起初很高兴，因为这些客商带来了很多琳琅满目的商品，让大家大开眼界，纷纷拿出自己的收藏品跟人家交换。可是过了一段时间，公民们发现，这帮家伙纯属奸商，卖东西缺斤少两，以次充优。兔子花了整个冬天织成的兔毛衫，换来一把雨伞，第一次下雨伞布就成了筛子。因为胆小怕事，它只当吃了哑巴亏，再也不跟奸商打交道了。大象用自己的象牙换来一个浴缸，本想舒舒服服洗个澡，刚躺进去浴缸就四分五裂。疾恶如仇的大象愤怒地把那个奸商甩到了树上，从此再也没有人敢跟大象做生意了。

公民们对奸商满腹牢骚，却发现狐狸整天跟奸商们打得火热，家里摆满了各色各样精美的外地商品，生活水平直线上升。难道这家伙也是奸商的同伙？大家把狐狸围住想问个究竟。狐狸得意洋洋地道出了自己的秘诀。原来第一次交换的时候，狐狸也被这些奸商骗了，好好的一条狐皮围巾只换来一套缺了口的处理瓷器。不过狐狸既没有像兔子那样忍气吞声，也没有像大象那样差点要了奸商的小命，只不过第二次跟人家交易的时候也学着奸商的样子，用一瓶假冒的“虎骨酒”换了人家一根碳纤维钓鱼竿。后来那些奸商发现在狐狸这里耍心眼讨不到便宜，每次交易的时候便不再作假，狐狸也乐得用自己收藏的好东西去换外面运来的各种商品。

老成持重的通臂猿猴听到这里马上反对：“这样做岂不是把自己变得跟奸商一样了吗？动物王国的风气都要败坏了。”可是大家伙谁也不听，都抱着狐狸的秘诀去跟奸商们换东西。慢慢的，通臂猿猴担心的风气败坏并没有出现，那些奸商们倒是学好了，不再骗人。公民们的生活越来越红火。

“一报还一报”

狐狸使用的策略其实就是我们大家非常熟悉的“一报还一报”。学者们早已证明这种策略对于克服“囚徒困境”非常有效。它的意思很清晰，你对我做了些什么，我也会对你做些什么，所以背叛就一定会受到惩罚，合作就一定能取得效益。而且这种策略还很宽容，不会让对方觉得你太过分，从此拒绝跟你合作。

1979 年，14 位经济学家、心理学家、数学家和社会学家用 30 多种不同的对策程序在计算机中演习了“囚犯的困境”，希望能够找到突破“囚徒困境”的办法。这些参赛的程序既有无条件的善者，也有无条件的恶者，更有许多十分狡猾的程序，就好像各具性格的动物公民和奸商，各有自己的行动习惯。演习的规则是：

（1）生存：每个程序都尽量地多占资源，当资源足够多时一个程序就可以繁殖成两个相同的程序；

（2）死亡：每个程序时时消耗资源，当资源不足时该程序得到执行的机会就变得非常小，相当于死亡；

（3）谋生：必须要有两个以上的程序合作才能取到资源；

（4）竞争：如果剩下资源不足，两个程序仍选择合作的话就都得不到资源；

（5）善恶：如果两个程序都“善”，它们平分资源，如果一个“恶”另一个“善”，恶者占有全部要到的资源，如果两者都“恶”，双方都得不到资源。

出人意料的是，成功者的前 10 名都是倾向善的程序，并且一个最简单的程序最终占有了大部分资源，这个程序的行动准则是：（1）对第一次遇到的对手行善；（2）如果上一次对手也行善，便继续合作，反之，便报复它；（3）不换对手。这个程序的名字因此被叫做“一报还一报”。

善恶相争的过程大致如下：（1）很恶的程序首先消灭了很善的程序；（2）很恶的程序开始自相残杀；（3）一旦“一报还一报”找到另一个“一报还一报”，它们合作与繁殖便会非常成功；（4）很恶的程序在“一报还一报”那里得不到好处而死亡。

“一报还一报”是很成功的，类似的演习做了多次，它总是最后的胜利者。这么一个简单的原则让人们克服了“囚徒困境”引发的邪恶倾向，逐步向善。可以说人类文明中的很多美德都来自于这个原则。

没有刹车的“自动报复机”

然而博弈论专家们对于“一报还一报”并没有什么好感，在他们眼里，“一报还一报”是一种有缺陷的对策，因为只要博弈的双方发生一丁点误解，“一报还一报”就会像一部没有刹车的“自动报复机”一样，不停地将恶意的报复循环下去。

电影《史密斯夫妇》中就有这样的情节，夫妻俩忽然都发现对方是身怀绝技的职业杀手，在剑拔弩张的互相试探中，丈夫摔了一跤，手枪走了火，妻子以为丈夫要动手，便采取报复行动。双方的火力步步升级，从手枪、冲锋枪到手榴弹、火箭炮，打得惊天动地、房倒屋塌。

如果只局限于夫妻吵架，还不算严重。问题是，“一报还一报”常常被用在国际争端中，结局很可能是灾难性的。比如以色列由于巴勒斯坦的某个激进武装偷袭而对巴勒斯坦官方进行惩罚，巴勒斯坦拒绝忍气吞声，采取报复行动，由此形成一个循环，两个民族血腥的惩罚和报复就这样自动而永久地持续了下去。无数人失去生命，幸存者也整天生活在惴惴不安中。很多时候，“以牙还牙”的人们甚至根本忘记了自己的满腔仇恨由何而来，只知道冤冤相报。

最佳策略掌握在婴儿手中

在上面提到的那个计算机演习中，当科学家在系统中引入随机的错误，两个“一报还一报”便因为一次偶然错误而开始了互相毁灭的过程。于是科学家们开始寻找更合理的策略。他们发明了“宽容的一报还一报”，这种变种的“一报还一报”有时候能够原谅对手的错误。于是在存在误会的环境中，学会宽容的“一报还一报”取得了胜利。

然而，“宽容的一报还一报”仍然不是最后的胜利者。当“宽容的一报还一报”占有了主导地位，很善的程序在乐园里渐渐抬头，很恶的程序利用很善的程序卷土重来，系统处在周期震荡之中。这令科学家们很不满意，于是又继续寻找更好的对策。经过反复试验，最后他们发现了“寻找机会的一报还一报”，这种对策报复了恶者以后立刻去找另一个合作伙伴。这是一种真正能主导并稳定一个充满误会的系统。

心理学家马上意识到，“寻找机会的一报还一报”很像人类婴儿时期的学习习惯。这实在是一个绝妙的讽刺，当我们人类在钩心斗角、尔虞我诈的成人世界中折腾得筋疲力尽、遍体鳞伤的时候，才发现最有效的生存策略居然就掌握在婴儿手中。

美国人“上屋抽梯”毁掉中国运-10飞机

希望运-10的悲剧能够让我们警醒，再也不要被人抽掉梯子。

诸葛亮上当了

《三国演义》第三十九回中有这样一个故事：赤壁之战前，荆州内部各个集团之间也矛盾重重。荆州牧刘表宠爱后妻蔡夫人生的少子刘琮，而不喜欢前妻生的长子刘琦。忠厚老实的刘琦很为自己的前途担心，心里十分忧虑，多次请教诸葛亮，但诸葛亮一直不肯为他出主意。有一天，刘琦以请诸葛亮看古书为由，把诸葛亮请上一座小楼，悄悄令人撤去楼梯，跪在地上哭着说：“我几次向您请教自救的计策，您怕泄漏不肯说，今天在这里，上不着天，下不沾地，您说的话只有我一个人听到，您就放心地谈吧！”诸葛亮没有办法，就教他去向刘表请求带兵镇守江夏，以此达到避祸的目的。第二天，刘琦依计而行，果然避过了刘琮集团的迫害。

中国人心目中的智慧化身诸葛亮居然也会中计，在撤掉梯子的楼上被迫做了一回别人的参谋。尽管诸葛亮心里可能不太舒服，不过他的这次遭遇倒让给后人留下了一个巧妙的计谋——上屋抽梯。这一计的意思就是先给别人铺上“金光大道”，让人家冲上去，然后再断其后路，使其落入进退不得的窘境，从而达到自己的目的。商场如战场，很多狡猾的企业家们便利用这个计谋。

免费的生发剂

日本作家星新一曾经写过一个有趣的科幻故事：在未来的某个时候，一个推销员热情地向一个秃子推荐自己的生发剂，宣称迅速生发，免费使用。秃子一听说得这么好，就决定试试。抹了生发剂之后，秃子果然一夜之间拥有了浓密的头发，不过是绿色的。推销员说，只有用专用的染发剂才能把这头发染黑。秃子没办法，只好花高价买染发剂。染黑了之后的头发乱蓬蓬的很难看。推销员说，只有用专用的电梳子才能梳理好。秃子只好再花高价买电梳子。头发长得很快，剪都剪不过来，推销员又推荐了专用的电推子。最后秃子实在忍无可忍了，最后花一大笔钱买了专用的脱发剂，摆脱了这恼人的头发。

显然，这个倒霉的秃子是中了推销员的上屋抽梯之计。免费试用的生发剂是梯子，长出了头发的秃子就好像被困在了抽掉梯子的屋顶上一样，只能任凭推销员摆布。

在现实中，这种情况也经常出现。比如说一家酒厂，向某个玻璃厂订购酒瓶，瓶子要求很高，开价却很低，且没有商量的余地。玻璃厂当时日子很不好过，碰上一个上门主顾，自是非常珍惜。尽管价格难以接受，可是精明的厂长决定从长计议，还是与酒厂签下了合同，并且非常热情地向对方推荐本厂独有配方的彩色玻璃造型酒瓶。酒厂很满意，还把这种彩色玻璃酒瓶申请为自己的包装专利。

一年之后，合同到期。酒厂还想续签合同，不料玻璃厂厂长却摆出一幅为难的样子：原材料涨价了，酒瓶也得提价。酒厂很生气，却发现自己没有别的办法，只能接受玻璃厂的要求。因为这一年里，彩色玻璃造型瓶已经成了这种酒的品牌形象，如果放弃对品牌的打击不可估量，别的玻璃厂又不会生产，所以酒厂只能妥协。聪明的玻璃厂厂长就是用暂时的吃亏将酒厂送上了屋顶，然后抽掉梯子，坐地起价。

运-10 的悲剧

我们国家也曾经被别人哄上屋顶，抽掉梯子，付出惨重的代价。

今天全世界的天空几乎都被波音和空中客车公司生产的大型客机所占据。其实，我们国家也曾经研制过名叫运-10的大型客机，而且差点成功。

1970年8月21日，国家计委、军委国防工业领导小组向上海市下达了研制大型客机的任务，这就是运-10。当时，从全国各地各部门调集的500多名技术人员，发扬自力更生、协作攻关的精神，历尽艰难，8年之后完成了飞机设计。1980年9月，运-10客机首飞成功。在试航的过程中，运-10先后转场北京、合肥、哈尔滨、乌鲁木齐、昆明、成都等地，并先后7次飞抵起降难度最大的西藏拉萨贡嘎机场。它的性能与当时的波音707是同一量级。

然而，就在我们的大客机胜利在望的时候，世界航空工业巨擘美国麦道公司主动提出愿与中国合作制造技术上更为先进，市场前景也更为明朗的麦道80/90客机，但第一个条件就是中国停止自己的大飞机项目。

当时运-10虽然已经试飞，但是有些部件还不能批量生产，有些性能还不够成熟，要解决这些问题还需要大量时间和经费。麦道公司慷慨的提议令国家有关部门眼前一亮，没有经过太多论证就接受了麦道公司的合作计划。

根据中美合作的“麦道项目”，上海飞机制造厂组装了35架麦道82，也生产了一些飞机部件，不过仅限于起落架和舱门。不久运-10停止了飞行，悄无声息地停放在远离市郊的上海飞机制造厂，原准备制造第三架运-10的价值数千万元的材料，也在为上海飞机制造厂和麦道合作作准备时，练铆钉枪用了。

运-10下马之后，麦道的面孔就变了。不但组装项目不再延续，合作条件也越来越苛刻。甚至每次谈判都要收取“技术转让费”，辩称是要向中方解释怎样造飞机。

中国当然不甘心仅仅生产起落架和舱门，1992年，中美开始合作生产麦道90，机体的国产化程度达到70%。如果这个计划能够实现，我们的运-10大概也能死而无憾了。可惜现实是残酷的。1997年，麦道公司被波音公司并购，与中方的合作被迫终止，麦道90项目在生产试飞两架后就仓促结束。中国一切有关大飞机的研制工作彻底停滞。按照当时的价格计算，麦道90项目亏损了5亿美元。

后来在《财富》杂志上，麦道说出了心里话："因为上海搞过'运-10'，我们才和上海合作，如果不打倒'运-10'，美国飞机就不好打进中国。"中国曾是世界上继美、苏、英、法之后，第5个能制造100吨级民用飞机的国家，30多年后却只能从头再来，而中国的天空已经挤满了波音和空客飞机。

上屋抽梯之计真的很缺德，不过也很有效。希望运-10的悲剧能够让我们警醒，再也不要被人抽掉梯子。

帮倒忙的救世主

> 对于可怜的奴隶，我们该做的是让奴隶贩子失去市场；对于俯首街头的乞丐，我们能做的最好的事是收起短视的爱心，杜绝恶的循环。

拯救奴隶行动

奴隶制在很多人听起来似乎是很遥远的事情，似乎只存在于历史教科书中。不过这种卑鄙的行当并没有从地球上彻底消失。就在1995年，非洲国家苏丹重新开始了奴隶贩卖的勾当，北部的巴格拉穆斯林部落武装起来搜捕南部的丁喀人，当做奴隶贩卖。

1998年2月，一位美国小学五年级教师，给班里的学生读了一篇关于苏丹南部奴役黑人的文章。孩子们深为惊骇。他们打听到有一个名叫国际基督徒团结会的人道主义团体正在募集善款，用于从奴隶主那里赎买黑奴，并把他们送回家乡时，立即开始积攒零用钱。当时，苏丹的奴隶价格最高时大约50—60美元1个。孩子们最终积攒了将近9 000美元——足够解放150—160名奴隶。与孩子们一道采取行动的好心人还有很多，据说最终有8 000余奴隶被赎买得到了自由。

但是后来的结果却令孩子们以及所有善良的人们沮丧不已，苏丹的奴隶贸易居然越发红火起来。原来，他们善意的赎买行为实际上等同于在奴隶贸易中增加了一项突然的需求，市场上的奴隶减少了，价格迅速提高到100美元1个。当时苏丹国民平均年收入才500美元，买卖奴隶对苏丹人的吸引力大增，唤起了奴隶贩子们更高的热情。于是越来越多的丁喀人被抓起来，送到市场上。

更糟糕的是，原来的奴隶主对老弱病残的奴隶的逃走并不在意，因为这些奴隶没人愿意买，留着还得管他们吃喝，所以跑就跑了吧。可是现在，那些赎买奴隶的好心人们不管奴隶身体状况如何，一律掏钱，很多时候越是老弱病残可能越能激起他们的同情心。奴隶主意识到老弱病残也可以带来收益，于是就加强了对这些奴隶的控制，在适当的条件下带到南方贩卖给赎买者。更有意思的是，还出现了一些假奴隶，被赎买之后再次回到被贩卖的队伍里，这些人和贩卖者分享贩卖后的所得。

从经济学上讲，这是一个典型的需求推动了供给增长的例子。本意是减少奴隶的努力最终使更多的人被打上奴隶的烙印。其实在中国也有类似的事情发生，只不过没有奴隶贸易那样残酷罢了。

被亵渎的爱心

中国许多地方的公园里都有放生活动，一些聪明的小贩从野外捕些乌龟、鱼之类，卖给游人拿去放生，让那些有善心的人们体验高尚情怀。放生生意越兴隆的背后就有越多的相同于苏丹奴隶搜捕的行为。放生10条就意味着要有10条供应，就得有10条鱼被从大江大河里捕捞上来。众所周知，当10条野鱼被活生生地送到公园里时，又有相当比例在这个过程中死去！那么，我们的放生，变相地推动了这个物种的灭绝速度。

而中国今天乞丐遍地的情形也和人们不设防的善心有关系。在中国人的传统道德里，扶贫救助的义举向来就不容置疑。所以，见到衣衫褴褛的乞丐，第一反应就是该施舍。如果将施舍这种表达爱心的行为看做需求来看待，乞讨行为就是一种供应。

人们普遍喜欢施舍意味着表达爱心的需求增加，被施舍的乞丐因此得到丰厚的收益。当乞丐们感觉到这种行业有巨大的回报后，便开始扩大供应——发动更多的人加入到乞讨的队伍中来，先是家人，再是同乡或朋友。如果只是这样还好，不过是诈骗点爱心罢了，还不排除有组织操纵的情形，这种情形下将发生什么呢？可能会有妇女、儿童甚至老人被拐卖来强迫做乞丐；更可怕的是，为了博取善良人的同情，乞丐头子会把好好的人弄得肢体残疾，惨不忍睹；到最后，为了保证拐骗来强迫乞讨的人不会跑掉，可能还会出现黑社会组织。

这恐怕不是危言耸听。大城市里，小孩轮班精赤着上身跪在街头，拉着行人非得要钱，给食物都拒绝的事儿已经是司空见惯。稍微留心就可以发现有大人在旁边监控。正是我们的善心成为需求推动了乞讨“行业”的壮大。

那么对于这种好心办坏事的问题，有没有办法解决呢？经济学家非常赞成美国长期拒绝与恐怖分子谈判或向绑架者交付赎金的做法。因为交付赎金将诱使更多的恐怖分子参与这种交易，从而大大增加绑架事件——这是博弈的结果。

所以说，对于可怜的奴隶，我们该做的是打击那些使用奴隶的人，让奴隶贩子失去市场；而对于用来收买爱心的鱼和俯首街头的乞丐，我们能对他们做的最好的事情恐怕就是，收起泛滥而短视的爱心，杜绝恶的循环。

第五章 这就是政治

不择手段的爱国者

> 一个称职的君王，必须拥有狮子般的凶猛和狐狸般的狡诈。只拥有世俗美德的君王，常常反而让国家毁灭，所以做君王的人还要有做坏事的能力。

“一个称职的君王，必须拥有狮子般的凶猛和狐狸般的狡诈。只拥有世俗美德的君王，常常反而让国家毁灭，所以做君王的人，还要有做坏事的能力。”

“只要结果对正义的达成有必要，任何违犯道德的罪行都是被允许的。做君王的人，要懂得如何牺牲别人。”

在15—16世纪，欧洲文艺复兴最灿烂的年代，一位名叫马基雅维利的政治学家在其著作《君主论》中写下这些惊世骇俗的言论。这位口无遮拦的学者从此变得声名狼藉。有人称他是“政治恶魔”、“罪恶的导师”，或“极其玩世不恭的人”、“吹捧暴君的无耻之徒”。他的著作《君主论》也被称做是邪恶的圣经。20世纪的两大魔头希特勒和墨索里尼对这部书都倍加推崇，似乎更证明了这一点。

但奇怪的是，另一些人对这位阴谋家却给予了很高的评价。马克思和恩格斯称他是“第一个值得一提的近代军事著作家”、“第一个用人的眼光”来观察国家的政治家，是文艺复兴时代的“巨人”。拿破仑更把《君主论》视为枕中秘籍。马基雅维里究竟是一个什么样的人？那些邪恶的名声真的是他应该得到的吗？让我们来看看他的故事。

国破山河在

尼科洛·马基雅维里于1469年出生于意大利佛罗伦萨一个没落的贵族家庭里。当时的英、法、西班牙等国相继完成统一，意大利虽然在经济上较为发达，但政治上却处于四分五裂的状态。亚平宁半岛上存在米兰、威尼斯、佛罗伦萨、教皇辖地和那不勒斯等五个较大的国家和其他小国，各国之间战乱频繁，而佛罗伦萨共和国内部也为不断的纷争所困扰。

1494年法军侵入佛罗伦萨，佛罗伦萨统治者不战而降，佛罗伦萨人举行起义，推翻了美第奇家族的专制统治，重新建立共和国，马基雅维里也从此踏入政界，在共和国内主管军事和外交事务。

马基雅维里在共和国内部从政14年，曾多次衔命出使意大利各邦和法、德等国。诸多国务活动大大开阔了他的眼界，丰富了他的阅历，使他受到政治、军事、外交斗争等多方面的实际锻炼，为《君主论》的著述打下基础。1500年，他第一次出使法国，出访期间实地考察法国，法国的统一、王权的强大和国家的强盛，给他留下难忘的印象。他深感意大利的四分五裂，国势衰弱和自己在国外所受到的轻视，激发起爱国之情，产生强烈的挽救国家命运的紧迫感。他把自己的希望建立在强有力的君主身上。

其实，马基雅维里并不是君主制的死硬分子，他心目中最理想的制度是共和制。但是他认为当时的瑞士和德国比意大利先进，可以建立共和制，意大利则处在分裂状态，仅在佛罗伦萨，政治冲突和社会分歧就深刻而频繁。人民是一些乌合之众，而且道德败坏，城市的国家机构未能成功地调解统治者与被统治者之间的矛盾。因此在意大利靠共和制无力实现国家的统一，意大利需要一个强有力的最高权力。可行的办法是建立君主政权，给予君主无限的权力，通过王权来制止分裂和冲突，只有靠君主制才能实现全意大利的统一。

狐狸和狮子

那么一个君主如何才能取得成功呢？马基雅维里主张为了实现目的，可以不择手段。如果君主行为完美正直，言而有信，那么，这种君主是值得称颂的，但是经验表明，所有干大事、成大业的君主对信义都非常轻视，正是这种背信弃义的君主才能征服信守诺言的君主。所以，一个君主必须既是能识别陷阱的狐狸，又是能威慑豺狼的狮子。一旦遵守自己的诺言就要违反自己的利益时，君主就应随时抛弃自己的诺言，而这样做从来是不乏借口的。那种最能效法狐狸的人，将能得到最大的胜利。

在这一点上，马基雅维里对名震一时的瓦伦丁诺公爵切萨雷·博几亚佩服得五体投地。年轻的博几亚是教皇亚历山大六世的儿子，利用与教皇的特殊关系当上了瓦伦丁诺公爵，娶了法王路易十二的侄女为妻。接着，他运用欺诈、谋杀、阴谋、背信弃义等各种手段，从1501 年开始，闪电般地发动了一系列战争，攻城略地，令人胆寒，成为佛罗伦萨共和国不得不防备的潜在敌人。

在政治运作中，博几亚把他那“优雅的冷酷”发挥得淋漓尽致。不如意的时候，他往往一言不发，但在谈判时，竟能滔滔不绝地说话而不留给对方任何说话的余地。对于他认为非做成不可的事，他常用冷酷无情甚至残忍的手段去做。他为了使自己成为他父亲教皇亚历山大六世的唯一受益者，不惜杀害他的兄弟；他隐藏自己的用意，甚至用十分卑恭的礼貌来消除政敌的猜疑，而在对方信任他的时候，又无情地统统把他们绞死；他派遣残暴成性的官员去镇压动乱和反抗，而当获得和平和安宁后，他向人民表示，过去的残暴行为并非出于他的命令，因而把他亲自派去的官员处以死刑。

1502 年，马基雅维里曾经奉命与博几亚商议结盟，先后与博几亚晤面 3 次，前后相处 3 个月时间，经常和博几亚促膝而谈，对博几亚的远大抱负和富于行动性的品格印象甚深。马基雅维里完全明白博几亚是在寻求自己的私利，但他认为，博几亚的私利和他的国家公共利益是一致的，因此他评价说：“现在回头去审视公爵一生的行动，我不知道在哪一点上应该责备他，相反，我觉得我必须像我所做过的那样，把他提出来，当做某些君主的榜样。”

一切为了国家

马基雅维里对君主们提出了种种告诫，其中的某些原则即使是我们现在的人听起来也显得过于赤裸裸。

他说，君主应当重实际而不图虚名。在政治实践中，君主是否遵循一般的道德规范必须视国家的需要而定。他声称，如果不干坏事就难以挽救自己的国家的话，那么，他就没有必要感到不安，因为如果好好地考虑一下每一件事情，就会察觉某些高尚的事情看来好像不错，可是如果照着办就会自取灭亡，而另一些事情看来是恶行，可是如果照办了却给他带来安全与福祉，如守信与背约、慷慨与吝啬、仁慈与残酷。所以，在某些情况下，对君主而言，背约比守信好，吝啬比慷慨好，残酷比仁慈好。

君主还应该做到“被人畏惧而不为人憎恨”。如果可能的话，他还是不要背离善良之道为好，但是如果必需的话，他就要懂得怎样为非作歹。君主在作恶时，应将损害行为一下干完，以便人民少受一些损害，他们的积怨就少些，所以君主对人要么是抚爱要么就置之死地。君主对自己的公民不要横征暴敛，不要加重人民的负担，对遵纪守法的人民，应当善待他们。对君主而言，最好不过的堡垒就是不要被人民憎恨，如果不能避免为人民所憎恨，他就应当设法做到不为最有势力的人所憎恨。

总之，马氏认为，凡聪明的君主就应该运用暴力与欺骗，高压与怀柔，刽子手与牧师相结合的软硬兼施的方法来维护自己的统治。在作出有关国家安危的决策之时，决不应该去管它是正义的还是邪恶的，仁慈的还是残忍的，或者说是可敬的还是可憎的，相反，所有其他考虑都应抛在一边，唯一的选择就是全力保卫国家的生存和维护国家的自由。

1512 年当美第奇家族复辟之后，马基雅维里因涉嫌反美第奇家族而被捕。获释后便幽居乡间，过着清贫的生活，从事著书立说。《君主论》这一著作是马基雅维里为献给当时佛罗伦萨的统治者小洛伦佐而写的。但他的著作没有引起重视，他也始终未能重新参与政治活动，在寂寞中度过了晚年，1527 年 6 月 21 日逝世。

“国家”不懂“道德”

马基雅维里死后，随着他的著作的流传，他的思想在人们心中引起了巨大的反响。1539 年，英国红衣主教雷金纳德·波尔首先指斥马基雅维里为“罪恶之师”，认为马基雅维里毒害了英国并将毒害整个世界。在英国的戏剧中，马基雅维里成为了阴谋者、暗杀者的典型。耶稣会士的反应更加激烈，他们将马基雅维里的画像用烈火烧掉，并且怂恿教皇将马基雅维里的著作列入禁书目录。

不过，推崇马基雅维里的也大有人在。当意大利民族意识高涨、民族统一和复兴成为整个民族的迫切任务时，马基雅维里这位不择手段的爱国者便成了民族主义的象征，他的思想也大受赞赏。当德意志要求统一的民族意识高涨时，马基雅维里的思想便引起了德国人的共鸣，很多书籍、报刊、小册子都称赞马基雅维里的爱国精神。

有人认为马基雅维里完全把道德驱逐出了政治生活以外，因此马基雅维里本身也是不道德的。但拥护马基雅维里的人说，国家是不知道道德原则的。它所做的一切根本谈不上道德，顶多能够用对错来评价，因为它本来不属于道德的层次。

马基雅维里那种为了国家利益不必囿于一般道德的原则，后来成为近代欧洲各国外交关系中最重要的基本原则。各国政治家在制定和实施本国对外政策时，无论他们在口头上对这一原则是承认还是否认，是推崇还是贬斥，但在实际上都不同程度地奉行了这一原则。随着欧洲民族国家兴起而产生的这一原则，在近代欧洲民族国家政治版图确定、外交均势建立的过程中，的确产生过不可低估的影响。

正是这位不讲道德的马基雅维里首次把严谨的科学精神带入了政治学研究领域，在遥远的 16 世纪之初他就挣脱了神学的束缚，开创了从世俗的角度探讨政治问题的先河。自马基雅维里开始，以后的政治思想家们开始用人的眼光来观察国家了，他们都是从理性和经验中而不是从神学中引出国家的自然规律。正如恩斯特·卡西尔所言："有了马基雅维里，我们才站到了现代世界的门槛上。"

苦不堪言的大国综合症

国家规模越大，维护其正常运转和安全所需要的成本就越高，财政危机很容易浸入大国机体的各个组成部分，最后导致其衰落。

世界历史上出现过许多煊赫一时的伟大帝国，然而每当这些庞然大物扩张到一定程度的时候，似乎就患上了"大国综合症"，前进的步履越来越蹒跚，最后颓然倒塌。帝国越扩张，统治的土地、人口和财富越多，不应该越强大吗？怎么他们就不能永远扩张下去呢？

我们可以用系统科学来解释：一个系统的扩大，往往带来系统复杂程度的增加，复杂程度增加一个数量级，系统的能量耗费就会增加成倍的数量级，这是系统的一般规律。

国家也是这样。尽管扩张使大国拥有广阔的疆域和大量的财富和人口，但是这个国家的地理形势、社会经济、民族、文化也会变得越来越复杂。要想在这么广袤的土地上维护自己的安全，并且领土上的人力、物力都组织起来，难度非常大，而且需要耗费巨大的财力。

国家规模越大，要想维护这个国家的正常运转和安全所需要的成本就越高，而且不是按照算术比例，而是按照成倍数增加的几何比例上升。打一个比方，例如造一艘货轮的船体的极限是两万吨，在两万吨以内，每一吨船体排水量的成本都是相同的，但是当超过两万吨以后，每增加一吨船体排水量，成本就会增加几倍。

贵州民族学院的童中心副教授认为，这种成本增长往往是大国的经济实力所不能承担的，由此产生经常性的财政危机。财政危机浸入大国机体的各个组成部分，导致大国的机体疾病，最后引起大国的衰落。

古罗马帝国的兴衰

古罗马兴起于古代意大利半岛南端。当地中海东部的爱琴海商业贸易逐渐衰落以后，地中海商业贸易的中心转移到了罗马城。罗马逐渐兴盛，成为地中海北部有强大实力的中心。

罗马先是逐渐征服了意大利半岛和爱琴海诸岛上的古希腊。在与北部非洲和地中海东岸地区的叙利亚等东方国家的斗争中，罗马取得了胜利，使整个地中海置于罗马国家的控制之下。在对阿尔卑斯山以北的西欧大陆的扩张中，罗马又征服了今天的法国、西班牙、比利时、荷兰、葡萄牙及英国南部等地区，使罗马发展成为疆域广大的罗马帝国。

这大概是罗马帝国这个系统良好运转的极限，所有并入罗马帝国的被征服地区及其民族，统一成同一文化形态的罗马世界。

但是，罗马帝国并没有停下脚步，它继续向东方世界扩张，成为横跨欧亚大陆，疆域广阔无比的大帝国。随着它贪得无厌的扩张，帝国疆域的地理形势、民族及其文化形态的组成成分越来越复杂。

地理形势上，罗马帝国占有地中海、多山脉的意大利半岛、北非沙漠、欧洲平原的一部分和隔着英吉利海峡的英国南部海岛，以及东方的伊朗高原、部分俄罗斯草原、多沙漠的干旱的阿拉伯半岛北部等地区；在民族成分上，除了罗马内部的内高卢民族和外高卢民族以外，还包括众多的东方民族；在文化形态的组成成分上，有源于希腊的古希腊罗马文化和传统与习俗存在着极大区别的东方民族文化。

而且，被罗马帝国征服并被统一在帝国之中的地区与民族，绝大部分是落后的地区与民族，不能给帝国带来长期的经济和财政利益。这些复杂的组成因素，使罗马帝国财政的效率大大下降，统一秩序的控制成本大大增加，导致了帝国的财政危机，最后导致帝国整体性衰落，在野蛮民族小小的外部打击下便解体和灭亡。

英、法殖民帝国的衰落

17 世纪末期，在古希腊罗马废墟上逐渐成长起来的欧洲民族国家获得了工业化发展的契机。为了获取资源、市场和劳动力，西欧各国开始了一场全球性的扩张，在世界范围内获得了大片的殖民地或半殖民地，形成了很多庞大的殖民帝国。最突出的如英国，它从一个不大的岛国进行对外扩张，在北美大陆、南部非洲、亚洲、澳洲大陆、印度次大陆获得了很多的殖民地。法国在北美、北部非洲、阿拉伯半岛也获得了大片的殖民地。

但是进入 20 世纪以后，欧洲诸殖民帝国陷入了严重的困境。首先，由于庞大的殖民帝国建立在范围特别广阔的复杂土地上，维护统一的秩序需要巨大的财力来支撑；其次，殖民帝国建立在不同民族和不同文化的基础上，文化差异和冲突导致帝国秩序的动荡，对欧洲各国产生了巨大的财政压力，仅仅是为了维持殖民帝国统一秩序的各种费用就使殖民帝国无法承受。

结果，欧洲各殖民帝国或宗主国纷纷陷入严重的财政危机，甚至造成了欧洲的衰落。在这种背景下，欧洲殖民帝国的统一秩序解体，很多民族国家重新独立。我们都知道，美国独立战争的规模及其激烈程度与欧洲历史上的战争如英法百年战争相比，简直可以称为一场小小的战争。但是大英帝国却无法阻止北美英国殖民地独立成立美利坚合众国。真正导致美国独立的力量，显然是英国严重的财政困难。法国放弃它在北部非洲和其他地区的殖民地，同样是由于帝国的财政困境。

到 20 世纪中期，特别是第二次世界大战以后，欧洲各殖民帝国几乎已经彻底解体。欧洲基本上回复到了它在走向扩张以前的范围。扩张虽然曾经使它们获得了巨大的财富与利益，使它们一度成为世界的征服者和统治者，也同样损伤了它们的机体，耗尽了它们的精力。当年那些扩张力特别强、建立的殖民帝国特别庞大的国家，例如英国，在今天的欧洲也是衰落最严重的国家。

中华帝国的合久必分

说完了外国，再看看我们中国。

汉朝初兴时期，以黄河中下游流域的农业经济为经济和主要财政支撑。但是，后来出于安全利益的需要，汉帝国开始驱逐匈奴民族，把帝国的控制范围向北扩展。西汉鼎盛时期，汉帝国的控制范围已扩展到今中国北部、东北部、西北部直到中亚细亚部分地区，比西汉初的规模扩大了一倍多。

统治地域的扩大，并没有给汉帝国带来资源和经济利益。因为北部地区是匈奴民族过着游牧生活的落后地区，不可能被汉朝经济所利用，转变成财富，反而需要汉帝国耗费巨大的资源与财富去保持权威。财政的困境与危机，渗透帝国的各个产生财富的部分，使帝国机体产生功能障碍。

东汉时期，汉帝国机体的综合性衰退已经相当严重。东汉对经济、土地、农业制度作了多次改革都没有挽回衰落局面。东汉末年开始，中国陷入三国两晋南北朝的长时期大动乱、大分裂，直到隋唐帝国兴起。在中国统一国家形成以后的历史中，汉朝是分裂动乱时间最长、最激烈的一个朝代。这段历史共经历了800余年，而动乱分裂时间约占1/2左右，都与西汉鼎盛时期控制范围过分庞大、统治成本过高对帝国机体的损害相关。

以后中国历史上的每一个统一帝国几乎都不能摆脱汉帝国的宿命，总是分久必合，合久必分，发生周期性的有规律的动乱。因为在庞大的疆域范围建立高度统一的秩序，必须依靠巨大的财政资源来支撑。而中国古代的经济资源，从来不具有为它的庞大帝国的统一秩序提供长期稳定与相互平衡的财政能力。因此，历朝历代几乎都产生过财政危机，不得不向百姓征收越来越重的赋税，最后导致民变，使帝国陷入分裂动乱。

在自然界里，参天的大树不会无限制地长高，海洋和陆地上的巨兽也不会永远地增肥，国家也是一样，过分膨胀会使它们患上“大国综合症”，就仿佛一个被自己体重压垮的巨人。只可惜大多数大国的统治者都难以克制扩张的欲望，他们的帝国也注定要土崩瓦解。

战争之后是和平

战争与和平总是交替出现，就像是钢琴上黑白交替的琴键。可是，为什么人类不能一直打下去，或者永远消停下来？

在这个世界上，没有打不完的战争，也没有永久的和平，战争与和平总是交替地出现在人们的生活中，就像是钢琴上黑白交替的琴键。可是，为什么人类不能一直打下去，或者不能永远消停下来呢？经济学家弗里德曼用一个比喻解释了这个问题。

在一个废弃的谷仓里生活着一大群鸟，都靠人类散落在这个谷仓里的稻谷和麦粒生活。根据它们的性情，我们可以把这群鸟分为两类，一类比较凶猛，姑且称为“鹰派”，另一类比较温和，可以称为“鸽派”。如果两类鸟同时发现了一粒稻谷，鹰派总是你争我夺，鸡毛鸭血地大打出手，而鸽派就只能四散而逃。

起初的时候，这个谷仓里大部分都是鸽派，只有几只鸟属于凶恶的鹰派。于是这几只恶鸟就很占便宜，不用费力地满地扒拉，只要鸽派发现了谷粒，冲过去咋呼两下就可以抢过来。因为它们更容易摄取到食物，所以就能更轻松地繁殖和哺育幼鸟，数量越来越多。

可是随着鹰派数量的增加，这类鸟的优势渐渐消失了。它们把倒霉的鸽派从谷粒之前赶走之后，还得互相争夺一番，而且随着它们的阵营不断扩大，食物相对变少，战斗越来越激烈。秃毛掉羽，爪残翅折的比比皆是，为了一粒稻谷付出这么大代价真不值得。反而是讲究合作和宽容的鸽派生活得更安逸一些。渐渐地鹰派的数量又恢复到最初的规模。

就这样，在这个谷仓里，两类鸟的数量总是保持着一定的平衡，合作、好斗这两种生存策略都算是成功的。人类社会也是这样，你的身边总是有那么几个蛮横的人，不过从来不会太多，因为如果大家都蛮横，最后的结果很可能多败俱伤，很多人见蛮横行不通，还是会回到温和的态度上来。不过这种人永远不会消失，只要在整个群体中只占少数，蛮不讲理总是会有利可图的。

如果把这个谷仓看成是我们的地球的话，战争与和平的交替出现也就比较容易理解了。在一个普遍和平的国际社会，鹰派的好斗性策略肯定具有优势，动不动就武力威胁可以迫使那些爱好和平的国家退让，从而获得更多的领土和资源。既然如此，各国看在眼里便纷纷都学会了这种策略，争斗越来越多，越来越激烈，风险不断增大，收益逐渐下降，最后大家发现得不偿失，便再次回到合作的策略上来。

从近代世界战争历史中可以看出，欧洲列强总是在战争之后喘息几十年，然后又再次爆发战争。起初的战争可能会有一些胜利者从中获利，可是战争的规模越来越大，越来越残忍，以致发展成世界大战，任何一个国家都蒙受了惨重的损失，而得到的却微不足道。于是在第二次世界大战结束之后，吸取教训的世界各国决心采取鸽派的合作策略，还专门建立了联合国来调解国际争端。和平的局面一直延续了 60 多年。

不过就如同谷仓里的鹰派永远不会消失一样，如今的世界最大的鹰派似乎就是美国。在国际事务中，美国总是咄咄逼人，大打出手，比如在处理朝鲜、伊朗核问题上表现强硬，激化而不是缓和了矛盾。可是美国的“敌人”们不久便意识到，萨达姆式的委曲求全的策略选择是不明智的，而鹰派的好斗做法则是可取的，并很可能会有助于自身赢得更多的“食物”和“空间”。也就是从那时起，我们注意到，无论是伊朗，还是委内瑞拉乃至俄罗斯，都渐渐变成了“鹰派”，相继选择与美国硬碰硬的做法，从而也使得美国在全球范围内大幅度地分散注意力，而获利空间大为缩小。未来的世界会不会再次发生世界大战那样的惨剧，只能寄希望于这些“鹰派”们能够及时反省了。

音乐与政治

古今中外，音乐其实一直在艺术家所不齿的政治领域中扮演着非常重要和有趣的角色，几乎就是政治家们的代言人。

在沐浴晨曦的阁楼里，不食人间烟火的音乐家如痴如醉，美妙的音符从他的指尖飘然而出，令人进入物我两忘的境界。尘世的一切贪、嗔、痴都烟消云散。这就是人们对高雅音乐的想象：音乐是纯粹的艺术，与名利富贵、尔虞我诈无关。

然而事实果真如此吗？古今中外，音乐其实一直在艺术家所不齿的政治领域中扮演着非常重要和有趣的角色，几乎就是政治家们的代言人。

宫廷音乐：等级秩序的象征

从西周时期开始，历朝历代的皇帝们都以自己的丰功伟绩为题材来创作宫廷音乐，以显示自己的王朝是正宗、正统的延续。宫廷郊社、寺庙或军事等各个方面的音乐规格、种类都有严格的规范，不得违反和逾越。

在西周时期，周天子享受的乐舞是每行 8 人，一共 8 行 64 人的的规模。诸侯享受的乐舞为 6 行，大夫为 4 行，士为 2 行，平民百姓则没有享受礼乐的权利。天子的乐队，可以按东西南北排成四面，诸侯的排成三面，卿和大夫的排成两面，士却只能排一面。凡是越级的人一律予以重惩。按照严格的等级听音乐就意味着遵守王朝的政治秩序。当周王朝行将没落的时候，诸侯、士大夫也动不动享受起天子的音乐规格来。孔子因此哀叹“礼崩乐坏”。孔子当然不仅仅是为音乐的没落而难过，他真正发愁的是周王朝的政治秩序崩溃了。

隋文帝为制定宫廷音乐，曾召集群臣进行了一番长达13年的大讨论。中国古代音乐有从低到高12音律，最低的叫黄钟，还有宫、商、角、徵、羽5个基本音阶，相当于do、re、mi、so、la。按照音乐规律，十二律中的任何一律，都可以做宫音，其他各音阶也随之相应移动。但是隋文帝认为，黄钟之音象征着皇帝的德行，要是皇帝的位置跑来跑去，岂不意味着皇帝让位？于是规定，只用“黄钟”做宫音，其他调都弃置不用。

可以想见，这样的音乐该是怎样的枯燥乏味啊！但是皇帝喜欢。可见音乐好不好听是次要的，关键是要符合政治的需要。

唐代历朝帝王都是音乐爱好者。当秦王李世民当上皇帝后，就亲自制定《秦王破阵乐》，宣扬自己的“武德”，传布四方，震慑藩国。武则天夺取李唐皇位的时候，也曾在音乐上做文章。唐朝时，钟这种乐器是帝王权力的象征。武则天却打破这个规矩，规定皇后也可以用钟。祭天祭祖的礼乐仪式是宗法制度男权的表征，本应由男乐师表演。而武后为称帝的需要，也改用女乐师表演。音乐成了武则天强化女主当权的政治工具。

清朝以少数民族入主中原，在各种典礼仪式音乐上主动沿袭明朝的中和韶乐，这是为了显示清王朝是儒家传统文化的继承者和发扬者，是正统王朝。而在宫廷宴饮娱乐的时候，则采用各民族的音乐，包括满族庆隆舞、蒙古乐、朝鲜国徘乐、回部乐、番子乐、廓尔喀部乐、缅甸国乐、安南国乐等，以便笼络这些藩部上层的感情。

革命音乐：激越与反叛同在

在革命时期，固有的等级秩序必须摧毁，一切都得推倒重来，表现在音乐上，就是激越昂扬、叛逆不拘的精神。

1922年11月7日，俄罗斯里海的港口城市巴库突然变得像一锅沸腾的土豆汤。整个里海舰队的船只拉响了警报，工厂鸣起了汽笛，汽车按响了喇叭，两个炮兵团队数十门大炮同时轰鸣，一个机枪连发出爆豆般的齐射。在这些震耳欲聋的声响中，巴库人站在街道上仰着头一起唱起了国际歌，尽管在一片嘈杂中连他们自己都听不清楚到底在唱什么。这既不是悲悼某个革命家的去世，也不是欢呼新的胜利。这是借“十月革命”节来进行一场史无前例的艺术实验：无产阶级交响乐，革命奏鸣曲和群众大合唱。

布尔什维克的革命要在一切方面都胜过“资产阶级的上升时期”。在艺术上唯一能压倒贝多芬和莫扎特的办法是甩掉资产阶级的艺术形式，把音乐从富丽堂皇的殿堂里搬到广场上，用机器和枪炮的轰鸣来奏响主旋律，讴歌劳动人民的伟大和机器的力量。让那些穿着西装燕尾服和拖地长裙的绅士和小姐们在无产阶级的交响乐中去发抖吧，今天革命的工人和农民要在车间里和田野上放声高唱！

同样的场景也曾出现在“文化大革命”时期的中国。“语录歌”、“样板戏”、“红卫兵战歌”、“牛鬼蛇神嚎歌”、“知识青年歌曲”……这些音乐体裁非常奇异、特殊，歌词通篇都是干巴巴的政治口号，始终围绕着“造反有理”、“彻底砸烂旧世界”、“捍卫毛主席的革命路线”等词句，万变不离其宗。音乐上的特点是火药味十足——节奏狂暴，音调骚动，唱法类似呐喊。

20 世纪 60 年代在西方兴起的摇滚乐具有激烈、天生反叛的个性，自诞生之日开始就与政治运动紧密联系起来，很多时候它代替了“集会”和“喊口号”，却利用朗朗上口的几句歌词达到了同样的，甚至是更好的效果。摇滚乐常常把对政治的批判作为创作题材。冷战、法国“五日风暴”、美国民权运动和反战运动、东欧剧变等既是重大历史事件，也是重大摇滚事件，我们可以从一些乐队名称和歌曲名称中找到事件的影子，如 U2、《刺杀肯尼迪》、《革命》、《权力之于人民》、《战争贩子》等。

选举音乐：就要亲民和流行

今天的美国总统选举，候选人们比拼的不仅仅是政见和能力，更要拼音乐。

美国 20 世纪最后一位总统比尔·克林顿爱好音乐，擅长演奏萨克斯管，1992 年 6 月，当美国所有的民意测验结果表明克林顿几乎没有机会入选总统之时，他戴上墨镜，拿起了萨克斯出现在一次脱口秀节目中，演奏了猫王的成名曲《伤心旅店》，赢得收视满堂彩，不但在美国电视史上写下纪录，后来也成为了他成功赢得大选而当上美国总统的转折点。

前任总统小布什的当选得益于美国乡村音乐。他本人就是个乡村音乐迷，常把乡村歌手请到白宫去作客演出。有不少乡村歌手给他造势。而他竞选连任时的对手克里则喜欢摇滚乐，支持他的音乐界人士不是摇滚明星，就是灵歌天后。有人说，这两个人喜好的音乐就注定了小布什必胜。因为乡村音乐来自美国腹地，覆盖的地域广大，人口众多，号称有 8 000 万听众，超过其他流行音乐听众的人数，那岂能不是得乡村音乐者得天下？

而现任总统奥巴马的成功当选也多亏了流行音乐。奥巴马是黑人，长年由黑人垄断的美国说唱乐坛翘首企盼一个黑人总统的出现，因此对他全力支持。而奥巴马在接受《滚石》杂志专访的时候，也列举和赞美了美国流行音乐半个世纪中最受欢迎的歌星，不经意间已经把这些大牌音乐明星的粉丝都收归自己，许多被奥巴马点名的歌手投桃报李，争相用歌曲表达欣喜之情。甚至麦当娜也在演唱会上为他造势——公然将奥巴马比做甲壳虫乐队的灵魂约翰·列侬，将他的对手麦凯恩比做希特勒。

与此形成强烈对比的是，奥巴马竞选对手麦凯恩的音乐阵营很萧条，只有一个乡村歌手写了一首歌歌颂他五年越战生涯。在竞选中花样翻新的麦凯恩没有向“耳机一代”展示自己任何一点音乐才能，或者对音乐的兴趣，更糟糕的是，他竟然嘲笑奥巴马是流行明星，把他和小甜甜布兰妮相提并论。

当奥巴马站在音乐明星们中间一起摇头晃脑的时候，他确实正如麦凯恩讽刺的一样，但他却在不知不觉间收复了很多乐迷们的心。仅此一点就可以断定，18 至 30 岁之间那些喜欢音乐的年轻人将更喜欢奥巴马。这些年轻人喜欢奥巴马不关政治，但他们手里的选票却决定美国政治的未来。最终奥巴马如愿当上美国总统，流行音乐功不可没。

一种音乐能否被政治家看重，不在于它是否好听，而在于它所象征的含义和代表的秩序。音乐绝不仅仅是单纯的艺术，更是政治家们争夺的战场。

一个关于民主和独裁的实验

独裁与民主不仅仅是两种政治体制，更加可以影响到其统治下的人民的心理健康。

第二次世界大战爆发之前，专制独裁的纳粹德国，与倡导民主的美国被看做是改变世界命运的两大力量。这两个国家实行的政体对它们的人民心理究竟会产生什么样的影响呢？1939 年，一个名叫勒温的德裔美国心理学家为此进行了一次心理学实验。

勒温找来 20 个 11 岁的儿童，把他们分成若干个俱乐部，制作一些小玩具。每个俱乐部都有一个大人充当“领导”。按照勒温的要求，这些“领导”分别以专断、民主和放任自流的 3 种领导方式与自己俱乐部的孩子们相处。

在专断型领导方式下，领导者独自提出集体目标，制定工作步骤；对儿童严加监视，要求他们无条件地接受一切命令，群体的一切都由领导者决定，儿童没有自由。

在民主型领导方式下，领导者和集体成员共同制订计划和作出决定；领导者尽可能地鼓励集体活动，显示集体精神；并能给予儿童客观的表扬和批评。

在放任型的领导方式下，领导者只笼统地说明目的，但不直接告诉儿童该做什么和怎样做，也不提供计划和建议，对解答问题也不提供任何帮助，一切由儿童自己决定。

结果勒温发现，民主俱乐部的孩子们情绪高昂而愉快、学习热情高涨；互相鼓励，关心集体，纪律较好，而且能独自承担某些责任，工作效率高；彼此友好，也表现出更大的团队精神。

而在放任型的俱乐部里出现了情感麻木、行为散漫的气氛，孩子们失去了归属感，失去了共同奋斗的目标，不知该做什么，也不知该怎样做；他们之间缺少合作，集体有名无实；他们也非常友善，只是性情淡漠。

独裁俱乐部的孩子们则产生了一种紧张、焦虑的心理氛围。他们的自信心、自尊心、上进心都不强；彼此之间很少合作，各干各的，不怎么关注团体的目标或其他团体成员的利益；受到挫折时相互推诿责任；因为屈从于压力，他们还能有那么一点工作效率，可是领导一旦不在面前，效率就会急剧下降；俱乐部人际关系紧张，争吵的次数比民主型俱乐部的组织多30倍以上，挑衅行为也多8倍。

总的来说，民主俱乐部是最快乐和最多产的，专制俱乐部最不快乐，生产的也最少，自由放任型的俱乐部则居中。如果先经历过专制独裁的领导方式，再参加自由放任式的俱乐部，孩子们就会变得惊恐、烦躁。所有参加实验的孩子们，除了一个以外，其余的后来都说他们更喜欢民主的领导方式。

勒温对实验结果很满意，因为它证明了：独裁与民主不仅仅是两种政治体制，更加可以影响到其统治之下的人民的心理健康。这个实验对后人影响很大，人们意识到，不仅一国的治理需要民主，一个公司的管理，一班学生的教育也都需要民主，只有这样才能发挥出人们的最大潜力。

议会就是撒谎和骂人的天堂

> 在美国，有一个撒谎受到合法保护的地方，在那里你可以随意诽谤或侮辱任何人，可以讲最令人难以容忍的假话——那就是美国国会。

在美国，有一个撒谎受到合法保护的地方，在那里你可以随意地诽谤或侮辱任何人，讲那些最令人难以容忍的假话，而且还受到法院和政府部门的保护。

这个地方在哪儿呢？哦，那就是美国国会。

在《美国与约翰逊》一书中有这样一个案例：两名议员被指控涉嫌受贿，试图凭个人影响干扰政府对一起信贷案件进行调查。其中一名议员还在国会中替马里兰州的信贷业作伪证。他在国会的讲演证明他参与了这一阴谋，因而是有罪的。但最高法院却否决了这一指控，因为根据宪法条款的规定，每一个国会成员可以在两院中随意发表意见“而不得在任何地方受到指控”。

是不是觉得很难以置信？讨论国家大事的议会难道不应该是庄严肃穆、一本正经的吗？怎么倒成了撒谎和骂人的天堂了？更让你想不到的是，不只美国，各个民主国家里的议员们居然都拥有这种乱说话不用负责的权力——言论免责权。

斗争来的民主之花

现代民主制度中的议会起源于英国，议员们的言论免责权也同样起源于英国，而且是英国议会在300年间与国王顽强抗争所取得的宝贵成果。

在14至16世纪期间，英国下院议员在国会所提出的议案或发表的言论，往往被国王认为妨碍了自己的权力，或者说是非法的，动不动就受到指控和处罚。这种情形实际上极大地限制了议员代表人民行使职权。经过议会的长期斗争，才勉强从国王那里获得言论免责权。但是英王却往往不遵守承诺。

1629年，查理一世逮捕了敢于在议会中发表煽动性言论的埃利奥特爵士及另外八名议员，并由法院审判定罪。历史学家们认为，这起事件就是导致1640年英国革命的一个重要因素。为了防止这些侵犯再次出现，在取得对国王的胜利之后，议会于1689年通过了权利法案，最终以法律的形式确立了议会的言论免责权，规定“议会内之演说自由、辩论或议事之自由，不应在议会以外之任何法院或任何地方，受到弹劾或讯问”。

法案出台之后，英国议会立即祭起杀威棒，传唤了两名王室法院法官，指控他们在某个案子中作出了有违议会言论免责权的判决，并将其监禁。这样，议会以其自身行动，惩罚了侵犯议员言论免责权的法官，真正为自己实现了言论免责。

自英国之后，其他国家纷纷将议员言论免责权引入本国，民意代表享有言论免责权成为一种世界性的宪法现象。

政治变成了闹剧

在民主宪政国家，公民本来就享有人身自由和言论自由。各国宪法不厌其烦地又规定议员享有言论免责权，究其原因，就是想要鼓励并保障议员勇于发表政治意见，来表达民意，不仅如此，还要让他们有能力说服自己的同僚，把民意变成国会的意志，最后对一项政策施加影响。

不论他们看来是多么错误或不合情理，也不论他们会使多数人感到多么不快。多数统治并不意味着多数人的专制，更不是多数独裁；多数也不一定代表着真理，只有把少数派所拥有的那部分道理也吸纳进来，才有可能达到至真的境界，这就必须切实保护少数派能直言不讳而不是趋炎附势、人云亦云。议员的言论免责权就能保证议会中少数派代表可以和多数派代表一样真实地表达自己的观点。这就是为什么美国宁可允许议员们撒谎、骂人，也要保证他们的言论自由的原因。

不幸的是，在很多国家和地区，一些素质不高的议员却利用这种来之不易的民主权力演出一幕幕闹剧。从拉丁美洲的墨西哥到欧洲的乌克兰，都上演过将议会变成比武场的闹剧，而发生这种事最多的还要算亚洲地区，日本、韩国、印度的议会常有一言不合便拳脚相加的情景，有时还险些闹出人命。基层议会里的群架比街头群架打得还野：开打的人特别多，就差动刀子了，警察也不敢管。

台湾的议会尤其热闹，女议员向政敌扔鞋子，男议员向对手泼粪，著名的作家议员李敖甚至在议事厅里放催泪弹。台湾法院还一本正经地解释说：严格言之，这种行为也是“政治诉求”的一种表达方式，与一般的“单纯举动”还是不一样的，原则上应可视其为“表达意见”的一种方式，所以受到言论免责权保护。

骂人要挑对地方

不过议员是不是在任何地方的言论都会受到“言论免责权”的保护呢？从大多数国家的宪法规定来看，只有在议院的言论才可以不受追究。要是出了这个地方还胡言乱语，警察照样可以抓你。有些国家还进一步限制，不仅是在“议院围墙”之内，还得是在你这个议员参加议会大会、委员会或其他的正式集会和各种调查活动的时候才行，如果你没什么事儿就站在那儿开骂，也是要负责任的。

1803年，美国马萨诸塞州参议员哥芬因为对一项提案不满，对跑到议会来请求议员们支持这项提案的一个平民破口大骂了一通，使用了很多不文雅的形容词，结果被告到了州最高法院。哥芬辩称，当时议会正在为此事开会，并且他还要在会议上发言，所以应当看做是议员行使职权，受言论免责权的保护。

但是最高法院认为，在本案中哥芬的言语既不是对于当时议院所正在讨论的议题而发，也不是议员私下交换意见，更不是对主席致词，而是与履行职务无关的、明摆着破坏他人名誉的行为，因而不应受到言论免责权的保护，最后还是处罚了这个没素质的参议员。

议会是一个国家民主议事的场所，必须保障人民的代表畅所欲言，但是如果人们忘记了言论免责权的本意，把民主变成闹剧，反而是民主的悲哀。

民主是一种妄想？

——选举的悖论

> 任何可以想得出的民主选举制度都可能产生出不民主的结果！

2005年12月，当伊拉克人排着长队，表情严肃，有条不紊地在全副武装的士兵保护下，投下自己的选票的时候，美国总统布什兴奋地说，这是伊拉克迈向民主进程的一个重要里程碑。投票在布什的眼里就是伊拉克民主的标志。

不只是布什，这个世界上几乎绝大多数的人都相信，通过投票就可以按照少数服从多数的原则推举出最受我们爱戴或信赖的人，或者为一件涉及所有人切身利益的事情找到最合理的解决方案。

然而，你真的那么确信投票可以让你的愿望得到体现吗？1951年，一位名叫阿罗的经济学家提出了一个令全世界学术界深感不安的理论——阿罗不可能定理，论证指出：任何可以想得出的民主选举制度可能产生出不民主结果！

你能相信吗？全体人类所公认的崇高价值——“民主”竟然是不可能。这就好像是告诉一个中世纪的基督教徒，上帝是不存在的。阿罗凭什么出此狂言呢？

投票的悖论

阿罗先对民主选举作了一个界定，强调在任何情况下，如果有人能够用自己的意愿左右选举的结果，那就不是民主，而是独裁。

假定有 3 个候选人——甲、乙、丙，民意测验表明：选民中有2/3愿意选甲而不选乙，2/3 愿意选乙而不选丙。也就是说，喜欢甲的人比喜欢乙的人多，喜欢乙的人比喜欢丙的人多，按照我们一般的逻辑，甲是不是就当之无愧地成为选举的赢家了呢？

未必！按照阿罗对民主的限定，如果要避免出现选举结果与某个选民的意愿完全一致的情况出现，选民的择优顺序只能是三种，分别是：

◇ 甲 > 乙 > 丙

◇ 乙 > 丙 > 甲

◇ 丙 > 甲 > 乙

持三种态度的人各占总数 1/3，那么就会出现一个怪圈：2/3 的人喜欢甲超过乙，2/3 的人喜欢乙超过丙；2/3 的人喜欢丙超过甲！也就是说，三个候选人打起了罗圈架，甲比乙强，乙比丙强，丙又比甲强。三个人都有足够的支持者，可是谁也赢得不了选举。民主选举在这种情况下，就好像小狗在追自己的尾巴，永远地循环了下去。

如果仅仅是和平时期的选举还好说，万一是大敌当前，全体国民投票选择抵抗的办法，究竟用化学武器、生物武器还是核武器，恐怕还没等选出个结果，敌人就已经把国家全都占领了。

更严重的是，选举还很有可能让选民最不喜欢的人或方案当选。

举一个例子。假定有 4 个人，他们是 A、B、C、D，假定有 26% 的人“最喜欢”A，各有 25% 的人“最喜欢”B 和 C，有 24% 的人“最喜欢”D。现在进行一次性投票，A 当选。然而很有可能“最喜欢”B、C、D 的那些人“最不喜欢”A，即：“最不喜欢”A 的人有 74%！在这种规则下，最不受欢迎的人可能当选了！

那么，能不能设计出一个消除循环投票，作出合理决策的投票方案呢？阿罗的结论是：在现实生活中，当至少有三名候选人和两位选民时，根本不存在一种按照少数服从多数原则，既能保证效率又能尊重个人喜好的投票方案。即便我们做得再好，也终究不可能把票选制度产生出独裁者的可能性降低为零。

挑战悖论

阿罗的不可能定理一经问世便对当时的政治哲学和福利经济学产生了巨大的冲击，甚至招来了上百篇文章对他的定理的驳斥。诺贝尔经济学奖获得者保罗·萨缪尔森这样写道：“现在全世界的学者们——数学的，政治的，哲学的和经济学的——都在试图进行挽救，都试图挽救阿罗的毁灭性发现中能够挽救出的东西。”但是事实上，阿罗不可能定理经受住了所有技术上的批评，其基本理论从来没有受到重大挑战。

终于，一位名叫阿马蒂亚·森的印度人给出了答案。对于投票悖论中提出的三种不同的择优顺序，阿马蒂亚·森只是简单地将第一种顺序作了一下调整，得出了解决投票悖论的三种选择模式——所有人都同意其中一项选择方案并非是最佳；所有人都同意其中一项选择方案并非是次佳；所有人都同意其中一项选择方案并非是最差。悖论便迎刃而解。

比如我们假定，所有人都同意甲不是最好：

◇ 乙 > 甲 > 丙

◇ 乙 > 丙 > 甲

◇ 丙 > 甲 > 乙

现在，乙胜过丙，丙胜过甲，甲却没有机会再胜过其他任何人，乙赢得了选举。

也就是说，三个选民中，只要有两个人事先达成了协调行动的共识，那么多数派就会固定下来，表决结果就能够顺利出现，不会与合理性思维的结果相悖。

在村民大会上，要避免投票悖论，往往不得不对各家各户的意见进行适当的综合整理；在国会两院里，要避免投票悖论，就必须使议员们保持长期、稳定的联合。

从这个意义上讲，现代政党就是对付投票悖论的有效武器。

民主让不受欢迎的人当选？

投票真的能够得到一个大多数人满意的结果吗？

奥运会和总统

1992 年，北京申请主办 2000 年奥运会。那时候，北京做了很多工作，希望能够获得大多数奥委会成员的支持。这些工作还算比较有成效，很多国家都表示愿意为北京投上一票。于是在投票之前，北京代表信心十足，志在必得。

果然，在前两轮投票中，北京都一马当先。不少竞争对手或者因为票数太少而被淘汰，或者知难而退，只剩下 3 家：德国的柏林、澳大利亚的悉尼以及中国的北京。在第三轮投票时，北京获得的票最多，悉尼第二，柏林第三。这一轮投票结束后，柏林被淘汰掉。坐在电视机前的中国观众都欢欣雀跃，以为北京稳操胜券。可是没想到在最后一轮投票时，北京单挑悉尼却以一票之差落下马来。悉尼获得了举办 2000 年奥运会的主办权。

这是为什么呢？原来柏林出局之后，原来支持柏林的投票人大多数转而支持悉尼，导致悉尼反超一直处于领先地位的北京。这样的投票选举公平吗？很难说。

2000 年的台湾地区领导人选举就是完全相反的情况。当时李登辉做国民党主席，主张统一的宋楚瑜被李登辉开除出党。宋楚瑜被迫另立山头，成立了亲民党，参加选举。

台湾地区领导人的竞争最后在宋楚瑜、陈水扁、连战以及独立候选人李敖四者之间角逐。连战和宋楚瑜都得到大批的坚持统一的选民的拥护，如果国民党没有分裂，那么支持宋楚瑜加上连战的总票数肯定超过陈水扁。可是这两位候选人却分散了力量。最后，主张台独的陈水扁以微弱优势获胜，而宋楚瑜和连战均告失败。

假如台湾地区领导人的选举像申办奥运会那样，经过多轮选举，而不是一次直选，又会怎样呢？比如说李敖在第一轮被淘汰，宋楚瑜在第二轮被淘汰，第三轮陈水扁和连战 PK。这时，在二人的最后角逐中，支持宋楚瑜的选民会转而支持连战——因为他们的政治主张相近，那么连战获胜的机会肯定大于陈水扁。可惜这次的选举又没能如我们的愿，陈水扁上台了。

让选民投对手的票

选举的规则常常让我们感到难觅公平。怎么办？有些聪明的候选人可能会采取特别的选举策略改变这种状况。

我们可以想象有这样一个故事。在三国时期，魏、蜀、吴三家战争多年，打累了，终于决定坐下来和平统一。可是统一之后由谁来当一把手呢？曹操、刘备还是孙权？三方协商之后决定由来自全国的 3 000个人民代表投票决定。

投票之前，诸葛亮搞了一次民意测验，发现人民代表中出现了 4 种态度：

1 300 人最喜欢刘备，其次是曹操，最讨厌孙权。

400 人最喜欢曹操，孙权其次，最讨厌刘备。

500 人最喜欢曹操，刘备其次，最讨厌孙权。

800 人最喜欢孙权，曹操其次，最讨厌刘备。

选举规定要进行两轮投票。第一轮淘汰一个，第二轮再从剩下的两个候选人中决出胜利者。诸葛亮分析，正常情况下第一轮投票中，刘备将获得 1 300 票，曹操 900 票，孙权 800 票。孙权将被无情地淘汰。刘备高居榜首。可是到了第二轮投票时，原来孙权的拥护者都会转投曹操的票，刘备仍然只有 1 300 票，而曹操的拥护者却可能达到 1 700 票之多。曹操将成为众望所归的新领袖。其实这也合情合理，毕竟所有的人都不是那么讨厌曹操。

可是这个结果显然不能让诸葛亮满意。于是他想了一个办法。到了真正选举的时候，诸葛亮号召 200 位刘备的支持者转投孙权的票。结果第一轮选举刘备获得了 1 100 票，曹操 900 票，孙权却获得了 1 000票。于是曹操惨遭淘汰。到了第二轮，诸葛亮当然又把送给孙权的那 200 票拉了回来。原来支持曹操的代表们 500 个倒向了刘备，400 个倒向了孙权，结果刘备以 1 800∶1 200 大胜孙权，成功地登上了三国统一后的皇位。

选举之后，全国人民并没有欢呼雀跃，都觉得这次选举有问题。诸葛亮算作弊吗？他只是让自己的选民投了对手的票。而且，如果他没有这样做的话，拥有 1 300 个拥护者的刘备明明比曹操和孙权都强，最后却会输掉选举。难道是这种选举制度有问题吗？

经过一番研究，大家重新设计了选举的方式，让选民们把自己的喜好也标在选票上。最不受欢迎的那个人投 0 票，比较喜欢的投 1 票，最喜欢的投 2 票。这样一来，刘备的票数就变成了 $1\ 300 \times 2 + 500 \times 1 = 3\ 100$ 票；曹操获得 $900 \times 2 + 2\ 100 \times 1 = 3\ 900$ 票；孙权获得 $800 \times 2 + 400 \times 1 = 2\ 000$ 票。结果很明显，应该曹操当选。

当然诸葛亮还是做了手脚。他号召 1 000 名支持刘备的选民把自

己的喜好改为刘备 > 孙权 > 曹操。结果刘备的票数没有变化；曹操获得 900 × 2 + 1 100 × 1 = 2 000 票；孙权获得 800 × 2 + 1 400 × 1 = 3 000 票。结果刘备再次当选。

诸葛亮的行为显然也难称光彩，他利用了民主的规则把自己的主公推上了台。事实上，在很多貌似民主的投票中，都会有野心家随心所欲地达成自己的目的。看来我们真的不能迷信手中的选票，因为投票结果未必公平，更有可能遭到野心家的操纵。恐怕我们在决定将权力交给谁的同时，更应该考虑如何用完善的制度去约束和监督使用权力的人。

东周列国的“民主大会”

在所谓的民主选举中，你真实拥有的权力与你手中的选票并不是一致的。很多时候，你尽管也认真地投出了神圣的一票，却丝毫无法影响选举的结果，而那些轻松左右选举结果的人也并不一定拥有很多选票。

一个虚构的历史故事

话说在东周时候，诸侯国们一个个兴旺发达，兵强马壮，都想当老大，让别人按自己的意愿行事，动不动就互相攻伐，你抢我一座城池，我掳你一群百姓，闹得实在不像个样子。周天子没有什么强制手段让这些好战分子放下武器，于是想了个主意，让实力最强的六大诸侯组成“民主大会”，以投票的形式来决定东周列国的事务。

这六个“民主大会”的成员分别是：晋国、齐国、秦国、楚国、吴国、越国。从此东周开始了一段不为人所知的代议制民主时代，所有政治、经济决策都要经过这六大诸侯国派出的代表投票表决才能生效。由于这六国的人口数量不同，各国拥有的选票数目一样显然是不公平的。于是周天子按人口为它们分配了不同比例的票数：晋国 10 票，齐国 9 票，秦国 7 票，楚国 3 票，吴国 1 票，越国 1 票，共 31 票。

周天子规定：如果一项决议拥有半数以上的票数即获得通过。即：如果一项决议获得31 票中的16 票或16 票以上，就获得通过。这样的政治体制运行了几年，效果良好，至少不用再打来打去。

但是楚国、吴国和越国的人民总觉得什么地方有点不对劲。于是他们请来了一位波斯国师，让他分析一下东周的政治体制。结果令三国的人民大吃一惊，波斯国师通过分析发现，尽管楚国、吴国、越国分别持有 3 票、1 票和 1 票，但实际上它们在表决的时候，不管是在集体出兵抵御匈奴的骚扰，还是在划拨经费支持那个叫孔丘的老头编撰《春秋》的问题上，也不管它们投的是赞成票还是反对票，对结果没有丝毫影响。三个诸侯国立即炸开了锅，原来它们一直都被蒙骗了。

谁的权力最大

周天子听说此事儿，大为震惊，立即把那个波斯国师召来询问。波斯国师解释说："每个诸侯国的权力体现在它能通过加入一个要失败的联盟而使其获胜，同时也意味着他能背弃一个本来要胜利的联盟而使其失败。这就是说，它是这个联盟的'关键加入者'。如果某国成为'关键加入者'的机会越多，它的权力就大，反之则小。在贵国的政治体制中，楚、吴、越三小诸侯国，不是任何获胜联盟的'关键加入者'，晋、齐、秦三大诸侯国实际上垄断了所有的权力。"

"什么是获胜联盟的'关键加入者'？能不能举个例子？"周天子有点迷糊。波斯国师说："比如晋国和齐国联合起来，就是一个获胜联盟，它们两者加起来的票数为 19，超过了半数，因而晋国与齐国均是这个获胜联盟的'关键加入者'。这个时候如果吴国也加入进来，联盟仍然获胜，可是有没有它那一票都无所谓，吴国就不算'关键加入者'了。"

周天子点点头，波斯国师继续说："在一场投票可能出现的各种赞成和反对情况中，一个诸侯国可以做多少次'关键加入者'，我们就称它的'权力指数'是多少，而它所拥有的权力指数在所有诸侯国权力指数总和中所占的比例，就称为'权力指数比'，我们可以用这个指标来衡量它的权力大小。"

周天子饶有兴趣地问："那我明白了。你能不能帮我具体算一下各个诸侯国现有的权力指数？"波斯国师经过一番排列组合的数学运算，拿出了一个画在羊皮卷上的表格：

诸侯国	票数	权力指数	权力指数比
晋国	10	4	33.3%
齐国	9	4	33.3%
秦国	7	4	33.3%
楚国	3	0	
吴国	1	0	
越国	1	0	

周天子恍然大悟，"原来晋、齐、秦三国虽然票数不同，在这个民主大会中拥有的权力却是一样的，各占1/3。而楚国虽然比吴国、越国多两票，却也很不幸，一点权力也没捞着，它们三国投出来的选票什么也改变不了。"

多给大国几张选票

"这太不公平了，得赶紧解决。你有什么办法吗？"周天子问。

波斯国师显得信心十足："没问题，只是不知陛下您有什么具体要求？"

"首先，人口多的诸侯国，权力要大些；其次，人口少的诸侯国也能有一定的权力。当然，最好不要作太多的修改，否则很难实施。大致是这些吧。"周天子想了想说，"不过当务之急是要增加人口少的三个诸侯国的权力。否则太不公平了。"

“要绝对公平很难，重新分配票还要经过各省份之间进行平衡和争吵。”波斯国师边说边思考，“这样吧，我给出一个简单的方案。多给晋国两张票吧。这样就能使得其他票数不变的情况下增加了三个弱小地区的权力。”

“这样行吗？我是想增加三个小国的权力，可是你却要给最大的晋国增加两张选票，这不是更不公平了吗？”周天子怀疑地说。

波斯国师耐心地解释说：“请陛下放心，原来的总票数为 31 张，获得 16 张票就赢。而现在的总票数为 33 票，获得 17 票才能赢。这样权力指数就发生了变化。”

波斯国师认真计算了一下，在羊皮卷上又画了一个表格：

诸侯国	票数	权力指数	权力指数比
晋国	12	18	34.615%
齐国	9	14	26.923%
秦国	7	14	26.923%
楚国	3	2	3.846%
吴国	1	2	3.846%
越国	1	2	3.846%

周天子看着羊皮卷，自言自语地说：“对于越国来说，如果它与晋国、楚国、吴国结成联盟，或者与齐国、秦国结成联盟，都可以起关键作用，也就是说它的加入能使这两个联盟获胜，若背离则使得它们落败。因此它的权力指数都得到了改进。楚国和吴国也是一样。这的确是一个可行的改进方案。”

几天之后，东周列国的“民主大会”进行了一次改革，终于让大国、小国都满意了，人民从此过上了太平日子。

真实世界的权力指数

权力指数的分析方法是美国数理经济学家夏普利和舒比克提出来的。根据这个理论，你会发现，原来在所谓的民主选举中，你真实拥有的权力与你手中的选票并不是一致的。很多时候，你尽管也认真地投出了神圣的一票，却丝毫无法影响选举的结果，而那些轻松左右选举结果的人也并不一定拥有很多选票。

欧共体（今天欧盟的前身）就出现过与我们上面的东周故事类似的情况。1958 年，欧共体总共有 6 个国家：法国、德国、意大利、荷兰、比利时和卢森堡。法、德、意三个大国的票数为 4 张，荷兰、比利时为 2 张，卢森堡 1 张。总票数为 17 张，一个提案只要获得 2/3 以上的多数，也就是 12 张票就可以获得通过。

用夏普利和舒比克的方法计算，就可以发现，德、法、意的权力指数都是 14，比利时、荷兰的权力指数都是 9，而小国卢森堡的权力指数为 0。尽管卢森堡也有 1 张选票，它的财政部长每次都很严肃地投票，但是它在任何情况下对提案都不会产生任何影响，完全成了一个摆设。

比欧共体更广泛的国际联盟——联合国，权力分配也很不公平。1965 年以前，联合国安理会有 5 个常任理事国和 6 个非常任理事国。常任理事国有否决权，非常任理事国没有。联合国安理会规定，一个提案通过的条件是：有 7 张赞成票且 5 个常任理事国无否决票。夏普利和舒比克利用他们的方法计算出，如果整个联合国安理会总共的权力指数是 77 的话，5 个常任理事国的权力指数加起来就已经达到了 76，6 个非常任理事国的权力指数加起来只有 1，比例为 1.3%。

1965 年之后，联合国安理会增加了 4 个非常任理事国，小国的数量明显增加了，那么它们的力量增加了吗？很遗憾，改善不多，重新计算的结果是非常任理事国所拥有的权力比例仍然只有 1.86%。可见，在联合国这个国际舞台上，5 个大国拥有多么可怕的权力。

控制公司的妙法

用权力指数分析现实问题还常常被用在经济上。比如说在一个公司里，一个最大的股东拥有 40% 股份，而其他 600 个小股东每人只拥有 0.1% 的股份，虽然最大股东的股票是一个小股东的 400 倍，可是他所拥有的权力却能够达到小股东的 1 000 倍。

有些聪明的股东会利用权力指数巧妙地增加自己的权力。我们假设有一个“五虎上将股份公司”，有股东5个人：关羽、张飞、赵云、黄忠、马超。每个股东的票数和他所持有的股数相等，任何公司决策必须获得51%以上的票数才能通过。第一年，公司刚创业的时候，5个人各占20%的股份，每个人的权力指数是一样的，都拥有公司20%的权力。

第二年，公司业务发展之后，关羽占32%的股份，张飞、赵云、黄忠、马超各拥有17%的股份。这时候，虽然关羽的股份最多，接近其他任何一个股东的2倍，但分析一下，5个人的权力指数依然是一样的。关羽仍然只拥有20%的权力，如果要推动一项决策，跟第一年一样，起码要获得另外4个股东中的两个人的支持，才能超过51%的票数。

关羽觉得很不公平，想要继续增加自己手中的股份，获得更大的权力，可是其他四个股东很警惕，联合起来，说什么也不能让关羽一个人持有51%的股份，完全控制公司。关羽没办法，只有好声好气地跟他们商量，不多要，只要他们每个人再出让1%的股份给他就行。张飞、赵云、黄忠、马超4人觉得，再让关羽增加4%的股份也只有36%，离51%还差得远，自己损失也不大，就答应了。

于是到了第三年，关羽占36%的股份，张飞、赵云、黄忠、马超各拥有16%的股份。没想到关羽一跃而成为公司里最有权力的人，他的4个合作伙伴在他面前只有唯唯诺诺的份了。

为什么会这样？原来关羽的权力指数突变，权力大为增加，他只要得到另外4个股东中的任何一个人的支持，就能超过51%的票数。从32%到36%，只有4个百分点的增长，却带来了突变，打破了平衡。用权力指数分析一下，这时关羽获得了公司63.636%的权力，而其他股东的权力却只剩下了9.091%。

对于一个懂得策略的人来说，不必拥有压倒一切的力量和手段就可以让集体决策向自己想要的方向发展，因为他懂得如何在权力的天平上四两拨千斤。

三个快枪手和两个杂货铺

——西方国家为什么实行两党制

为什么西方大国都是两党政治呢？为什么不是三党、四党或者更多的党呢？当几个政党一起在政坛上角逐时，会出现怎样的情景呢？

当几个候选人一起在政坛上角逐的时候，会出现什么样的情景呢？为什么这些西方大国都会出现两党政治呢？为什么不是三党、四党，或者更多的党呢？让我们先来看一个故事。

三个快枪手

在一个西部小镇上，三个枪手正在进行生死决斗，枪手甲枪法精准，十发八中；枪手乙枪法不错，十发六中；枪手丙枪法拙劣，十发四中。假如三人同时开枪，谁活下来的机会大一些呢？

假如你认为是枪手甲，结果可能会让你大吃一惊：最可能活下来的是枪手丙——枪法最劣的那个家伙。

假如这三个人彼此痛恨，都不可能达成妥协，那么作为枪手甲，他一定要对枪手乙开枪。这是他的最佳策略，因为此人威胁最大。这样他的第一枪不可能瞄准丙。

同样，枪手乙也会把甲作为第一目标，很明白，一旦把他干掉，下一轮（如果还有下一轮的话）和丙对决，他的胜算较大。相反，如果他先打丙，即使活到了下一轮，与甲对决也是凶多吉少。

丙呢？自然也要对甲开枪，因为不管怎么说，枪手乙到底比甲差一些（尽管还是比自己强），如果一定要和某个人对决下一场的话，选择枪手乙，自己获胜的机会要比对决甲多少大一点。

于是第一阵乱枪过后，甲还能活下来的机会少得可怜（将近10%），乙是20%，丙是100%。

通过概率分析，你会发现丙很可能在这一轮就成为胜利者，即使某个对手幸运地活下来，在下一轮的对决中，也并非十拿九稳，毕竟丙还有微弱的机会。

现在换一种玩法（我们知道，有时胜负是由规则决定的）：三个人轮流开枪，谁的机会更大？

只要丙不是排在第一个，无论甲、乙谁先开枪，目标都不会是他。因为甲乙都一定会先把对自己威胁最大的敌人除去。等轮到丙开枪了——尽管枪法不怎么样，他还是有将近一半的机会赢得这次决斗。

如果丙排在第一个开枪，问题就有点复杂了。他可以朝甲、乙任何一个人开枪，即使打不中，甲、乙也不太可能回击，因为他们还要专心对付威胁最大的敌人。不过万一他打中了谁，可就麻烦了，另一个人已经在瞄准他了。

可能你会感到有点奇怪，这时丙的最佳策略是乱开一枪！只要他不打中任何人，耐心看甲乙互斗，等待下一轮射击，总会有利可图。

无须试图进行严格的论证，我们就能很容易地理解，枪战决斗可能类似于政治或经济的竞争。在政治竞选上，候选人的最佳战略莫过于追随最强的对手。两位最强的对手就会彼此攻击，而且最弱者就会存留下来了。

两个杂货铺

西方一些大国，都有相似的两党政治。在英国是保守党和工党轮流执政，在美国则是共和党和民主党轮流坐庄。民主党和工党一般被认为是“左派”，倾向于标榜代表劳工阶层的利益，共和党和保守党则是“右派”，站在企业主一边。在竞选的时候，人们可以发现，两党互相攻击越来越厉害，可是实际政治纲领却越来越靠近。等到一个政党获胜取代对手上台以后，选民发现新政府较老政府并没有多少实质性的改变。博弈论学者用“杂货铺”来解释这种现象。

杂货铺定位问题最早是由美国经济学家霍特林提出来的（即霍特林模型）。这一模型常被运用来说明西方两党政治的若干现象。所谓杂货铺定位问题，简单说就是：在一条街道上有两家杂货铺，为了争取更多顾客，两家杂货铺都趋向于把店铺设在街道中心点，最后的均衡是，两家杂货铺都开设在整条街的中心，紧紧挨在一起。

英美政坛上的实际情况就和杂货铺定位博弈一样。工党一定要打出劳工代言人的旗帜，所以它是站在左边的，左边是它的地盘。但是只有一半的选民支持，还不足以保证胜出。为了在竞选中获胜，它要想办法把在两党之间摇摆的中间选民争取过来。最好的办法就是使自己的竞选纲领向“右”的方向靠过去一点，即在竞选中宣布也要照顾中产阶级的利益，甚至兼顾企业主发财。移过去一点，地盘就可能大一点。同样，原来立党之本是在“右”边的保守党，在竞选的过程中也要往左边靠，以争取更多的选民。这样斗法的结果，在漫长的竞选过程中，虽然两党的攻击和谩骂不断升级，但是实际纲领却不断靠近，直到两个政党在中点紧挨在一起，才形成稳定的均衡。

为什么第三个政党难成气候？这是因为在上述假定条件之下，如果三个政党的位置不相同，不在同一个点上，局面一定不稳定。因为它们一定都会想办法向内靠拢。

如果三个党都位于中点，那么谁单独跳开一点点，无论向左向右，他都会占大便宜。因为至少那一边的选民都会投他的票，而留在中点的两个政党则只能瓜分另一边的选民。

同样，如果三个政党位于同一点，但是这一点不是中点，那么谁单独向中点稍微移动一点点，它就会占便宜，这是因为从旁边向中点移动的时候，多数选民都会投他的票，而另外两个政党则只能瓜分不到总数一半的选民。

三个党不在一起不稳定，三个党全在中点也不稳定，三个党全在另外一点更不稳定，总起来一句话，就是三党政治不会稳定。结果很显然，最终由一个党被淘汰，三党制变成为两党制，才最终形成均衡。

这个政党纲领向中点移动的机制，也说明西方两党政治的欺骗性，竞选的时候，怎样有利于拉票就怎样讲，当选以后可以忘得一干二净。从这个意义上说，不要以为换个政党上台这些西方国家的政治态度就会根本改变，确实很有道理。

当然，从另一个角度看，这种两党政治主张的趋同性其实也并不完全是坏事——甚或可以说是好事，因为所谓民主政治，就是要最大限度地照顾每个人的利益，尽管免不了有妥协和交易，但要把不同阶级、不同政治理想和利益要求的人组织成一个整体，这些代价也许是不得不付出的。

民主国家更好战

民主是美好的，它让一个国家的内部更加安定团结，更加富裕繁荣。但是在不知不觉中，它也让战争离我们更近了。

在人们印象里，独裁者似乎总是与穷兵黩武的战争狂人联系在一起，而民主国家则是和平的代言人。表面上看，这似乎是有道理的。在专制国家里，一切都是独裁者自己说了算，野心得不到任何约束，当然可以不顾百姓死活地发动战争，反正冲锋陷阵的又不是他。

而民主国家就不同了，由于政府由民选产生，不得不对公众及舆论负责。谁都明白，战争将使公民（选民和纳税人）付出流血和财产的代价，如果政府一意孤行地发动战争，最终可能使它在下一次选举时遭到失败。

既然如此，那人类就赶紧发展民主吧，等所有的国家都民主化了，世界和平也就到来了。可是真要有那么一天，和平真的能够到来吗？有人说别做梦了，民主国家很可能更加好战。

民主的战争狂

从历史上看，民主国家的确很少发生内部战争，不易出现自相残杀的悲剧。但是从对外战争来看，民主国家打过的战争一点不比专制威权国家少，甚至可以说，从古至今人类历史上所经历的几次最为惨烈的战争，恰恰都是“民主制国家之间的战争”。

在古希腊诸城邦中，雅典是当之无愧的民主典范。民众大会权力至上，任何公民都可发言；一切法律都要讨论通过；所有重要的国家官吏选举产生，一切重大国务都要经过辩论，以多数人的意见作决定。然而雅典又是一个不折不扣的战争机器，拥有众多的重装步兵和庞大的舰队，每一个18—60岁的男性公民都必须服兵役。

雅典严厉控制自己领导的城邦同盟，任何一个城邦想要叛离都会遭到它的武力讨伐。在镇压了密提林城邦的叛离之后，雅典公民大会竟通过决议，要把密提林的所有成年男子杀死，把妇女和儿童变卖为奴隶。在第二天的公民大会上，由于公民的情绪有所变动，才又以微弱多数通过另一项决议，手下留情只把被认为应对叛离有责任的1 000多人杀死。

到了近代，最早实现资产阶级民主的英国多次与拿破仑帝国在欧洲、美洲、非洲和亚洲进行争霸战争，几乎打遍了全球，建立起显赫一时的日不落帝国。第二次世界大战的元凶德意日三国虽然被称为法西斯，可是却都建立了民主体制。墨索里尼的法西斯党是在意大利大选中胜出后（共获得65%的选票，375个议席）上台执政的，而希特勒的纳粹党同样是在大选中成为德国议会第一大政党之后获得执政权力的，具有极为普遍的民意基础。

至于今天动辄标榜“民主”、“自由”的美国更是战争狂。在20世纪50年代，美国先后对7个国家采取军事行动；60年代开始，美国又先后在越南、老挝和柬埔寨发动了侵略战争。冷战刚刚结束，美国马上就发动了海湾战争，以后又在科索沃进行干预。21世纪开始，美国的战火已经延伸到阿富汗和伊拉克。

集体行为更极端

为什么民主反而与好战联系在一起呢？这是因为民主有一个非常大的弊端：国家政策很容易被“民粹主义”所控制。什么叫“民粹主义”？就是一种极端强调平民群众的价值和理想的政治倾向，强调对大众情绪和意愿的绝对顺从，哪怕这种情绪和意愿从长远看明显不利于社会进步。

听老百姓的当然没什么不对。可问题是，当一个个的人汇集成一群人，一起发表意见的时候，他们的心理会发生非常奇特的变化，对于政治决策大大的不利。

首先，当人们聚在一起的时候会变得非常大胆。一个人单独存在的时候，个人的孤单和弱小使人性中的恶处于隐伏状态，很容易克制住焚烧宫殿、洗劫商店的欲望。但是当他身处一个集体当中时，他会因群体的数量优势感到无穷的力量，约束个人行为的责任感、道德感也彻底消失，不起作用，这足以让他生出杀人抢劫的念头。不管他们先前是有教养还是无教养，他们的职业是数学家还是鞋匠，都会放弃循规蹈矩的生活而变成一个个胆大妄为的人。这就是为什么很多最恶劣的极端无耻的勾当都是一群人共同干出来的。

与此同时，这些聚集在一起的人们还常常会过高地估计自己的实力，他们总是相当乐观和自信，觉得自己无所不能，一定能够实现共同的目标。而且他们在道德上也是完美无瑕的，自以为正义一定是站在他们这一边。正因为如此，很多民主国家的选民们会信誓旦旦地要求自己的政府出兵海外，为了正义拯救别的国家受苦受难的老百姓，甚至拯救全世界。

其次，这些人会变得很笨。心理学家曾经在纽约作过这样一个实验，一个房间只有一个人，另一个房间有一群人。实验数据显示，一个人的小组，他对事物判断的准确率达到 85%，而一群人的那个小组对事物判断的准确率只有 31%。由此可见，群体在智力上总是低于孤立的个人。

当人们聚集在一起的时候，他们的推理和想象力水平会变得十分低下，只能接受简单明了的观念。一个数学家只有在他的专业上才能表现出惊人的才华，如果作为群体的一员，他对自己行为对错的判断力和北京永定门火车站的三轮车夫的判断力并没有什么太大的差别。

这就是数学、物理学这样理性的工作不能采取人海战术的原因。国际外交战略决策同样是一种非常需要理性和逻辑判断的工作。少数几个深谋远虑的政治家作出的利益权衡通常要比全民投票作出的决定明智。

最后，他们还会变得非常狂热、非常极端。凡有群体行为发生之处，特别是事关重大的社会政治、经济事件，莫不是场面汹汹。激烈的冲动、狂热的感情，有如泛滥的洪水、狂奔的野马。个人如同波浪里的水滴，失去了自我控制力，只能随着群体的波涛肆意汹涌。集体兴奋是绝好的麻醉剂，理智、人道甚至自我保护很容易被遗忘。这时候，各种极端的事情都可能发生，他们会残忍地屠杀敌人，也愿意英勇地死在战场上。因此，民主国家的人们常常会在民族主义或者复仇情绪的驱使下要求政府对外开战，并且奋不顾身地走上战场。

而在专制独裁的国家里，独裁者想要发动战争，就必须自己承担战争的后果，因为打了败仗或者滥用国力必定动摇他的统治。而他和他的少数几个谋士们对本国的实力也会有清醒的认识，对是否应该发动战争也可以冷静地从长计议，不易被狂热冲昏头脑，相对来说反而不会轻易地参加战争。西班牙独裁者佛朗哥就是一个典型的例子。他虽然在国内实行法西斯统治，却在第二次世界大战中保持了中立，没有参与这场厮杀。

民主让战争更残酷

所以，很多情况下民意不但不能阻止战争，相反却加速了战争的爆发。1812 年，是民意和国会促使当时犹豫不决的美国总统对英宣战，试图夺取加拿大；1898 年，同样是民意，加速了美西战争的爆发；1914 年萨拉热窝事件发生后，英法国内立刻掀起一股要求“投入战争”的强大潮流；1962 年，民意使美国总统肯尼迪决心封锁古巴；1982 年马尔维纳斯群岛被阿根廷占领后，还是民意的压力，驱使英国首相撒切尔夫人扩大了英阿战争；2003 年美国总统布什发动伊拉克战争时，民意支持率曾蹿高至 71%。可见，当民意被盲目的民族主义所左右时，民主国家的领导人很可能被推向选择战争这条路。

而且，有研究表明，当一个国家正在从独裁制到民主制过渡的时候，会变得更为好战。曾经有两位美国学者对 1811 年至 1980 年间的国际战争作了一项统计分析，结果发现，从完全的独裁制朝高水平的民主制转变的国家卷入战争的可能性比仍是独裁的国家平均高出 2/3。

这是因为，在民主化进程中上台的新一代领导人，可能更有雄心和更愿意看到国家的对外关系和国际地位在自己执政下出现新的改变。而且民主化的进程愈快，权力斗争愈公开，社会遭到的震荡可能愈厉害，社会内部原有的民族沙文主义情绪也愈有可能得到释放。这些都给国际冲突培植了深厚的土壤。

南斯拉夫就非常典型。在所谓的“铁托专权时代”，南斯拉夫各加盟共和国和自治省相对平等和合作，不仅从未发生过战争，连可能引发矛盾和摩擦的争吵也被视为不合法；而自从 1980 年那位铁腕人物去世以后，特别是从苏联解体以来，南斯拉夫政治摆脱了原有的束缚，各加盟共和国和自治省纷纷独立，并实现民主化，随之而来的就是为边界划分和民族纠纷发生冲突，直至演变成欧洲第二次世界大战结束以来炮火最猛烈的战区。

更不幸的是，民主还使战争变得更加残酷。民主制度可以最大限度地发掘一个国家的战争潜力。1793 年，大革命之后的法国国民会议通过了一条法令：“从现在起，直到我们的敌人被赶出共和国的领土为止，所有的法国人都应该始终地为军队服务。”“青年人应该参加战斗；已婚的人应该铸造武器和运输补给品；妇女参加制造帐篷和服装，并去医院服务；儿童应该把旧亚麻布作成绷带；老年人应该到公共场合去，激励战士的勇气，宣讲共和国的团结，鼓动对国王的憎恨。”而社会的其他所有可资作战的物资，无论民用品还是住房，国家统统可以征用。凭借这种总体战，法国人民打败了欧洲几乎所有的君主联合起来的反法同盟，保住了刚刚诞生的共和国。事实上，在近代以来的不同类型的大小战争中，民主国家往往是最终获胜的一方，或者是得利最多的一方。

民主是美好的，它让一个国家的内部更加安定团结，更加富裕繁荣。但是在不知不觉中，它也让战争离我们更近了。如何在享受民主成果的同时消灭战争的阴影是政治家们必须正视的难题。

世界离独裁只有6天

6天之内，一群文明社会中自诩独立自由的中学生变成了纳粹。导致专制极权产生的因素并不在别的地方，就埋藏在人性深处。

星期一

文格尔是德国一所中学的教师，这一天，文格尔接到学校的通知，在“国家体制”主题活动周上主讲“独裁统治”。讲这门课似乎并不容易。教室里一片自由散漫的气氛。学生们看闲书、发短信，东倒西歪，对文格尔要讲的“纳粹”和“独裁”很不耐烦，七嘴八舌地说，“又不是我们做的，我们为什么要没完没了地背负着罪感?”“独裁统治不可能发生在今天，因为没有民众基础。”这些乐观的言论让文格尔陷入了深思。独裁真的不会再次降临了吗？他准备作一个试验，让学生们体会独裁的“魅力”。

课间休息后，文格尔让学生将无序摆放的课桌按照一排一排的顺序重新整齐摆放，并且拆散了学生们自发形成的小圈子，自行给学生们编排并固定了座位，理由是便于互相帮助，建立互助友爱的集体主义精神。通过口头投票，文格尔成为课堂上的“元首”。接下来他要纠正大家的坐姿，而且发言时必须起立，必须尊称他“文格尔先生”，不服从者可以退出。

星期二

文格尔再次走进教室时，正襟危坐的学生们向他齐呼：“早安，文格尔先生。”“纪律铸造力量，团结铸造力量。”文格尔要求大家站起来像军人一样踏步，感受集体的力量，同时将楼下的“无政府主义课”踩在脚下，“让我们的敌人吃天花板上的灰”。从不情愿的凌乱脚步开始，学生们逐步完成了震天动地的齐步走。“独裁班”的学生们逐渐感到一种优越感——“无论表现怎样，我们这个班也比楼下的‘无政府主义班’要好”。

接下来，文格尔与学生们一起讨论是否需要穿着统一的服装，最后大家一致同意将一种廉价的白衬衣和牛仔裤定为他们的“制服”。女生卡罗不同意这样做，她从内心深处反感这种统一着装：“制服排除了差异，也排除了个性。”另一个外号叫做“软脚虾”的男同学蒂姆向来胆小懦弱，在这个活动中却感到兴奋莫名，甚至将自己的其他衣服点上汽油，烧得精光。

星期三

课堂上，只有卡罗继续穿着她的红上衣，其他学生都如约穿上了白衬衫。当蒂姆遇到一帮想来打架的混混，他的白衫同学冲上来帮他解围，蒂姆越发喜欢这个集体。而卡罗却陷于一种前所未有的孤立：她仿佛不属于这个集体。上学路上，她的男友马尔科说她“自私”，文格尔几乎无视她的存在，同学们也不和她讨论，并视之为异类与不合作者。

学生们领会到集体主义的魅力：他们团结一致，比任何外来者都显得强大；他们排除异己，比任何怀疑者都神圣。人人都有一种自己正在干一件大事的感觉，有人建议给班集体取个名字，最后“浪潮”从“恐怖小组”、“梦想家俱乐部”、“海啸”等名字中脱颖而出。

当晚，“浪潮”成员开始在城市的各个角落张贴他们的标志，致使黑帮以为一个新的帮派在向其叫板。蒂姆爆发出了惊人的勇气和自信，他独自把巨大的“浪潮”标志喷绘到市政府大楼上，甚至不怕警察。伙伴们第一次对他的行为交口称赞：酷。

星期四

在“浪潮”组织中获得归属感的成员们的创造力也被激发出来。“浪潮”有了一个属于自己的独一无二的手势：用右手在胸前划波浪。越来越多的学生加入“浪潮”，并以是否做这个手势与他人划分界线。甚至连卡罗玩世不恭的小弟弟也加入进来，甘愿为“浪潮”把门，凡不能做浪潮手势的人，都不许进学校。

蒂姆已经将“浪潮”和老师视为自己效忠的对象，甚至整夜守在老师家前做保镖，似乎找到了自己的价值。

星期五

在强烈的排外情绪下，暴力出现了。为了集体的荣誉，全体白衫军在水球比赛上大打出手；为了集体的荣誉，马尔科掴了散发传单反对“浪潮”的卡罗。

有家长来信支持“浪潮”运动，说自己的孩子这几天精神百倍，面貌焕然一新。学校的教务长对这样的来信表示满意。有一位同学写道：“这几天的经历很有趣，谁最漂亮、谁成绩最好都不再重要，在‘浪潮’中我们人人平等。出身、信仰、家庭环境都不再重要，我们都是一场运动的一分子。‘浪潮’让我们的生活重新有了意义，给了我们一个可以为之奋斗的理想和目标。”

但是马尔科却为掌掴卡罗后悔不已，乞求文格尔能中止这一切，并指责这所谓的“纪律性”不过是法西斯的一套。学校其他老师也开始对于文格尔的实验表示反感，包括他的妻子。文格尔意识到：踩刹车的时候到了。

星期六

在学校礼堂里，选读了几篇学生们关于“浪潮”的体会后，文格尔激情洋溢地发表了一番演讲，以“浪潮”之名痛斥“全球化”的弊病、批判这个世界的贫富分化和种种荒谬，“浪潮”作为正义的力量一定可以席卷全球！台下呼应如潮。

马尔科站起来对同学说：你们还不明白吗？他要操纵你们，“浪潮”是罪魁祸首。文格尔立刻煽动学生们将马尔科揪上台来。在一片“叛徒！叛徒！”的高呼声中，马尔科被群情激昂的昔日好友们“五花大绑”地押上主席台，接受惩罚。没有预谋，没有煽动，只有对运动的忠诚和热爱，一切制裁都是合乎情理的。

就在此时，文格尔突然问学生们：谁让你们这么干的？如果我说杀了他，你们就杀了他吗？你们意识到我们刚才所作做事了吗？你们还记得星期一有学生说独裁统治现在不会出现吗？这正是我们现在做的独裁法西斯主义。我们觉得我们高人一等，排斥异己，喜欢暴力解决问题，伤害了别人，长此下去不知还会伤害谁。

随后，文格尔宣称，马尔科是对的，过去的一周不过是一场关于专制主义的实验，“浪潮”到此为止，学生们该回家了。这个“玩笑”开得太大了！这个弯转得太急了！学生们呆若木鸡，有些人开始退场。

蒂姆突然跳出来，拔枪威吓同学不许离开，他声泪俱下地吼道：“浪潮不会解散！浪潮不应该解散！”最后，他对准自己扣动了扳机……警察将面色凝重的文格尔带离校园。影片至此戛然而止。

6 天造就一群纳粹

这就是2008年的德国影片《浪潮》讲述的噩梦般的故事，公映后立刻席卷德国，在2008年德国电影奖上被评为杰出电影，其后又获2008年欧洲电影大奖最佳影片提名。

六天之内将一群现代文明社会中自诩独立自由的中学生变成纳粹，这样的故事令人不寒而栗，更可怕的是，它曾经真实发生过。1967年，在美国加州帕洛阿尔托市克柏莱高中，当一位中学教师在教室里尝试重现法西斯运动时，越来越多的学生加入到这一“运动”中，陷入一种难以自拔的狂热，并且互相揭发，告密成风，有的甚至出卖了对“浪潮”表示怀疑的自己的父母。五天以后，几百名学生俨然已经把老师当做政治偶像，在礼堂里如浪潮般伸出手臂，致以崇高的问候礼。幸运的是，这位老师最后控制住了局面。清醒过来的学生们都感到无比震惊，他们居然如此轻易地放弃了自由。

影片和事实有力地说明，导致专制极权产生的因素并不在别的地方，就埋藏在人们自己的人性深处。

这场实验的运作规则，其实简单得不能再简单：树立权威、整齐划一和排除异己。文格尔老师最开始做了些什么？什么也没有，只是简单的统一而已，起立对健康有好处，尊称老师为先生，让学生变得更有礼貌，大家只是团结起来而已。大多数人觉得其实这样很不错啊，并不是什么大不了的事情啊。

整齐划一的衬衫、整齐划一的手势、整齐划一的口号、整齐划一的目标、整齐划一的人。每个人都参与其中，为团队出力，内向的蒂姆也得到了同学的帮助，他们一起对付小流氓，一起贴标志。

但是！这一切都有一个前提：你必须认同这个集体。不同意见者成为异己，被自然而然地孤立，最后被视为怪胎甚至敌人，而对运动有所质疑者就成为叛徒。"制裁！制裁！"在学生狂热的呼喊下，他们将昔日的同学送到了最前台。五天之前那群信誓旦旦说德国不会再度重演独裁政治的高中生们，俨然已经成为一个极权团体的成员。

蒂姆的死更令人感叹。如有些影评人所说，当那些平时默默无闻甚至饱受欺辱的人，猛然被纳入一个具有强烈同一性的集体，以团结的名义取消了他们之间长期存在的种种差距和歧视，赋予他们"为集体"努力的目标，也就等于肯定了他们的社会价值。这种优越感和责任感令人如痴如醉，欲罢不能。集体甚至成为个人生存的全部价值。所以，当文格尔宣布"浪潮"结束的时候，蒂姆也结束了自己的生命。

人们总是需要互相支持和联合的，区别在于，这是一个允许个性与差异、包容五光十色的共同体，还是只允许一种颜色、一个权威的那种团体。当共性压倒个性，当人们放弃精神独立和自由思考，以集体的名义消灭异类，必然信心满满地踏上令人毛骨悚然的奴役之路，血腥和浩劫将如影随形。

从民主斗士到独裁寡头

> 追求光明与理想的人为什么会在转瞬之间变成暴君？即使最民主的近代社会和这些社会中最先进的政党都难以逃避寡头统治铁律。

革命总被独裁者篡夺

1789年，佩带着红白蓝三色徽的法国群众，挥舞着武器冲进了巴士底狱，轰轰烈烈的法国大革命爆发了，独裁的国王路易十六被处死。演讲是自由的，出版是自由的，连空气似乎也是自由的。不料紧随革命而来的竟然是社会的动荡、血腥的屠杀和前所未有的集权与专制。

取得胜利的革命者们居然开始理直气壮地实行专政，屠杀自由。他们以自由和平等的名义，处死保王党与贵族；以救国和道德的名义，处死曾经的战友。每天有近50人走上断头台，鲜血在街道上流淌。当一个个粉墨登场的民主当权者烟消云散之后，留在法国政治巅峰的是高度集权的法兰西第一帝国皇帝拿破仑。

拿破仑垮台之后，波旁复辟王朝、七月王朝先后统治法国。1848年，法国人民再次站了出来，将专制的国王逐出王宫。这次，法国人冷静地建立起共和国，以民主的方式选出了自己的领袖——路易·波拿巴。然而历史再次耍弄了满怀期待的法国人。

波拿巴当选后，在很短的时间里把国家的军政大权揽到自己手里。他解散议会，建立起一整套严密的警察监视告密制度，严惩反对派，严禁出版、集会、结社自由，取消一切民主成果，自己做了拿破仑三世，建立了法兰西第二帝国。

“革命”革出了血流满地的恐怖专政，“民主”选出了专制独裁的新皇帝。很奇怪吗？这里还有另一个例子。

20 世纪之初的俄国共产党代表的是俄国广大人民的利益，因而得到俄国人民的拥护，1917 年取得了“十月革命”的胜利，建立了世界上第一个社会主义国家，开创了人类社会的新纪元。然而在斯大林的领导下，这个党却严重缺乏民主，普通百姓远离权力中心，在很长的时间内，斯大林一人独揽党政军大权，一些重要的人事安排或大政方针的制定，往往敲定在他的私人饭桌上或与亲信的闲谈中。在苏共内部，主要领导人都实行终身制或指定接班人。广大党员通过选举授权的党的各级苏维埃代表大会则形同虚设。

本是追求光明与理想的人为什么会在转瞬之间变成暴君？社会学家说，这是现代政治组织注定的命运——寡头统治铁律。即使最民主的近代社会和这些社会中最先进的政党都难以逃避这一铁律。

寡头统治铁律

20 世纪之初，德国有一位名叫罗伯特·米歇尔斯的社会学家，他原本是一位忘我的社会主义者，可是在政治运动中，他非常惊愕地发现信奉民主的社会民主党，其领袖的寡头统治似乎一点也不亚于传统的保守主义政党。米歇尔斯认为问题出在现代政治组织身上。

任何大型的组织每日都要作出许多决定，不可能让所有成员都来参与，必须建立起一种金字塔形的层级结构，将权力集中在具有很多专业技能的少数人手里，才能形成“战斗力”。而组织中的普通成员们没有这些领导人老练，也不如他们消息灵通，只能期待领导人给予政策方面的指示。所以任何一个政党、政府都会最终形成一个越来越集权的结构。

不可否认，并非所有获得名誉地位的人都是些不择手段的野心家，那些在变革初期担任领袖的人往往具有较高的道德水准。然而，一旦获得权力，要想使他们放弃就不那么容易了。领袖们常常变得日益自负。那种潜藏于心灵深处的指使他人的欲念使他们总是想方设法巩固和扩大自己的权力，采取各种手段维护自己的领导地位，对任何可能威胁到自己权力的势力均抱有本能的警惕和敌意。

领袖们通过彼此的默契配合以及对程序与候选人的安排，控制了各种代表大会代表的选举过程，同时控制了出版物，控制了组织的财政，控制了委员会，从而使得普通民众事实上被剥夺了所有有关他们的事务的决定权。无限制的控制、对自身利益的考虑和民众的纵容使精英们组成的委员会迅速成长为“人民选举产生的一小群国王”，形成一个封闭的、几乎不受任何约束的小型寡头集团。

直到今天，金字塔模式仍然是民主理想在现实中唯一可供选择的组织模式。人们通过投票一层层把权力向塔顶传递，然后等着站在塔顶的人利用这些权力解决大众的问题。所以所有的政党必然逐步演化成寡头统治的组织，政党越大，这一现象也就越严重，距离民主的理念也就越远，党员对党内事务就越无发言权。

一个不争的事实是，无论资产阶级政党还是无产阶级政党，在历史上都曾出现过缺少甚至缺失党内民主的状况，如法西斯政党、斯大林时期的苏联共产党等。即使当今号称实行民主政治的欧美资本主义政党，在党内民主问题上依然存在着或多或少的问题，如它们采取的党魁制。

现代的民选政府也是如此。理论上民选政府是对选民负责的，但这几乎完全是人们的臆想而已。真实的情况常常是，选民——甚至国会——也不知道这座层层叠架的金字塔正在做什么。它是如此庞大，如此复杂，以至于人们不能对它们实行有效的监督。20 世纪 70 年代中期，美国国会调查揭露出中央情报局和联邦调查局犯下几千桩罪行，包括对一些合法的对立集团成员住宅的盗窃和让一些轻信的志愿者为试验服用麻醉药。美国甚至还卷入了一些阴谋，包括利用黑手党的“打手”暗杀一些外国政府首脑。而美国人民对政府正在执行这样的政策一无所知。

就连大学也难逃厄运。从体制上说，剑桥大学的管理简直是民主制的样板。学校的最高立法和权力机构如同摄政院，日常行政机构仿佛参议院议会，日常事务负责人是副校长，这些机构和职位都由选举产生，重大事务由民主式的公开讨论来决策。即便如此，这所学府也被指斥为寡头统治。从很多方面来说，剑桥大学被一小撮同党所控制。在其寡头统治之下，他们相互任命，把持了所有最重要的委员会，形成了一个中枢集体。

谁能打破铁律？

米歇尔斯对民主性组织的寡头化倾向作出了透彻的分析之后，难免对民主的前途产生悲观的情绪。他最终找到的出路是放弃民主。当他晚年在意大利教书时，曾一度成了法西斯党的热烈支持者和墨索里尼的崇拜者。

而我们今天的政治家们并没有像米歇尔斯那样绝望，仍然想方设法地试图用民主打破寡头统治铁律。法国社会党从中央到地方的各级领导人全部由全体党员直接选举产生。德国社民党允许各级党组织成立各种论坛，允许这些论坛向同级党委提交提案，派送代表等，强调保留党内公决形式，以使每个党员都有机会参与重大问题决策等。绿党则把“基础民主”作为党的一项重要的组织原则，即一切领导机构都是由基层直接选举产生，决策权属于党的基层组织，采取分散化而不是集中制的措施，使各级党组织成为独立行动的实体。

或许我们现在并不能找到一种彻底的方法一劳永逸地解决寡头政治的问题，但在此期间所付出的全部努力必将成为通向民主理想王国大道上坚实的路基。

军阀为什么比流寇受欢迎？

军阀长期盘踞一方，榨取的财富远比偶尔来一次的流寇多，为什么反而受到百姓的拥戴？

受百姓爱戴的军阀

民国之初，悍匪白狼率领流民组成的乌合之众 2 万余人，流窜鄂豫皖陕四省，打家劫舍，杀人放火，奸淫掳掠，无恶不作。1914 年，军阀冯玉祥奉命入陕，积极布剿，将白狼这股流寇击溃，成为陕西的统治者。

白狼属于四处流窜，偶尔来一次，来了就抢，抢了就走的流动匪徒，而消灭白狼的冯玉祥则是盘踞一方的军阀，军阀要养兵，会反复向当地百姓搜刮粮食和钱财。显然，冯玉祥搜刮百姓的次数比白狼多得多。他的胃口也比白狼大，因为他的部队军费都由地方筹集，取之商农，随时索派，动不动就限期某个县城交钱，没到收税的日子就直接摊到乡民头上预缴。

可见，冯玉祥赶走白狼，陕西人民不过是“前门走了狼，后门来了虎”。可是令人不解的是，当地百姓对冯玉祥取代白狼却非常高兴，似乎希望他能一直就这么在这里统治下去。这是为什么呢？

美国经济学家曼瑟·奥尔森给出了解释：流寇走到哪里抢到哪里，在哪儿都待不长，所以只图眼前利益，只会尽最大能力抢掠、破坏，因为这样他才能获得最大的收益，而当地老百姓的死活和发展根本不在他们考虑之内。

而军阀与流寇的最大区别就是长期盘踞一方，为了能够在这个地方长期地掠夺下去，他就不能像流寇那样大肆破坏。如果把老百姓的东西全部抢走，老百姓没有了积极性，不愿再生产，下次军阀也就没什么可抢的了。而且军阀占领的地方发展得越富裕，他的收益也越高。所以军阀不仅不许其他强盗、土匪、黑帮、军阀来掠夺，还会积极维持社会秩序安定，创造生产条件，甚至愿意兴修水利、铺路架桥、提供其他公共物品，以便让这个地方越来越繁荣，他也就能够掠夺的更多。

事实上，在近代中国军阀混战的年代，很多军阀在自己控制的省份里，经济建设搞得有声有色，比如张作霖就在东北开展一系列经济建设工作，招移民、修铁路、建工厂、开矿山，工农业一片繁荣。阎锡山控制的山西和李宗仁控制的广西也都相当发达，堪称民国时期的模范省。这就是为什么陕西老百姓欢迎冯玉祥赶走白狼的原因。

国家是这样产生的

经济学家的解释引起了政治学家的兴趣。他们很快得出了一种关于国家起源的新说法：

话说从前有一片苦难深重的土地，老百姓原本安居乐业，与世无争，也不存在什么国家和政府。可是不知从哪里来了很多匪帮。这些坏人打家劫舍，来去如风。老百姓苦不堪言。后来其中一个强大的匪帮厌倦了东游西荡的日子，决定在附近的山上住下来。他们很快发现山脚下的村庄越来越少了，这是为什么呢？原来每次他们去村庄都来个大洗劫，于是只剩下一片断壁残垣。

山寨的头领想，长此以往也不是办法，四周的村庄都没了抢什么呀。于是乎他们和山下的村民去谈判，让他们每个月都上缴一部分东西，他们也不杀人放火了。村民一想这样也不错，就答应了。为了让村民安心生产，匪帮开始保护他们不受其他匪帮的掠夺，维护和平；为了让村民能够上缴更多的财富，匪帮甚至开始维护社会秩序，兴修水利，开辟道路。于是头领成了最早的国王，这个匪帮则成了最早的政府，而村民那些上缴的东西就是税收。

匪帮之所以会保护百姓，为民造福，变成政府，是因为他们与百姓形成了长远的共同利益，诱使他们关心全社会的生产率，并努力使之提高。这就是为什么很多专制君主和现代的独裁者统治下的国家也会取得相当令人惊讶的经济成就的原因。

万岁！万岁！万万岁！

近代欧洲的君主主义者曾经说过这样一句著名的话："君主制度是最好的一种统治制度，因为这种情况下国王是这个国家的主人。就像一座房子的主人一样，如果电线出了毛病，他会修好。"一个国家的主人有动力使他的财产不断增加，道理是这样讲。可是如果这座房子明天就要变成别人的了，那房子的主人还会去修电线吗？搞不好他会在天亮之前把所有的电线、水管、瓦片都扒下来卖到废品回收站的。

这就是说，君主必须相信他在这个国家还有长期利益才会好好治理这个国家，如果他知道自己朝不保夕，很可能就会胡作非为，横征暴敛了。比如李自成刚刚攻入北京建立大顺朝，自己做了皇帝的时候，他的部队还称得上纪律严明，秋毫无犯。等到山海关一战被清军打得一塌糊涂之后，他仓皇离开北京的时候，部队皆知末日将至，完全丧失纪律，开始在北京城内烧杀奸掠，备极惨毒。更残酷的是另一个起义军领袖张献忠。清军入关以后，他退入四川，随即在成都平原拉开了一幕四川有史以来最残酷的大屠杀。成都平原顿成旷野，天府之国数年之间竟虎狼遍地。直到清朝顺治中期，移湖广填四川，才多少恢复了一点生气。张献忠显然没有信心，知道自己强弩之末，无力改变清军入关后的大势，于是残忍乖戾，以屠杀为乐。

正因为如此，古代的老百姓总是希望在位的皇帝活得时间越长越好。因为君主活得时间短与活得时间长的行为是不一样的。如果活得时间比较短的话，他就会尽力掠夺。如果明年就死，他就会尽可能攫取社会的财富，供他仅剩的这一年之用。他活得时间长，对国家才会有长远打算，才不会胡作非为。中国汉朝的汉武帝、清朝的康熙和乾隆活得时间都比较长，他们可以从容享受对老百姓的掠夺，不用竭泽而渔，他们统治的时期都堪称盛世。古时候在世界各地，老百姓都有祝皇帝“万岁！万岁！万万岁！”的说法。这不是臣民阿谀奉承之辞，而是发自内心的肺腑之言。

不仅如此，皇帝宝座如何继承也很重要。西方世界的君主制的世袭制是不成熟的。罗马帝国的皇帝经常被杀掉，然后又换一个皇帝，而且是不同姓的。皇位继承经常超不过两代。每一个君主都不知道继承自己王位的是不是自己的子孙。既然如此，罗马皇帝们也犯不着为后代打算什么，胡作非为的暴君很多。古代中国则拥有比较成熟的、稳定的世袭制的君主制。一个王朝往往传续十几代，为了给下一代留一份优质的遗产，皇帝们也不能胡来。这就是古代中国几千年来一直比西方富强繁荣的原因。

民主更胜一筹

既然如此，我们就都指望独裁者万万岁就得了呗，还追求什么民主呢?

有学者说，民主社会的产生纯粹是偶然的。当1688年英国发生光荣革命的时候，各方面权力非常分散，无法产生新的独裁国王。权力分享的议会制对政治领袖们来说，无疑是一个最佳的方案。于是，一种限制权力、防止新独裁者出现的制度获得成功。

但这种偶然出现的政治制度显示出了自己强大的优越性。两个候选人为总统、首相职位而竞选，或者两个政党为组建政府而竞争，总是喜欢为选民争创“你们以前从未有过这样好的生活”的纪录，而不能以掠夺为目的。更重要的是，民主制度限定了统治者的权限，你只能在你的权限范围内行使你的职权，当他向下一任统治者交接的时候，也不会涉及社会基本的产权制度，基本的法律制度，基本的市场制度，不可能破罐破摔。人民的长远利益不会再随着统治者的变动而变动，财产、自由和合同的有效性都获得了长期的保障，经济当然就会获得更加蓬勃的发展。

这就是工业革命由英国开始、资本主义在英国迅速发展的原因。有了英国这个优秀的榜样，民主制度便在世界各国蔓延开了。

军阀优于流寇，民主优于专制，在政治制度的背后隐藏着不同的经济效率。

无政府主义王子：克鲁泡特金

在20世纪20年代，在共产主义成为中国革命的主流思想之前，一位俄国王子的无政府主义思想曾经吸引过很多年轻的心灵。

1874年，俄罗斯圣彼得堡出现一个奇怪的演说家，此人自称鲍罗廷，三天两头跑到圣彼得堡的广场上，鼓动人们起来革命。谁也不知道这个家伙的真实身份，只知道他有时一身农民打扮，有时又装扮得像个刚下班的工人，到处散发自己写的小册子，发表煽动性演说。圣彼得堡的居民们都在议论这个奇怪的演说家和他的“无政府主义”学说。

俄国政府感到了一丝威胁，决心制止这位无法无天的“鲍罗廷”。可是当秘密警察费了九牛二虎之力将其逮捕的时候，沙皇和宫中所有的人们惊讶得下巴差点掉下来，原来这位煽动革命的家伙竟然就是沙皇曾经的贴身侍卫，出身世袭王公之家，大名鼎鼎的克鲁泡特金王子。

提起这位王子，今天的人们可能会感到很陌生，然而在 20 世纪 20 年代，在共产主义成为中国革命的主流思想之前，这位王子的无政府主义思想却曾经吸引过很多年轻的心灵。中共“一大”时期，全国 50 多位党员中就有 22 人不同程度地受到过无政府主义思潮的影响。我们熟悉的著名作家巴金也曾是位无政府主义者。“巴金”的“巴”取自无政府主义理论家“巴枯宁”，“金”指的就是克鲁泡特金。

向家族宣战的王子

克鲁泡特金 1842 年出生于莫斯科的一个世袭亲王之家，据说是素称勇猛无敌的基辅大公的后裔，所以从小就被称为王子。克鲁泡特金幼年丧母，父亲因为没当上将军抱憾终生，退伍后只好以家作军，把家当做军营管理，聊以自慰。他怀疑手下的农奴大概没有什么“人性”，所以必须高压管理，断然惩处。父亲“非人性”的治家方式以及对后母的敌意，拉近了克鲁泡特金和下人的距离。对农奴的遭遇从小耳濡目染，又有感情上的联系，使得克鲁泡特金日后对“受压迫的人”特别关切。

16 岁时，克鲁泡特金进了当时俄国最好的军事学院——侍从学校。在这里，他被当时由西欧传来的人文知识所吸引，也为亡命西欧的俄罗斯知名人文主义者赫尔岑的言论所陶醉。因为出身高贵，成绩优秀，他担任了沙皇亚历山大二世的近身侍卫。所有宫廷活动，舞会、庆典、礼拜，他都得在沙皇左右亦步亦趋。

对于一般的贵族子弟来说，这毫无疑问是飞黄腾达、谋取权势的好机会。可是我们这位王子不同，他目睹权力的运作、权贵的媚态，看穿了掩饰真相的种种“表演”，开始逐渐失望，对于前途有了与众不同的考虑。

毕业时，克鲁泡特金放弃了光辉耀眼的将军或外交官前途，选择参加了一支在当时极不受欢迎的西伯利亚军团，在伊尔库茨克总督府任职，到远东的西伯利亚边境探险，在群山和河谷中开拓出好几条新的道路，他甚至成了一名相当出色的地质学家，提出了当时非常超前的地质学和亚洲大陆史科学理论。但是“怎样做一个有用的人”始终困扰着他。

回到圣彼得堡后，1871 年俄国地理学会任命他为秘书，他拒绝了，并令人惊讶地放弃继承父亲的亲王爵位，他认为他的责任已经再也不是去发现新的科学，而应该是帮助人民。于是这位王子脱掉锦袍，加入了革命党，成为了一名向自己的家族宣战的革命者。

1872 年春，他访问了瑞士的国际工联与无政府主义团体，接触了更为激进的“汝拉山区钟表工人联盟”，至此基本形成了无政府主义的观念，主张坚决摧毁国家，建立一个没有政府的共产主义社会。

回到俄国后，他开始参加革命活动。他一方面继续进行公开的地理科学研究活动，另一方面积极从事地下革命宣传，化名鲍洛廷，跑到广场上演讲，向工人、农民宣传推翻沙俄政府。秘密警察很快抓住了他。一个王子参加革命，这件事让沙皇异常恼火，他无论如何也想不通，出身如此高贵的克鲁泡特金为什么非要跟培养他、提拔他的沙俄帝国过不去。更让他恼火的是，两年之后克鲁泡特金居然又大摇大摆地越狱了，并且神不知鬼不觉地流亡到了国外，成为一个举世闻名的无政府主义领袖人物。

因为积极参加了国际工人运动，从事无政府主义的宣传活动，瑞士政府应沙俄的要求驱逐他，法国政府以参加国际工人协会为由逮捕他。最后克鲁泡特金在英国定居，从此致力于无政府主义理论的研究和著述，创立了无政府共产主义理论。除了自己在伦敦办了一份英文报纸《自由》外，他还为其他一些报刊撰稿。30 年后，直到俄国发生了“二月革命”，他才回到祖国。由于恪守无政府主义信条，他拒绝担任克伦斯基政府的部长。“十月革命”爆发后，虽然他和布尔什维克志不同道不合，但在行动上并没有直接或间接参与反对苏维埃政权的反革命活动。

互助的本能

克鲁泡特金为什么主张建立一个没有政府的社会呢？这与他对达尔文进化论的质疑有关。在19世纪八九十年代，一些国家的学术界和思想界出现了一股无道德论思潮，1888年，英国著名达尔文主义者赫胥黎发表了《生存斗争及其对人类的意义》一书，宣扬生存斗争和弱肉强食是人类社会发展的规律，而排斥任何道德原则的存在。克鲁泡特金对这种摒弃人类道德的论调非常反感。

在伊尔库茨克总督府任职时，克鲁泡特金曾广泛游历东方，横穿西伯利亚，沿乌苏里江进入中国黑龙江。这一路上，他看到大规模迁徙的候鸟和鹿群，它们相帮相扶着到温暖的南方去过冬。虽然暴风肆虐，雪粒像沙子一样吹过来，但它们合群地互相呼唤着，鼓舞着前行，毫无懈怠与退缩的表现。这情景感动了克鲁泡特金，也使他沉思，他开始怀疑正在流行的达尔文主义“物竞天择”的竞争法则的正确性。此后他曾潜心数年于动物生存法则的研究，他的结论是：在大自然中，除了互争的法则以外，还有一个互助的法则。

如果克鲁泡特金的见解仅止于此，他也不过就是一个有创见的博物学家而已。但他的特质是永不忘怀人类。那么人类的生存法则是什么呢？克鲁泡特金喜欢提出的一个例子是：如果我看见我的邻居房子着火，也许我与这个邻居素不相识，但我的第一个念头就促使我提起水桶赶去救火。请问我的行为的原动力是什么呢？

克鲁泡特金从动物界追索，发现同种动物要生存，必须合群以抵御另一种动物的攻击。合群就是个体间的互助。为此克鲁泡特金认识到：互助是一种本能，不是后天的道德训练；这种本能在动物的生存中，与互争的本能相比，即使不更重要，至少是平起平坐的。把这个原理引入人类社会来看，一个人看到邻人房子起火，第一个念头就是赶去救火，这实在不是出自什么后天养成的道德，而是人类在其本性中潜藏的互助的本能，从动物时代就遗传过来的，即“人类休戚相关与合群的本能”。这种本能就是良知。

国家是万恶之源

然而在克鲁泡特金看来，互助这种人类的本能，如今的状况是令人忧虑的，因为它只存在于乡村和城市的较贫穷的阶层中。为什么原来作为人类生存基本方式的互助，现今被击溃而退隐到社会角落呢？克鲁泡特金以为罪在国家。

在中世纪后的三个世纪里，欧洲大陆和英伦三岛上的国家都系统地肃清了一切以前有互助倾向的那些制度。村民议会、裁判所和独立行政完全被剥夺，土地也被没收。行会的财产和自由遭到掠夺，它们被置于国家官吏的控制之下，受到官吏们为所欲为和贪污行贿的弊害。城市丧失主权，它们内部生活的源泉——民选的法官与行政机关、独立的教区与行会，统统被消灭了，代之以国家的官吏。……国家吞没了一切社会职能，这就必然促使为所欲为的狭隘的个人主义得到发展。可以说国家是万恶之源。

克鲁泡特金指出，国家与人们的互助本能，乃至人们对互助互援的追求从来就是对立的。因为它违反了人们互助互援的愿望，也违反了社会进化和发展的自然法则，所以没有生命力，必须废除。同时，由于人人具有互助的本能，因此没有国家、没有任何权力支配的人类社会是完全可能的；不仅完全可能，而且较之有国家、有权力支配的社会更完善、更理想、更富有生命力。

克鲁泡特金认为，人类社会应该发展成分散的、非政治的、合作的社会，人们不受政治、宗教、军队的干预，充分发挥自己的才能。他提出的无政府共产主义主张取消私人财产和不平等的收入，按需分配，主张脑力劳动和体力劳动相结合。他认为要实现这种理想，需要从教育青少年入手，青少年不仅要学习书本知识，还要参加劳动和户外考察。他主张对监狱制度进行彻底的改革，应以教育为主，惩罚为辅。

俄国王子与中国

克鲁泡特金可谓是无政府主义的集大成者。20世纪初，无政府主义者在中国逐渐成为一个政治派别。“五四”运动前后，辛亥革命的失败使人们对民主共和国的理想破灭了。许多知识分子和青年学生很自然地接受了不仅主张废除一切国家形式，也反对剥削压迫的无政府主义。当时，不少激进的民主主义者，甚至具有初步共产主义思想的知识分子，如李大钊、毛泽东等都在不同程度上接受并参与了无政府主义的宣传。当时，在他们看来，无政府主义和科学社会主义似乎是一回事。可以说，无政府主义思潮在我国曾起过积极的作用。

克鲁泡特金所创立的“无政府共产主义”理论崇尚一种建立在互助和自由、严等之上的“自我牺牲”精神，主张私有制被推翻之后，社会的全部财富归全体人民公有，实行按需分配。所以，他所设想的“共产主义”被公认为是一种符合道德观念的理想社会，尽管它所选择的道路与科学共产主义不同，但在目标上确有一定的相似之处。这也许是克鲁泡特金曾经在中国大受欢迎的原因吧。

到了30年代，日本的侵略活动危及到中华民族的生死存亡，只有一个强有力的政府才能承担起抗击外敌的重任。而无政府主义反对战争、反对强有力的政府，又没有具体的实践道路，这些弱点暴露无遗，无政府主义渐渐被人们放弃。

克鲁泡特金一生公正无私，胸怀坦荡，从不计较权力和物质利益，受到许多人的敬佩。法国作家罗曼·罗兰评价他在生活中实现了托尔斯泰追求的理想。英国作家王尔德说他是自己见到的仅有的两位真正快乐的人之一。1921年克鲁泡特金逝世的时候，成千上万的人打着无政府主义的黑旗为这位无政府主义王子送葬。联共（布）中央代表在克鲁泡特金葬礼上的悼词中这样说：

“我们不准备把我们的注意力集中在我们的分歧上面。死者留给我们的有益遗产是极其巨大的，正是它，以一种强烈的迸发力，把我们联结在一起。”

第六章　毒眼看社会

纳粹大屠杀是现代文明的结果

> 如果以现代文明推崇的科技、理性和组织性来衡量，大屠杀是非常出色的成就。就像使用拖拉机、联合收割机和杀虫剂的现代农场，效率远远超过了只有马匹、锄镐和手工除草的农庄一样。

希特勒在1933年就任德国首相后，他的纳粹政权制定了历史上最大规模的消灭犹太人的计划。被流放和屠杀者不计其数。第二次世界大战爆发后，德国军队每攻占一个地方，都要使用毒气或是枪杀等各种方法肃清和屠杀当地的犹太人。

然而很多史料证明，在希特勒上台以前德国民众对犹太人的敌视比起许多其他欧洲国家来说要逊色得多。在魏玛共和国时期，德国人对犹太人的厌恶可能还不及法国人。欧洲其他国家都曾爆发过仇视犹太人的公众暴乱，但魏玛德国却没有出现这种现象。当时全世界的犹太人广泛地认为德国是宗教和民族平等、宽容的天堂。居住在德国的犹太人学者和专业人员比当今美国和英国的还要多。

然而，并不极端仇恨犹太人的德国人却在整个第二次世界大战杀死了近600万犹太人，如果按照每天屠杀150人计算，要想消灭600万人需要100多年。但纳粹仅仅只用了4年，这是历史上任何一次大屠杀都望尘莫及的。

德国人为什么如此执著地屠杀犹太人？波兰社会学家齐格蒙·鲍曼说，这是现代文明的产物。

科学技术制造大屠杀

首先，我们毛骨悚然地发现，现代文明最引以为豪的科学研究和工业技术都参与了这场大屠杀。

从纳粹统治的第一天起，生物学、历史学和政治科学领域里的著名学者们就已经被组织起来根据“先进科学的国际标准”来调查“犹太人问题”。根据达尔文的进化论，物种之间是彼此竞争、优胜劣汰的，纳粹得出了劣等民族就应该被淘汰的结论。人类学家证明犹太民族是世界上最为卑劣、无耻、恶毒、贪婪、淫荡的民族。遗传学家告诉德国妇女只要同犹太男子发生一次性关系，她的后代就会全部退化为杂种。科学就是这样判处了犹太民族死刑的。

纳粹还利用犹太人和其他囚犯作为“科学试验对象”，在他们的身体上进行大量的绝育和阉割试验。德国还把已做了绝育手术的人作为劳动力利用。这种试验一直持续到纳粹政权垮台时为止。

纳粹还把现代工业生产的技术和管理方法运用到这场大屠杀当中。著名的奥斯维辛集中营就如同一个组织严密、管理有效的工厂。所不同的是，工厂生产商品，而在奥斯维辛，原材料是人，而最终产品是死亡，每天的单位量被仔细标注在管理者的生产表上。现代欧洲布局精密的铁路网，源源不断地向地工厂输送着新的“原料”。而烟囱，这个现代工厂体系的象征，则将焚化人体的躯体产生的烟滚滚排出。在毒气室里，受害者们吸入由氢氰酸小球放出的毒气，这种小球又是出自德国先进的化学工业。

纳粹采用了当时最“先进”的工业管理方式，使这部屠杀机器“高效率”地运转：整个屠杀过程步骤非常清晰，首先将犹太人在各地集中，然后运到各集中营，掠夺其财物，鉴别挑选还有压榨价值的劳动力，其余的送进毒气室，杀害后再次剥夺有使用价值的部分如头发和金牙，最后送进焚尸炉。屠杀程序犹如“流水作业”。焚尸炉多长时间能烧毁一具尸体，向焚尸炉中送风多少时间等，不仅都经过事先精确的计算，而且现场有人监督严格遵守时间。为了创造最高的效率，焚尸炉的设计公司与党卫军进行过好几个月的研究和试验。在这套精心设计的流程下，每天早晨运来的受害者，在傍晚时分已经化作灰烬。

恐怖的理性思维

17 世纪的欧洲启蒙思想家宣布，人类可以依靠逻辑推理得到可靠结论，考虑利害关系，精确算计自己行动的成本和后果，指导自己的行为。纳粹统治下的德国，已经是理性完全取得胜利的时代了，却最终制造了这场屠杀。

希特勒的目标是："消灭犹太人，制造出一个没有犹太人的德国疆域。"一旦目标确立，纳粹的"专家"便开始冷静地根据现实设计制定最佳的方案，动用所需的资源，理性地实现目标。他们不仅使用先进的科技手段来研制最具效率的杀人武器，还通过先进的管理手段以使屠杀过程达到准确、快速、清楚、一致、减少摩擦、降低人力、物力消耗的最佳状态；他们不仅精密地计算出每杀一个犹太人所需要的成本，还会认真考虑杀人之后的"废物利用"。

更可怕的是，理性还驱使犹太社区的领袖们与刽子手合作。每次纳粹总是告诉他们，只有一小部分犹太人会死，比如来自贫困地区的"共产党"分子，其他人则会安然无恙，只要他们交出这一小部分人，就可以拯救大多数人。于是那些犹太社区的领袖们经过理性考量，选择与不共戴天的敌人合作，为纳粹提供记录，把即将被害的人归档；监管为维持受害者性命而进行的生产和分配活动，直至毒气室腾出空来可以"接纳"他们；把物色好的对象运送到便于集结、造成混乱最小的地点，并为这最后的"旅程"积敛和提供资金！

他们干下这一切，竟然有令人信服的理性的解释：为了大多数。维尔纽斯的犹太首领根斯宣称："用 100 名受害者，我救了 1 000 人；用 1 000 人，我救了 10 000 人。"每次"行动"之后他们都相信这是最后一次，诸如"避免损失"、"活下来的代价"、"更少的罪恶"等原则都被用在了人命的计算上。

办公桌旁的杀人犯

人类以往的任何一场屠杀都离不开狂暴、仇恨这些字眼。但靠狂暴和仇恨去杀人是极其原始和低效的。它们通常在工作完成之前就已经消失。滥施私刑的暴众有时可能为怜悯所动。只有现代官僚机构才能实施坚持不懈的、无遗漏的屠杀。

大屠杀实际上是一项庞大而复杂的社会工程。它需要大量的资金和资源，设计合适的设备，制定各种预算、计划和“生产”流程，不断协调多部门的通力合作，等等。总而言之，需要一个现代官僚体系来运作实施这一计划。

更可怕的是，现代官僚机构将一个个正常人变成了杀人犯。现代官僚体系的最大特点是专业分工和层级服从。每一个成员都从事着专门的工作，发挥着有限的功能，很难知晓或不关心他们的行动所带来的后果；下属要服从上司的命令，无论对错，只管执行。

参与大屠杀的德国人绝大多数是极普通、极平常的一般民众，他们在家中都是好丈夫，好父亲。可是一旦他们被纳入现代的官僚体系之中，就变成了巨大杀人机器的一个零件，“零件”是无所谓道德和情感的，他们所面对的只是上级下达的指令。屠杀过程分解为一个个环节，每个人只负责某个环节，与受害对象产生足够的距离，如此一来每人都在屠杀，但没有人具体地直接地屠杀。

德国战后在清理纳粹罪行时，出现了一个特殊的概念——“办公桌旁的杀人犯”，就是指那些为数众多、虽没有直接参与党卫军一点暴行，甚至根本没有去过任何集中营的所谓管理官员。他们制定规章，起草执行办法，签署信件，打电话，参加各种会议。他们用不着离开办公桌，却能够灭绝一个民族。在现代官僚组织中，那些仅仅从事自己的本职工作，对于他人没有任何敌意的人，也会承担非常可怕的破坏性工作。

如果以现代文明推崇的科技、理性和组织性来衡量，大屠杀在各个方面都是非常出色的成就。就像使用拖拉机、联合收割机和杀虫剂的现代工业农场远远超过了只有牛马、锄镐和手工除草的农庄一样，大屠杀远远超过了过去任何一次的屠杀事件。

现代社会趋向于一个设计完美、可以完全控制的世界，一旦它失去控制，就会像野马脱缰一样，产生大屠杀这样的副产品。如果我们仍然盲目迷信现代文明，类似大屠杀的社会灾难将会越来越近。

世界将变成一个麦当劳？

麦当劳的规则逐渐主宰了人类社会的诸多方面。化着小丑妆的麦当劳大叔正在把整个世界变成一个麦当劳。

当耶路撒冷第一家麦当劳快餐店开业的时候，美国驻以色列大使因迪克曾经头戴一顶印有麦当劳金色“M”标志的棒球帽参加典礼。当时有一个十几岁的以色列男孩走过来问道：“你是大使吗？我可以得到你的亲笔签名吗？”因迪克大使欣然同意，可是当他正准备在孩子的帽子上签名的时候，男孩忽然问：“麦当劳大使要做些什么工作？是在世界各地主持麦当劳的开业典礼吗？”因迪克停下来看着这个男孩说：“不，不，我是美国大使，不是麦当劳大使！”两人面面相觑。停了一下，因迪克大使问那个孩子：“你不再想要我的签名了吗？”这个孩子失望地说：“是的，我不要了。”然后拿着帽子走开了，留下因迪克大使尴尬地站在原地。

美国大使在孩子眼中敌不过麦当劳大使，这简直是一个笑话。然而麦当劳这个全世界最大的快餐连锁公司的确如同一只巨型的章鱼一样，正在把自己的触角伸向全世界每一个角落。美国著名杂志《经济学人》甚至通过比较麦当劳的巨无霸汉堡包在世界各地的售价来调查一个国家的生存成本是高还是低，货币价值有没有被低估，并且将调查结果称为“巨无霸指数”。

当经济学家们惊叹麦当劳的商业奇迹，管理学者争相从麦当劳模式中汲取经验的时候，社会学家们的眼中却闪过一丝忧虑。美国马里兰大学社会学教授乔治·里泽认为麦当劳正在主导当代最有影响的社会进程，它的规则逐渐主宰了人类社会的诸多方面。化着小丑妆的麦当劳大叔正在把整个世界变成一个麦当劳。

麦当劳的秘诀

麦当劳为什么能够取得商业上的成功？简单地说，是因为它为顾客、员工以及管理者带来了高效性、可计量性、可预测性和可控制性。它的员工按照预定的流程像一台高效率的机器一样，有条不紊地为顾客提供方便快捷的食物。它所提供的产品，每一杯饮料、每一块汉堡都经过标准的计算，员工的每一个动作、每天的工作量也都被记录和监督。麦当劳不喜欢意外，不管是北京还是上海，汉堡的味道总是一样的，走进麦当劳的顾客完全清楚自己想要什么。它的员工整个的工作流程都受到高度控制，他们接受培训，只能从事有限的规定活动，管理者和监督者确保员工服从命令，从而生产出整齐划一的汉堡和薯条。

麦当劳的秘诀是一种充满理性的计算。很多人都非常推崇这种理念。在这种理念下，人们可以方便快捷地获得越来越多的商品和服务，同时受到时间和地域的限制要少得多，甚至用不着规规矩矩地在餐馆里等着上菜，只要坐在汽车里等着服务员把汉堡送过来就行了，既经济又实惠。商品可以量化，顾客不用担心缺斤少两。生产可以量化，生产商也可以很容易地对生产过程进行管理和评估，降低成本，提高效率。商品的质量也变得更加稳定。

像麦当劳一样的政府

其实麦当劳的秘诀就是现代社会的理性化原则。早在麦当劳诞生之前，人们就已经开始实践这些原则。官僚制度和纳粹对犹太人的大屠杀都是这种实践的先驱。而麦当劳则把这种实践运用到了顶峰。

我们今天习以为常的官僚制度很大程度上是现代西方世界的一项创造。尽管先前的社会也有类似的组织结构，但从未像官僚制度这样有效。在现在的官僚制度中，一项工作被分为几个可以量化的部分，交给不同的部门负责。各个部门的员工按照既定的规则和规章，按照一定的工作程序处理他们的任务。历史证明这是最佳的工作方法。人们可以高效地处理数以百万的文件；对工作成果有效地加以衡量；机构中的员工非常清楚每一步该做什么，一项任务什么时候开始，什么时候结束；在严格的规章制度之下，一切活动都按部就班，完全在控制之中。

社会学的开山鼻祖、德国学者马克斯·韦伯非常赞赏现代官僚制度，认为这是人类社会理性化的典范。但是他发现在这种理性化中，人们的基本人性被否定了，于是对其未来发展表示担忧。在他死后20年，他的担忧变成了现实。一场完全秉承官僚制度运行原则的可怕屠杀——纳粹对犹太人的大屠杀上演了。

麦当劳的影子

现在的人类社会中，无数的工厂、大学、保险公司、游乐园，甚至电影都在有意无意地学习麦当劳秘诀。

我们的大学教育正在向麦当劳靠拢。十几年前，大学生的考试方式是单独与自己的导师谈话，这是一个检验学生掌握知识情况的好办法，可是因为耗费时间和人力太多，被考试所取代。考试办法起初是学生提交论文，老师评分，仍然很费时间，于是又改为做选择题，由计算机根据标准答案来打分。学生们的全部学习过程都可以被总结为一系列数字。而教授们则必须每年在学术专业期刊上发表一定数量的论文，或者出版几部专著，从而证明他们有资格继续在大学里待下去。学校对上课、休假、教学内容、学习周期都作出了具体、详细的规定，使整个教学过程都处于可预测、可控制之中。

迪斯尼乐园也是一个高效率的系统。每天举行的交通指挥系统把数千辆车疏导到适当的停车场。司机听从广播的指挥停车入位，游客们根据明确的指示找到公园大门，随后便置身于一个很长的队伍中。这是一个有效的传统带，把他们从一个景点迅速送到另一个景点。一组清洁人员跟随在队伍后面，在第一时间将人们留下的垃圾清理干净，倒进地下管道系统以每小时60公里的速度送到垃圾处理中心。所有的游艺项目都有确定的时限，保证游客花20元钱一定能够在过山车上不多不少地翻江倒海5分钟。除了穿规定的服装外，迪斯尼还针对不同类型的员工们列出了一长串“能做的”和“不能做”的清单，保证整个游乐园像一部娱乐机器一样运转。

甚至连人类的生育都在向麦当劳看齐。生育目前很大程度上像工厂生产一样受到控制。现代医学可以非常有把握地采取各种方法让渴望成为母亲的女性怀孕，甚至可以预测和控制胎儿的性别。胎儿发育的全程都处于医生的监控之中，如果发现存在缺陷就可以进行人工流产。分娩的过程也被标准化，孕妇以指定的姿势躺在指定的位置上，在特定的时间服用镇静剂，由医生像组装产品一样将婴儿取出来。随后这个婴儿还会被从5个方面，比如心率、肤色上打分。

麦当劳的噩梦

麦当劳凭借四大法宝横扫社会各阶层，但是它却存在着一些严重的缺点，反而成为人类进步路上的噩梦。

高效率的系统没有给想象力留下任何空间。为了保证可预测性和可控制性，想象力必须被竭尽全力地避免。从前幻想被看做是人们生活中的一种重要品质，但是在理性化的过程中，这种悠然自得和缺乏目标的东西丧失了。而且你在任何地方都能用同样的方式获得同样的商品，不用再想象什么意外的惊喜，“神奇”不见了。

麦当劳最受诟病的地方是其非人性化的过程。有人极端地说，“任何一只被训练过的猴子都可以掌握这项工作”。在这个系统中，很少允许员工充分发挥他们的技能和创造性。人们在高速运转的流水线上不断重复着简单劳动，这是一幕可怕的工作场景。而顾客们也仿佛在一条装配线上，他们要按照固定的程序，从固定的菜单上简单选择几样，领取食物之后自觉地快速吃完，就仿佛饲养场里的牲畜。

麦当劳将人们之间的沟通减少到了最低限度。员工与顾客的交流变得非常短暂，人人都很匆忙。而且员工们被训练得按照固定的剧本跟顾客说话，“欢迎光临”、“您好，需要点什么?”。麦当劳成功地适应了快节奏而没有人情味的社会。

麦当劳势不可挡?

麦当劳理念为什么具有如此大的魅力，甚至大有改变世界之势?社会学家们认为，整个世界变成麦当劳是人类文明现代化的结果。当人类变得越来越理性，对自己的行为计算得越来越精确的时候，麦当劳就出现了。

首先，麦当劳意味着更高的利润，更低的成本。无论个人还是组织都从麦当劳化中获益良多。其次，麦当劳理念与社会变迁也结合得很好。人们的生活节奏越来越快，流动性越来越强，快捷方便的服务更加受欢迎。

技术革新对于世界的麦当劳化也非常重要。科学管理、流水线、汽车、自动售货机、微波炉、监视摄像头、信用卡、自动取款机、计算机、互联网，这些技术奇迹使麦当劳化的生产和生活变得可能。

然而，麦当劳和它的追随者们在全世界的扩张却让很多人感觉如同一场噩梦。好在麦当劳终究无法统治整个世界，因为人类不会轻易放弃自己作为万物之灵的尊严，一定会在整齐划一之中寻找到个性，在简单重复中创造幻想。当人类文明跨越到新的阶段的时候，麦当劳也将成为历史上一段怪异的记忆。

告别“五马分尸”的时代

为什么过去的专制君主那么热衷于酷刑?为什么我们现在不那么做了?是因为我们变得文明了吗?未必。

相信你听说过“五马分尸”、“千刀万剐”、“扒皮揎草”之类的恐怖刑罚。在现代文明的曙光照耀全球之前，这种听起来就让人牙齿发冷的酷刑居然在世界各地都习以为常。到了今天，那种拿人不当人的惩罚措施早已消失，谁要是犯了罪也就是在监狱关几年，再也不用担心身体的哪部分跟自己分家。看起来我们变得慈善了。

可是有一个名叫福柯的法国哲学家偏偏要对这段自然而然的历史问个究竟：为什么过去的专制君主那么热衷于酷刑？为什么我们现在不那么做了？是因为我们变得文明了吗？未必。

一场恐怖的表演

1757 年 3 月 2 日，由于试图用刀刺杀法国国王路易十五，达米安被判决在巴黎教堂大门前当众处死。他只穿一件衬衣，手擎一个重达两磅的蜡烛，被马车送到格列夫广场。在早已搭建好的行刑台上，刽子手在他的胸脯、手臂、大腿和小腿的肉上施以钳烙之刑，并用硫黄烧他那只拿着刀实施谋杀的右手，在受刑处注入熔化的铅水、沸滚的松香、蜡和硫黄，然后就是五马分尸，他的肢体和身体烧成了灰烬，随风飘散。

这场惨无人道的折磨是血腥的、令人震惊的、惨不忍睹的。但是福柯没有满足于仅仅嗟叹犯人的悲惨待遇，他发现这场酷刑居然如同一场一本正经的戏剧表演。演员是刽子手和可怜的达米安，而观众就是广场上人山人海的看客。酷刑的每一个步骤就如同戏剧的每一幕，被设计得非常适宜观赏。而观众们也兴致勃勃，嘲笑刽子手的笨拙失误，为受刑者的表现喝彩。甚至还有小贩在人群中穿行，兜售小吃和饮料。如果仅仅是为了惩罚犯罪，为什么还要把酷刑变成一场公开表演呢？

福柯认为，在朕即国家的时代，犯法无异于对君主的人身攻击，制裁也必须针对罪犯的人身；只有对犯罪者以其人之道，还治其人之身，才能恢复权力的威严和健全。国王的身体实际上象征了最大限度的权力。而死囚的身体则象征最小限度的权力。前者战胜或报复后者的仪式只有在大庭广众面前进行，才能充分地实现各自的象征性意义。所以古代世界各地不约而同设计出了花样翻新的公开酷刑。通过在罪犯肉体上公开展示精心计算的刑罚，一度受到冒犯的君权终于非常“壮观”地恢复起来并以儆效尤。这是一种刑罚上的恐怖政策，使所有的人意识到君主权力的无限存在。

从酷刑到监狱

不过这种残酷的公开表演却很可能取得适得其反的效果。民众会感觉到自己受到了公开处决中那种不受限制的合法暴力的威胁。民众与君主权力的对峙暗中滋生。更重要的是，在公开的展示中，一旦观众对于处决产生不公正的感觉时，他们可能会对惩罚产生质疑，阻止惩罚的发生，甚至怀疑审判和审判者的合法性。罪犯也可能在看客面前诅咒法官，诅咒牧师和上帝，诅咒法律和君主，反而鼓励了一种对于权威和法律的冒犯和蔑视。这无疑与君主们强化权力的本意相悖。

于是，到了 18 世纪，一种新的、更具效率的措施开始取代酷刑，落到罪犯身上，那就是现代监狱。你可能觉得不以为然，因为监牢的历史由来已久，比如大仲马笔下的基度山伯爵，就曾经被关押在著名的巴士底狱里，周文王也曾经被商纣王关进名叫羑里的监牢中。但古代监狱与现代监狱根本不是一码事。古代监狱是为了犯人等待被审判或被处死而设置的，这种监狱只不过是犯人上法庭之前的拘留所，或者从法庭到刑场的中转站。古代的刑罚主要都是肉刑，轻则挨板子、打屁股，重则砍脚、割鼻子，最重的就是五马分尸、凌迟处死等五花八门的死刑，当然也有针对官员的流放等处罚，但这也没有明确的刑期规定。

而现代监狱则主要是一个有明确时间期限的犯人的服刑场所，在这种监狱中，犯人只要老老实实呆着就是在接受刑罚。他们不担心会失去身体的任何一部分，只是在一定时间内失去了自由，时间长短根据其所犯罪行而定。监禁可以说是最明晰、最简单、最公平的刑罚，它能够用时间来对刑罚进行精确地计算。监狱因此变成了一个隐蔽起来的刑场，再没有烙铁和撕心裂肺的呼喊，只有对罪犯的惩罚在无声无息地进行。

从酷刑到监狱的转变与隐藏在背后的生产制度变迁不无关系。在达米安被处死的年代，劳动力乃至肉体没有在工业经济中所赋予的那种效用与商业价值。简而言之，就是劳动力还没有进入商业。另外，当时疾病猖獗，瘟疫横行，死亡司空见惯，对于死亡的容忍也逐渐成为一种心理习惯。完全漠视肉体酷刑和处决的意识广为流行。

为什么后来人们对虐待肉体失去兴趣了呢？在可怜的达米安死后不到一个世纪的时间里，欧洲发生了巨大的变迁，资产阶级逐渐成为社会的主要力量。犯罪行为已经不再是对君主的挑战，而是对整个阶级的挑战。个人与社会的关系不再是一种对君主的效忠关系，而是演变成为对社会的契约关系。同时，资本主义发展对于劳动力的要求以及劳动阶级的不断发展，又导致绝大部分违背契约者仍将回到社会中来，所以必须对他们进行改造。因此，君主报复式的残酷暴行，合情合理地转变为一种社会制约——监狱。

一部高效率的机器

但是且慢欢呼，福柯认为，从公开处决到监狱改造的转变，其实只不过是从一种惩罚艺术向另一种毫不逊色的精巧的惩罚艺术的转变。在某种程度上，现代社会中的犯罪被看做是一种精神疾病，而法治将被看成是一种治疗行为，刑法的目的由公开的杀一儆百变成了隐蔽起来的强制治疗。

在现代监狱里，每个犯人都穿着同样的制服，有一个独特的编号，都要学习基本的劳动技能。每天有一次卫生检查，三次点名，每周有一次服装被褥检查。从早到晚哪一个时刻应该洗漱、吃饭、唱歌、劳动或是熄灯睡觉都有明确的规定。任何轻微的不服从行为都要受到严厉惩罚——单独禁闭。

他们在监管所中就像生活在一个精心设计、毫无瑕疵的惩罚流水线，而血腥、刑具和热闹的观众则不再出现。监狱守卫、医生、犯罪心理学家等一大批技术人员代替了以前的拷打者和行刑者。现在的惩罚是训导心灵而不是折磨肉体。国家不再炫耀权力，而是利用知识，通过剥夺犯人的自由和权利来起震慑作用。当他们走出高墙的时候，已经变成了强壮能干、甘心服从的农民或者工人。在 1848 年的法国，当革命的狂热激发所有法国人的神经时，与法国各地风起云涌的平民运动形成鲜明对比，著名的梅特莱监狱却比以往还要平静，由此可见监狱在训练人的心灵上取得了实效。

因此，监狱实际上是着眼于人的躯体的训练，通过锻炼躯体、组织和安排躯体活动的时间和节奏以便最终改造灵魂。监狱甚至“就是一架巨型机器”，罪犯就是等待机器加工的“原料”，监狱的工作就是将“原料”“粉碎”加工成“产品”。从国家权力的角度来看，与野蛮残酷、漏洞百出的公开酷刑相比，这种严密、细致的现代监狱制度其实效率高得多，成本也要低得多。至于人道不人道，恐怕还是次要的。

当人类告别了“五马分尸”的血腥时代，代之以有条不紊的监狱机器的时候，不要以为人们真的放松了对犯人的惩罚。与手持刑具的刽子手相比，监狱的高墙不过是一次与道德无关的技术升级。

挣扎在可怕的目光中

每个人都暴露在监视之下，并在其逼迫下改变自己的行为方式，成为社会的顺民。整个现代社会压根儿就是一个超级透明监狱。

奇异的大洋国

1949年，德国法西斯在欧洲大陆的肆虐刚刚结束。英国作家奥威尔为影射受美国影响的不列颠帝国，创作了一部名为《1984》的幻想小说，向人们描述了一个怪异的世界。

故事的主人公温斯顿生活在1984年的虚拟国度“大洋国”里。这个国家的统治阶级是“内党”，“内党”的领袖是“老大哥”。虽然从没有人见过老大哥，也不知道他活着还是死了，但是每时每刻都能听到他的消息和对他的颂赞。他的画像就张贴在大洋国的每一个地方。那画像设计巧妙，总能让你感觉到他的眼神能跟着你到处移动，画像下面还印着一行字："老大哥在看着你"。老大哥无所不在的凝视目光不由得让人窒息，所有大洋国公民如芒刺在背，不敢越雷池一步。

不过，更为可怕的还有另外一双"眼睛"。那是一块像毛玻璃一样的椭圆形金属板，叫"电子屏幕"，它被装置在办公室、楼道、公共场所和每一个党员的房间里。在任何"电子屏幕"看得到的地方，人的每一个表情、每一种行为和每一个声音都会被接收并传输到思想警察那里，早晨在床边做做健美操也会被众人得知。它甚至精细到可以接收人的心跳。平时无事，电子屏幕就没完没了地播送大军进行曲、政治运动的口号，或"第九个三年计划"超额胜利完成的消息。这些噪音由中央枢纽控制，个人无法关掉。这是一只永远睁着的眼睛和一张永远在讲话的嘴。

在大洋国，最重的罪行是思想罪。穿着便衣的思想警察混迹于人群之中。没有人敢保证自己明天不会被逮捕。醒着时你可以做到不说话，但你不可能控制自己不说梦话。小说中有个叫做派逊斯的党员，就是因为梦话被自己的儿子和女儿听见后报告给当局而被捕的。他失踪了，就像他从来没有存在过一样。在小说中，一个人如果失踪了，所有人便会强迫自己承认这样的事实：那就是根本没有过这个人。

人们在工作间隙有两分钟的仇恨时间。所有人这时必须放下工作来到电幕跟前。电子屏幕上出现了一个从党的最高层揪出来的叛徒、变节分子被丑化的嘴脸。站在电幕前的人群爆发出了控制不住的愤怒的叫喊。有人在歇斯底里地骂着"猪猡!"……

温斯顿是个良知未泯的人，他和他的情人黑发姑娘朱莉亚决心冒死去寻找地下革命组织兄弟会，以推翻老大哥的统治，但结果却双双入狱，受到地狱般的肉体与精神折磨，最后互相背叛，并接受科学的思想纠正训练。在完全摧毁了他们的反抗意志后，两人被释放，回到社会中去当驯服良民。温斯顿最后路遇朱莉亚时，他心如死灰，慌忙躲让。出于对往事的惊惧与后悔，他抓住啤酒瓶痛饮，并跟随观看电视新闻的大众们一起大呼“胜利”。在这一刻，屏幕上现出老大哥的伟岸形象，温斯顿发觉他已真心爱上了老大哥，并因此热泪盈眶。

“目光”似乎成了大洋国维护统治秩序、钳制人民的法宝。老大哥的目光无时无刻不在从任意一个角度注视着你；电子屏幕把你的一举一动都摄录下来，报告给警察；穿着便衣的思想警察则如同隐形人一般，随时准备逮捕出言不逊的人。大洋国不用血腥镇压，只要让每一个公民都暴露在毫无表情的目光之下，就可以轻松地消灭不安分的思想。

怪模怪样的圆形监狱

在经历了第二次世界大战的惨痛震撼，作家奥威尔试图通过这样一部幻想小说来提醒人们警惕超级大国可能利用全新的征服手段和统治技术来控制人们的心灵。但遗憾的是，“目光”这种统治技术早在人们刚刚迈进现代文明的时候就已经成为现实。

18 世纪末，英国的功利主义哲学家边沁曾经设计过一种怪模怪样的圆形监狱，非常充分地展示了现代国家如何试图通过“目光”来驯服与自己作对的不安定分子。这种监狱的基本结构是这样的：

四周是一个环形建筑，中心是一座眺望塔。眺望塔的塔墙上安有一圈面向环形建筑的大窗户。环形建筑被分成许多小囚室，每个囚室都贯穿建筑物的横切面。每个囚室都有两个窗户，一个对着中心眺望塔，与塔墙上的窗户相对；另一个对着外面，能使光线从囚室的一端照到另一端。

在这座圆形的监狱里，因为逆光，位于囚室中的囚徒只能被观察，而无法知道谁在观察他，也不知道自己什么时候会被观察。于是没有了白天与黑夜的更替，全天 24 小时囚犯都在囚室里接受光线的考验。无论是愤怒、狂躁、狡诈、懦弱、龌龊还是悔改等，都无一能够逃过监视者的眼睛，就如同关在动物园里的野兽。

而狱警则可以在任何时间端着饭盆，刷着牙，从眺望塔内把囚徒的一举一动窥探个够。没有任何一点声音，任何一束光线会暴露他的踪迹。塔楼上的面孔越是不可知，囚徒们越是紧张、恐惧。这样在圆形监狱中，中心眺望塔只需安排极少数的狱警，甚至一个就够了。他像医生一样，记录下每一个囚徒的每一个行为，然后按照科学的方法对症下药，要么鼓励服从，要么纠正错误。

20世纪80年代法国哲学家福柯认为，在这种监狱中，国家权力可以如水银泻地般地得到具体而微的实施，而又只需花费最小的代价。不需要武装、肉体暴力或物质约束，只需要凝视。这种凝视关切地进行监视，每个人都感受到了它的分量，即使没有了监督人员，犯人心里也仿佛有着一种始终有一种监视的感觉。其结果是制造出训练有素的、“驯顺的”肉体。

当被监督者时时刻刻处在警觉之中时，当他因为不知名的监督者的存在而惶恐不安时，他实际上已经可以自动地按照各种规章制度来约束自己，管制自己，不敢轻易造次。于是这古怪的“圆形监狱”大大降低了国家行使权力的成本，增强了效果，实现了低投入、高产出。更重要的是国家权力时时刻刻都可以发生作用。

大洋国就在你身边

也许你不相信，尽管当时这种圆形监狱因遭英国国王和议会的反对而搁浅，然而在人类逐渐步入现代的几百年间，这种在监狱中发明的“目光”居然渐渐成为整个人类社会方方面面争相模仿的先进经验。它可以用于改造犯人，也可以用于医治病人、教育学生、禁闭疯子、监督工人、强制乞丐劳动……凡是要跟一群人打交道而又要给每个人规定一种特殊的行为方式时，就可以使用这种经验。

学生在课堂上受到纪律的约束，不敢嬉闹、喧哗；工厂里的工人受到监工的管制，不能消极怠工；军营中的军人必须遵守军纪，按严格的程序操练，等等。购物中心和夜总会的监视镜头、各行各业的保安和警察，甚至日常生活中的每一个人都在起着某种类似的监视或注视作用。

好莱坞著名导演弗兰克·卡普拉曾经回忆自己的童年时代，“整天在橄榄油厂难闻的雾气中站立着……用飞快的双手把标签贴到她从无尽无休的流水线上机械地拿起的罐头上：罐头，罐头，罐头，随着咣当作响的链式传动带发出的女巫般的格格狞笑声，丁零当啷、摇摇晃晃地驶过来……”在暗无天日的血汗工厂中，在边沁的“圆形监狱”中，人已经被驯化成动物或变成机器。

我们自己对自己监禁，而且心甘情愿，习惯于被监视。学校，公司，其他机构，都好似圆形监狱。在这个社会当中，每个人都暴露在监视之下，并在监视目光的逼迫下改变自己的行为方式，成为社会的顺民。一旦坚信监管人的目光时时追随着他们，被监禁者绝对不会按照自己的意愿去行事。由此，被监管者就没有机会将其意志付诸实践，久而久之，他们的意志也将因长期不用而削弱衰退。

奥威尔当年只是担心人类会成为专制帝国的奴隶，于是创作了《1984》这部警世寓言。可是谁也没有想到，大洋国居然成为全体人类跨入现代文明后的梦魇。挣扎在目光之下的人们该何去何从？

发生在幼儿园里的恐怖事件

> 幼儿园里发生的事情，熟悉又令人毛骨悚然。正如启蒙思想家卢梭所言：“人生而是自由的，但无往不在枷锁之中。”

2006年，一部“幼儿”电影引起了广泛的关注。尽管这部名为《看上去很美》的电影只不过讲述了一个名叫方枪枪的顽童在幼儿园里的种种可笑的糗事，评论界却普遍将其视为一个成人世界的尴尬寓言。

没有个性的幼儿园

20世纪70年代某一天，一个4岁的顽童被父亲硬拖着一路走过石雕栏杆、红墙、木栅栏……他哭喊着试图抓住石柱，最后还是被父亲抱起来，强行送进我们每个人都曾非常熟悉的幼儿园。这就是影片的主人公方枪枪。

刚刚踏进幼儿园，方枪枪就遭遇了一场围攻。李老师和小朋友们一起按着，剪掉了他脑后那条个性化的小辫子，代表着个性化的一个符号就此被抹杀了，方枪枪被推进了幼儿园大一统的集体生活中。

在这个幼儿园里，一切都整齐划一，秩序井然。晨起大便，男孩、女孩分别排成一溜。在敞口厕池上站好后，老师下令：1、2、3，请蹲下。30多个小朋友自动撩衣服撅屁股，一齐努力便便。洗手后，孩子们高举双手，像投降一般接受老师的检查。吃饭时“加饭举右手，手掌伸直；加汤举左手，握成拳头”。饭后，小朋友们拉着绳，串成一串，散步。老师以哨音做记号，指挥小朋友迈步。临睡前一个不落地用同一条毛巾洗屁股……

从早到晚方枪枪都不断被告知“不许这个，不许那个”：吃饭不准说话，不许站起来；必须吃饭前上厕所，不准吃饭中间拉屎拉尿；听老师教歌时，不准放屁。所有的孩子都像被圈养的动物一样备受压抑，他们身上穿着一模一样的棕色制服，好像监狱里的犯人一样接受改造。

更可怕的是，孩子们时时刻刻处于被监视之下。李老师不但在睡觉时监控着方枪枪的行为，而且为孩子们盛饭时也没放过对方枪枪的监视。幼儿园的休息室，偌大的一个房间被若干个小床分割开来，教师站在房间的窗帘外可以看见孩子睡觉时的一举一动，并不时地在旁边发号施令：“睡觉不许说话，不许站起来！”在这里，权力的监视无处不在，被监控的孩子却无法看到窗外的老师。正如同监狱瞭望塔里的警卫可以看见小囚室里的囚徒，小囚室里的囚徒却无法看见瞭望塔里有谁在注视着他。

威力十足的“小红花”

怎么才能把孩子们一个个训练得如同小机器人一样呢？打骂体罚肯定是不允许的。幼儿园老师有一件神奇的法宝——“小红花”。

这是一套成熟的奖惩管理机制。如自己穿衣服，可以得到一朵小红花；一起上厕所拉屎，并拉出屎来，可以得到一朵小红花；洗手，可以得到一朵小红花；睡午觉，不说话，可以得到一朵小红花；晚上睡觉不尿床，可以得到一朵小红花……连续五天每天都得五朵小红花的小朋友在下周就可以当班长。老师每天宣读评比结果，表现好的小朋友会得到奖励——获得小红花并作为榜样，成为大家学习的对象；而表现差的小朋友就会受到惩罚——不仅要被扣掉小红花，还要作为"落后分子"，成为大家帮助的对象。

随着一次又一次目睹老师奖励小红花，扣掉小红花，方枪枪渐渐意识到小红花是个好东西，有了它自己就是一个好孩子，老师、小朋友就会喜欢自己。他开始觉得自己也应该争取得小红花。

他自觉地站进队伍里，乖乖地跟小朋友们一起吃饭、睡觉、上课。为了得到一朵小红花，怎么努力也拉不出屎来的方枪枪甚至坚持到最后也不肯站起来。这个时候的方枪枪已经换上了跟大家一样的棕色制服，仿佛已经脱胎换骨。他望着小黑板幸福地幻想着，好像看到自己的名字后面一下子贴满了小红花。小红花的确拥有神奇的力量。

然而不管怎样努力，方枪枪最后还是得不到小红花。他被命令当着全班小朋友的面练习脱衣服，却被那件仿佛和李老师一样讨厌的套头衫束缚得无法动弹。他胳膊高高地举在头顶上，露着两排可怜的小肋骨，从套头衫下面艰难地望着大家，问："今天我自己穿衣服，自己洗手，还使劲拉屎，为什么没有小红花？"

然而，在小朋友们眼中神圣的小红花，在老师那里只不过就是一片纸而已，在需要的时候完全可以随便送给谁一朵。当汪若海的父亲后勤部汪部长来访，看到自己的孩子只有一朵小红花而显得不高兴时，殷勤的老师立刻就给他添上了一朵；而方枪枪"奋斗"多时也没有得到的小红花，只因汪部长的一句话"这个小朋友怎么一朵小红花也没有啊？你们可要多帮助帮助他呀！"，也成为了现实。

没有希望的反抗

当看到自己仅仅因为汪部长的一句话便获得了小红花时，小红花的神圣光环在方枪枪心中破灭了。他不再为一朵小红花而努力拉屎，不再为一朵小红花而尽力克制不尿床……他不愿再让一朵小红花束缚住手脚，不愿再为得到一朵小红花而压抑天性、牺牲自由。

在“老狼老狼几点了？”游戏中，方枪枪对其规则大声质疑——为什么小朋友们一定要逃走呢？狼吃小羊，应该把它打死！有趣的是，在这个游戏当中，老师们扮演的是狼的角色，而不是牧羊人。

而影片中的其他小朋友也并不是任由权力塑造和摆布的对象，他们遵守却从未放弃过对这些纪律的抵制和厌恶。那些乐意服从纪律的模范生无一例外遭到同伴的排斥——他们是老师的“宠儿”、谄媚者、令人讨厌的人。所以那个每天都得五朵小红花的于倩倩后来不仅撕破了衣服当众出丑，而且被大家认定是李老师变出来的小妖怪。

影片发展到高潮，出现了一次规模惊人的暴动。因为李老师在课堂上模仿大猩猩，其丑怪程度让小朋友们面面相觑，“李老师是妖怪，专吃小孩”的流言便开始不胫而走。暴动在深夜进行，小家伙们密谋把鞋带连起来去捆李老师，在惨绿的光线中他们蠕动着包围到李老师的床前。那是一次充满黑色幽默的反抗，最后的结局必然是失败。“我们打不过李老师，就算我们一个班合起来也打不过。”方枪枪丧气地说。

方枪枪想离开幼儿园。园长和蔼地对枪枪说：“方枪枪，你不要认为离开了幼儿园就是特别高兴的事情。……等你长大了就明白了，知道吗？”校长说的似乎是实情。在影片末尾，方枪枪愤然跑出幼儿园大院。在喧天的锣鼓声中，他看到一群和他们一样列队前行的叔叔阿姨，昂首挺胸却神情麻木，胸前佩戴着鲜艳的“大红花”。方枪枪失望地发现，原来园里园外都一样，到处需要“小红花”来证明自己。他现在可以不要小红花，但长大后是否还能继续拒绝这无比醒目的大红花呢？

现代社会的悲剧

《看上去很美》这部片子通过展现儿童世界的生活秩序，揭示了成人世界的游戏规则。

现代社会是建立在理性基础之上的，但理性面孔是冷酷的，它追求秩序和稳定，追求整齐划一。训练人们学会遵守秩序的最有效途径莫过于军事化管理。于是，现代社会处处向军队学习。

军队、医院、监狱等机构与学校、幼儿园有一个共同点，它们是规训人的肉体和灵魂的理性机器。最后的结果是，人的自由主体、独立人格不断受到扭曲和矫正，天性遭到斧斫和打磨，“真我”渐渐远去，人成为理性制度的附庸和工具，一步一步地被驯化为“听话”和“服从”的人格。像方枪枪一样“不听话”的孩子总是被社会视为异类，必将受到权力机构的冷漠、轻视和惩罚。

而且理性还常常以伪善的面孔、冠冕堂皇的理由出现，以掩盖其强制性规训的残酷目的。例如，李老师对小朋友说：“小朋友要养成每天早晨上厕所拉屎的习惯，这样可以把头一天我们身体里的脏东西拉出来，肚子里才没有虫子。”这就像人们在社会生活中被以种种冠冕堂皇的理由限制天性一样。

方枪枪朝思暮想的小红花，乍一看是幼儿园老师哄小孩子的把戏，其实，成人世界中又何尝不是如此呢？遵循规则，表现好可以评先进；工作好可以得奖励；达到相应标准可以评职称；符合一定要求可以评市级、省级、国家级优秀……假若违犯规则，不仅会丧失一切评优评先的机会，还会受到惩罚。因而，人们循规蹈矩，小心翼翼不违犯“游戏规则”，努力争取获得尽可能多的“小红花”。

不论是儿童世界的小红花，还是成人世界的大红花，它们都与个人价值的实现紧密相连。然而，大大小小的“红花”所代表的自我价值却很可能是虚伪的。方枪枪作出百般努力想得到小红花，还抵不上后勤部汪部长的一句话。实际上，只要你拥有了权力，也就拥有了真理。

方枪枪试图反抗这种可怕的理性社会，可是却完全失败了。他想要逃离，却发现外面的世界不过是更大的幼儿园罢了。当他们离开幼儿园以后，只会发现小学、中学乃至大学都只是另一种层次的另一轮规训。他们被告知要成为告密者、监视者、合作者、顺从者……否则很快就会看到权力不温和的一面。

人类制造了钳制自己自由本性的社会，并且赖以生存。失去了自由就无谓"人"的存在，然而一旦逃离社会游戏规则之外，人又能往哪里去呢？这是理性造成的灾难，也是现代性的悲哀。正如启蒙思想家卢梭所言："人生而是自由的，但无往不在枷锁之中。"

现代人的消费噩梦

> 有时候，一个男人可能无法理解：是因为他是有男子气概的人所以才使用完全贴合面部的飞利浦剃须刀，还是因为这把剃须刀使他成为有男子气概的人。

奇怪的广告

一片发黄的枫叶从窗外飘落进了正在装修的新房，掉进了"全效合一"立邦漆桶内；正在玩耍的小女孩儿好奇地从桶中拾起被漆染红的枫叶，而这片枫叶却又神奇地从她的手中飘走了；顺着女孩儿追寻的目光，这片嫣红的枫叶先飘向湛蓝的晴空，后又降临在黄叶翻飞的街道，随即又被风卷上疾驰而来的汽车的刮雨器，带出城市；返回原野后，这片枫叶又在崇山峻岭的上空飘荡，经历了秋雨，遭受了冬雪，然后飘飞到春光明媚的田野，在潮湿的泥路上被牛车碾压，被车轮扬进澄澈的水塘中……最后，这片漆染的嫣红的枫叶，又飘到城市，落到小女孩儿的手中，在她欢快的笑声中，画面推出立邦漆的标志图案。

看着这则广告，在陶醉之余你有没有感到什么地方不对吗？为什么一则油漆广告没有宣扬自己多么不易褪色，对健康毫无损害，却费尽心思地讲了一个美妙隽永的童话，描述了一个人与自然亲切对话的世界呢？其实立邦公司心里清楚得很，与他们生产的油漆联系在一起的美丽幻境比油漆的质量更能吸引你去购买。

上个世纪70年代开始，社会学家们就已经开始注意一个奇怪的现象——19世纪以前，人们是为了满足基本的生存需要而购物。而第二次世界大战以后，人们购买某种商品不再是为了它的使用价值，而是为了寻找某种“感觉”，体验某种“意境”，追求某种“意义”。

大街上，我们随处都能见到染着各种颜色头发的女孩子，她们并不需要染料的“营养”——那东西甚至是有毒的，只是因为她们相信染头发意味着时尚、朝气、青春，希望通过染的头发给别人一种印象：她们是时尚、朝气、青春的女孩子。

同样，很多人购买“脑白金”的时候，其实根本不知道那里面含有些什么，是否适合自己父母的身体。但是他们还是去买来送给父母，因为他们相信这意味着他们“孝敬爸妈”。

染发=青春，脑白金=孝敬，人们似乎不是把商品当商品消费，而是把商品当做符号消费。正因为如此，很多广告在宣传自己的产品时，并不热衷于告诉消费者自己的品质有多么优良，而是努力把这种产品与某种人生形象结合起来，穿“才子”西装就能“赢天下”，选择“李宁”运动服就会“一切皆有可能”，“金莱克”代表“信自己”，“美特斯邦威”代表“不走寻常路”，喝了“太太”口服液就会拥有十足女人味，喝了“冰纯嘉士伯”就可以“自我释放”，如此，等等。人们在对某种生活方式、社会地位和自我形象的期许和认同中，不知不觉地把对这种商品的拥有作为身份认同的一部分。

有时候，一个男人可能无法理解究竟因为他是一个有男子气概的人所以才使用完全贴合面部的飞利浦剃须刀，还是这把剃须刀把他变成为一个有男子气概的人。

消费什么，就是什么

更重要的是，很多时候每一种商品的符号及其意义都变成了消费它的人们的品位、社会地位、身份等的代表和象征了。于是，“我是谁”是通过我消费什么来界定的，你像王子一样消费，那你就是王子。

正因为如此，许多年轻人使用名牌手机、穿名牌服装、戴名牌手表、上名牌餐厅、喝名牌饮料……2 000 元月薪，敢买 1 800 元的皮包；吃上百元一份的牛排，银行卡上经常只剩几十元——成了挣得不少，花得更多，有钱时什么都敢买，没钱时便一贫如洗的“新贫族”。他们根本是消费这些名牌的符号，以表明自己的身份。从 LV 手袋到 Burberry 香水，从全钻劳力士到钛金手机，从正宗哈瓦那雪茄到手工定做的劳斯莱斯，人们不顾一切地购买，买下一切。人们似乎是为商品而生活。

汽车则是这种身份符号的集大成者。一个人打开劳斯莱斯的门，脚从车门里缓缓落下，就像掉下一个闪着金属光芒的零件，这时你会觉得这是一个有地位的人，有身份的人，是一个成功的人。

不同的汽车也将开车的人拉开差距。人们购买“宝马”轿车而不是购买“宝来”轿车，并不是因为“宝马”比“宝来”好到哪儿去，而是因为前者要比后者处于更高的地位，标示出不同消费群体的地位。从这个角度去观察，汽车某种程度又不是汽车，而成了某种摆设和道具。

时尚业兴旺发达的奥秘就在于不断制造新的符号，强制取代旧的符号，低腰裤或者蓬蓬裙，去年还很时髦，今年就可能落伍过时。谁愿意以落伍的形象出现于人前呢？于是女人们总是抱怨，满衣橱的衣服但永远少一件，这样一来，温饱无虞之后的人们开始买花样翻新的时装，买新款的手机……始终沉浸在对符号的追求中，消费永远也得不到满足，哪怕这些新变换的商品是他根本不需要的，因为他们害怕自己会在消费上落伍从而引起社会地位的下降。

电视剧《中国式离婚》里的林小枫总是不断地督促丈夫去挣钱买车、买房，让儿子上名校，以求心理平衡。有人说林小枫的离婚是她咎由自取，谁让她那么虚荣、世俗呢？可是她所走的每一步都是难以避免的。现代社会的人们必须通过购物求得心理的平衡感，通过拥有他人所没有的东西求得心理优势和自信。消费成为一种天经地义、无可厚非的必需。

虚幻的世界

在美国电影《黑客帝国》中，未来世界的人们生活在一个虚拟影像中，整个世界只不过是在一个巨大的计算机制造的程序中运行。墨菲斯对尼奥说："真相是你是一个奴隶，尼奥。你，和其他所有人一样，生来受奴役……你给关在一所监狱里，这监狱你无法闻及，无法品尝，无法触摸。这是你头脑的监狱。"现代社会中的消费者所追求的，又何尝不是由商家和广告共同营造的虚幻世界呢？

现代人环顾左右，用了某种牙膏，消除牙龈上火，全家人就可以幸福地野炊；用了某种感冒药，就可以让父母和孩子快乐地共享天伦之乐；吃了某种口香糖，口气清新，你就能拥有良好的人际关系；喝了某种酸奶，不顺心的事情就全部烟消云散；驾驶某种汽车，你就随心所欲，拥有自由；乘坐某个航空公司的航班，你就游遍世界奇幻美景……商品对你低声耳语，只要你选择了"我"便无所不能，制造出一个乌托邦梦想。

富贵、浪漫、时髦等象征价值就像幽灵一样附着在商品之上，令人陶醉。但是商品就是商品，除了拿来吃，拿来用，不能改变你人生的任何事情。这样的世界与《黑客帝国》有什么区别呢？

有些人说，我要冲破世俗，活出自己，别人西服革履，我肥裆波鞋，别人开跑车，我踩滑板，别人听交响乐，我玩摇滚。这总算不虚幻了吧？不幸的是，波鞋、滑板、摇滚同样是代表着某种意义的商品，你突破了一个正统的、高尚的虚幻世界，以为自己有个性，其实却落入了另一个所谓的休闲、洒脱、前卫的虚幻世界。

消费是一张无所不在、密密麻麻的网，而人不过是黏附在网上的飞蛾，想要挣脱这张网却慢慢被蚕食。大规模的商品消费，不仅改变了人们的衣食住行，还改变了人们的社会关系，改变了人们看待这个世界和自身的基本态度。

先当仆人，后当领导

站在金字塔尖上发号施令的领导谁都会做，但那肯定不是成功的领导。好的领导应该像一个齿轮一样，通过自己的努力带动周围无数的齿轮，从而使整个机器轰鸣前进。

半途而废的探险

有一部名为《东方之旅》的短篇小说，讲述的是一群人探索东方的神秘旅程。故事的主人公名叫里奥，是一位随探险队员出征的仆人。里奥爱团队里的每一个成员，关心他们，希望他们能专注目标而不必被琐事打扰。他负责安排所有的行程，尽心完成一个仆人的职责，不仅用自己的辛勤劳动为探险队员端茶递水、整理行装，而且用他快乐的歌声和顽强的意志为探险队员消愁解闷、排忧解难，让所有的人能够完成每天的路程。里奥提供的服务和支持是那样的心甘情愿与和谐自然，以至于人们没有意识到他存在的真正价值所在。

可是有一天，里奥死了。所有成员只能尝试自助，但是没有了里奥，一切都是那么的混乱。成员间变得充满敌意，因为小事而气氛火爆，完全没有信心完成前面不可预知的路途……探险之旅被彻底放弃——因为没有里奥的服务与支持，探险队连一天也不能维持下去。

故事到此并没有结束。在经过多年的迷惑不解之后，一位探险队员，也就是故事的讲述者，意外地发现，原来里奥就是那次探险活动资助方指定的领导。令人惊讶的是，他却选择了扮演卑微的“仆从”而不是颐指气使的“领导”的角色！

20世纪60年代，美国管理学家格林里夫偶然读到这部小说，大受启发：为什么这个探险队缺了那个“仆人”就会崩溃瓦解？为什么明明是掌控探险方向、维系队员团结的领导，却被所有人当做仆人？

也许一个杰出的领导就是应该像个仆人一样？

有了这些思考，格林里夫便提出了自己的“仆从领导”管理理论，并且将自己的管理学研究中心命名为“格林里夫仆从领导中心”。

领导首先是仆从

仆从领导理论刚刚提出的时候，并未引起人们的足够重视。因为在上千年的人类文明发展史上，领导从来都不是一般人。

最古老的领导是天神式领导。如西方神话中的宙斯，东方神话中的玉皇大帝。他们神明、聪明、威严、强大、威猛，高高在上，俯视人间，是宇宙、人生、社会的最高主宰，其权威、公正与合法性是不容置疑的。

后来，人类拥有了神奇式领导。如中华民族的“秦皇汉武”、“唐宗宋祖”，俄罗斯民族的彼得大帝，法兰西民族的拿破仑，英格兰民族的丘吉尔，美利坚民族的罗斯福。他们的非凡品格、非凡能力和非凡业绩，获得了追随者的信奉与崇拜，并成为一个民族、一个国家精神力量的象征。他们的权力同样是不容置疑、难以抗拒的。

在现代商业社会，出现了传奇式领导。如松下公司的松下幸之助，台塑企业的王永庆，通用电气的韦尔奇，微软公司的比尔·盖茨。他们是具有远见卓识的创业者，是使企业起死回生的著名企业家、具有重大技术发明与管理创新的后起之秀。他们独特的、传奇式的经历，使他们在自己所擅长的领域具有无可匹敌的权力与威望。

显然，一个如仆人般谦卑的领导与人们惯常的印象不符。然而，20 世纪 90 年代，随着“安然丑闻”的披露，宗教人士性骚扰案真相大白，红十字会、救援队等一贯道貌岸然的组织也卷入丑闻，西方人的内心世界遭遇了一记重锤。原来大家都不是神，不过是普通人而已。那么失去了光环的领导又当如何？

于是，仆从领导理论的价值被人们重新发现，并被作为医治“世纪之病”的社会良药。仆从领导理论认为，领导不是无所不能的天神，不是光耀史册的帝王将相，也不是具有传奇色彩的英雄，领导首先是仆从。

曾经有一位女学员在接受培训的时候，描述了自己的亲身体会：有一天早晨，她发现自己的邻居在下楼时把每家每户门口的垃圾袋都拿到楼下，她非常感动。第二天她也开始帮助邻居倒垃圾。逐渐地，在这个社区出现了越来越多的热心人。她们没有使用任何权力，却让越来越多的人自觉自愿地作出改变，为他人付出。她们在服务他人的过程中，也无意识地获得了他人的追随。那么，她们是在服务他人，还是在领导他人呢?

有些学者甚至追溯到了耶稣身上。据《圣经》记载，在一次布道过程中，耶稣向弟子们谕示自己不久将面临死亡。弟子们于是为谁可以成为耶稣的接班人、占据高位而争吵不休。耶稣只好召集众弟子然后对他们说："欲成汝辈中伟大者，必为汝等之仆从。"在耶稣看来，"伟大"与"仆从"之间是一种同义互换。他自己就曾经为减轻弟子的旅途劳顿，亲自为他们洗脚。

这种通过为别人服务而获得追随的领导才是真正的领导。因为领导的职位可以被罢免或者撤销，可是为别人服务而产生的领导力却没那么容易被消除。

500 强企业的秘方

很多成功的大企业都将仆从领导理论视为管理经典。在 2001 年《财富》杂志公布的"最值得为之工作的美国 100 家公司"中，有 21 家是倡导仆从领导企业文化的公司。

仆从领导理论告诉人们这样一种真切而朴素的观念：每一个人都需要服务，然后，他才希望得到引导。当人们得到一个人的服务和引导时，他们转而会服务、引导更多的人，通过一个人的服务来驱动十多个人的服务，由十个人的服务来驱动上千人的服务，由上千人服务来驱动上万人的服务，最后是服务于消费者、股东和整个人类社会。因此，一个最有益于组织发展与社会进步的领导，首先必须是一位诚心诚意为他人服务的仆从。

在 2002 年《财富》杂志公布的世界 500 强企业排名中，位居榜首的世界零售业巨头沃尔玛就是如此，它要求"每一位经理都成为仆从领导”。有人撰文指出：“在沃尔玛，领导与文化是合而为一的。成为一个领导就意味着成为一个仆从，其角色就是全力支持在一线为顾客服务的员工，这成为管理层一切决策与行动的根本动力。”

仆从领导会在其权力范围内，尽其最大努力来培养、促进雇员的个性方面、职业方面、精神方面的成长与进步。仆从领导的最高目标是“人人是领导”。因而，那些成功地培育了仆从领导文化的企业，往往是那些每一个员工受到高度激励、激情高涨的企业。

美国西南航空公司的总裁赫伯·凯莱赫对顾客和员工有一种发自内心的重视与关爱。他似乎能记住他遇到的每一个普通员工的名字。他把自己在CEO岗位上的一半时间花在了对顾客和雇员身上。在面临着被竞争对手打败的危险之时，赫伯·凯莱赫给他的每一位员工写了一封信，要求他们每人每天为公司节约5美元。员工们不仅做到了，还想出了飞机上不供应饮料、乘客自己找座位、登机牌反复使用等节约成本的方法。正因为如此，西南航空公司才能在遭受“9·11”事件严重打击的美国航空业界中一枝独秀。

站在金字塔尖上对着下面发号施令的领导谁都会做，但他肯定不是一个成功的领导。一个好的领导应该像一个齿轮一样，通过自己的努力带动周围无数的齿轮，从而使整个机器轰鸣前进。中国人几十年来一直呼唤“人民公仆”，恐怕反而是西方人领悟到了这个词的真谛。

谁是倒霉的替罪羊？

> 人越是残酷地对待承担了自己罪恶的“羊”，在道德上就越认为自己是高尚的。正因为如此，人们总是一次次地寻找倒霉的“替罪羊”。

在基督教的《圣经》中有这样一个著名的故事：上帝为了考验以色列人的首领亚伯拉罕的忠诚，叫他把他的独生子杀了作牺牲，献祭给自己。正当亚伯拉罕要拿刀杀他的儿子时，有个天使加以阻止，说："现在我知道你是敬畏上帝的了，前面林子里有一只羊，你可用来'献祭'上帝。"于是，亚伯拉罕便把小树林中的那只山羊抓来杀了，代替他的儿子。

由此，古犹太人形成了一个传统，把每年的7月10日定为"赎罪日"，并在这一天举行赎罪祭。仪式是这样的：先牵来一头公羊和一头公牛，用公羊和公牛的血作为赎罪祭品。再牵来一头活山羊，由大祭司将双手按在羊头上宣称，犹太民族在一年中所犯下的罪过已经转嫁到这头羊身上了。接着，便把这头替罪羊放逐到旷野上去，即将人的罪过带入无人之境。但是这只带走人类罪恶的无辜的羊，通常还没逃到荒野就因遭到仪式的参与者们的残酷折磨而死掉了。"替罪羊"一说由此传开。

神话中的替罪羊

犹太人的这种做法听起来挺可笑的，然而在许多古代民族的早期历史中其实都普遍存在这种"替罪羊"，只不过倒霉的未必是羊，很可能是一个人。这是因为，在社会出现危机的时候，杀害或象征性地杀害一个或一群替罪羊，虽然不能真正解决问题，却可增进社会的凝聚力，缓解民众的恐惧心，重建政府的合法性，以少数人的死亡换来整个社会的安宁。甚至有学者认为，任何一个社会共同体在其初始创建时，都需要有一次伟大的替罪羊事件，而每个民族和宗教的创世纪神话的核心，都是一个替罪羊神话。

在古希腊神话"俄狄浦斯王"中，四处流浪的英雄俄狄浦斯解开了狮身人面兽斯芬克斯之谜，成为忒拜城邦的国王。可是当城邦不断发生灾祸和瘟疫的时候，人们开始寻找原因，认为原来是俄狄浦斯杀害了自己的父亲，并且娶了自己的母亲，犯下了不伦之罪。于是俄狄浦斯就成了自己城邦的替罪羊，自己刺瞎双眼，流浪他乡。他的城邦也安然度过了危机。

华夏民族的创世纪神话也是典型的替罪羊仪式。传说中的黄帝与蚩尤的大战非常神奇，蚩尤有81个兄弟，他们全是猛兽的身体，铜头铁额，吃的是沙石，凶猛无比。而黄帝则驯养了熊、虎等6种野兽，打仗的时候放出来助战。蚩尤请来了“风伯雨师”助战。黄帝也不甘示弱，请天女帮助，驱散了风雨。蚩尤用妖术制造了一场大雾，黄帝则发明“指南车”来引路。最后蚩尤被杀，头和身子分别葬在相距遥远的两个地方。有学者就认为，其实这场神魔大战并不存在，蚩尤只不过是在一场像演戏一样的巫术仪式中担任了替罪羊的角色罢了。这场仪式非常成功，从此华夏族开始成形，繁衍滋生几千年。

寻找共同的敌人

一个社会共同体的建立，离不开社会共同体成员的凝聚和团结，而激发和维持共同体成员认同感的最佳手段莫过于“同仇敌忾”：对共同敌人的仇恨和排斥。为此，为了共同体能够存在，没有敌人也要找出一个敌人，找不到敌人也要想象出一个敌人。从这个意义上讲，替罪羊仪式其实就是一个寻找敌人和创造敌人的仪式。在真实发生过的人类历史上，这种“替罪羊”屡见不鲜。

从中世纪末期开始，欧洲出现接二连三的灾乱：如基督教会发生“教会大分裂”，领导地位衰落；英法之间发生长达百年的战争，战火荼毒欧洲平民百姓；14世纪初又接连发生农作物歉收、大饥荒，以及不久之后的“黑死病”流行。这些都使欧洲经常处于动荡不安的状态下。

欧洲人把对灾难的焦虑发泄在想象出来的女巫头上。于是，很多女性被当成女巫被猎捕。1450—1750年间，可能发生过10万次审判，执行过4—5万次死刑，绝大多数的女巫是被烧死的，这里面当然也包括圣女贞德。还有一些则是被民间处以私刑，或者被乱石砸死，或者被吊死，或者被淹死……

创造“替罪羊”一词的犹太人可能是人类历史上最倒霉的替罪羊。欧洲历史上，无论发生什么事，一有风吹草动，当局总是首先拿犹太人当替罪羊。似乎各种各样的事情都可以成为驱逐和屠杀犹太人的借口。这种做法渐渐成了一些统治者转嫁国内危机、转移民众视线的惯用手段。

十字军东征时期，十字军骑士把犹太人当做杀害耶稣的凶手，对沿途所有犹太人，不论男女老幼，一律格杀无赦。公元 14 世纪欧洲发生可怕的黑死病，病因竟然被说成是犹太人在井里放了毒。13 世纪，英国开始下令驱逐犹太人；14 世纪，法国起而效尤；德国也跟着屠杀犹太人。在俄国，犹太人一直在歧视他们的法律和传统下艰难谋生。只要沙皇需要替罪羊来缓和不利局面时，犹太人就一定会在政府批准的集体迫害中遭到殴打和屠杀。

17 世纪以后，屠杀事件开始大大减少了，但对犹太人的重税和敲诈掠夺还相当普遍。20 世纪 30 年代，在纳粹统治下的德国，原以为经过多年的同化自己已经和德国公民完全一样了的犹太人发现自己一夜之间又回到了过去。整个欧洲笼罩在恐怖之中，有远见的犹太人纷纷逃离欧洲。但是，到第二次世界大战结束时，还是有近 600 万犹太人死于德国纳粹的魔掌。

另一种常见的"替罪羊"是黑人。美国学者在对历史的调查研究中发现：1882—1930 年，美国南方在棉花价格和迫害黑人的私刑数量之间存在一定的联系。当棉花价格高的时候，私刑就少，反之私刑就会增加。也就是说，如果哪一年棉花的价格低了，经济不景气，就会有更多从事劳作的黑人受到私刑。如果经济比较繁荣，种族之间也就比较容易相处。

谁最适合做替罪羊

人们一般会给"替罪羊"们扣上这样的罪名：使用暴力侵害最高权力的象征——国王、父亲，或者侵犯那些手无寸铁的弱者，特别是儿童。关于女巫的可怕传说中则常常有蛊惑父亲，吃掉小孩儿的情节。或者是犯了与性有关的罪行，比如美国南方的白人三 K 党经常指控某个黑人青年强奸了白人女孩儿，然后将他吊死在树上。最后是宗教犯罪，比如犹太人的祖先犹大出卖了耶稣。

可是，究竟谁那么倒霉会被选为"替罪羊"呢？首先，他必须软弱好欺负。猎捕女巫运动的牺牲品中许多是穷老妇人，她们蹒跚在村社的路上，向偶遇的邻居苦苦乞讨一块面包。这些孤独衰弱的女人，毫无地位，没有用处，招人厌弃，让邻人们心烦意乱，甚至恼火，而且可以随意欺凌，便成为最好的“替罪羊”。

其次，它还必须与众不同，是外来的、有残疾的，极端富裕或者极端贫穷的，极端成功或者极端失败的，极端美丽或者极端丑陋的，极端邪恶或者极端高尚的，都会成为众矢之的。种植园里的黑人肤色与白人截然不同；遍布欧洲的犹太人没有自己的国家，可算是外国人，同时他们往往又都很富有。一个人的受难标记越多，他就越有可能大难临头。

人在道德上对罪恶是深怀愤怒的。当“羊”在名义上承担了人的罪恶以后，人就清白了，而“羊”却是罪恶的。其实这种对“替罪羊”的愤怒，就是对自己罪恶的愤怒。人越是残酷地对待承担了自己罪恶的“羊”，在道德上就越认为自己是高尚的、优越的。正是因为这样，人们总是会一次一次地寻找倒霉的“替罪羊”。

不撒谎的记者逗得你团团转

> 你是有独立思考能力的人吗？你是被新闻媒体牵着鼻子走的人吗？可惜当你信心十足地回答“不是”时，你已经落入了新闻媒体的圈套。

你是一个有独立思考能力的人吗？你是一个被新闻媒体牵着鼻子走的人吗？也许你会信心十足地回答不是。不管电视、报纸上对一件事如何评价，你通常都会自己判断是非曲直，决不人云亦云。可惜，当你这样为自己骄傲的时候，你已经落入了那些新闻媒体的圈套，因为尽管你没有轻易接受他们抛给你的观点，可是你关注的那些问题却是他们塞进你脑袋里的。

莫名其妙的世界杯

对很多人来说，观看 2006 年德国世界杯足球赛是一次莫名其妙的经历。按理说，看这样顶级水平的足球比赛，球迷当然要把注意力放在最精彩的比赛上。可是新闻媒体却让人们不自觉地把很多原本毫无兴趣的东西当成了焦点。

在报道比赛的时候，媒体关注的常常不是比赛是否具有观赏性。例如，小组赛英格兰与瑞典的比赛还没打响，媒体就从一堆双方交战的历史数据中挖到了本场比赛的看点：足球鼻祖英格兰队竟然有着“38 年来逢瑞典不胜”的耻辱交战史！媒体想当然地把这场比赛看做是英格兰“打破宿命”的绝佳机会，并把比赛渲染成是一场“世纪大战”。澳大利亚与意大利两支球队本没有什么恩怨是非，就因为澳大利亚的主教练希丁克 4 年前率领韩国队在世界杯上淘汰了意大利队，媒体便把两队的交锋说成是意大利人的“复仇之战”。短短的一个月，在他们的笔下，世界杯爆发了好几场“世纪大战”。

大多数球迷除了根据个人喜好选择性地观看一些场次的比赛，更多情况是媒体不惜版面大肆渲染哪场比赛，就情不自禁地把眼光投向哪场比赛。但其实那几场比赛踢得并不好看。

场外新闻也格外引人注目。意大利与澳大利亚比赛的当晚，黄健翔激情解说的余音未了，《黄健翔“疯了”》、《黄健翔偏颇导致失态》之类的文章在数小时范围内便飞满了大街小巷。黄健翔顿时成了人们茶余饭后的谈资。

球员们爱妻或女友的一举一动，更成为镁光灯竞相追逐的焦点。媒体的各大版面都打下了“太太团”的烙印，纷纷为其开辟专版。一位资深的体育记者感言：假设英格兰挺进四强后辣妹与贝克汉姆提出离婚，无疑各大媒体的头条属于后者。

其实就这次世界杯来说，即使不谈足球，也有很多更有意义的事情值得宣传，比如这次世界杯的口号是“大家来交朋友吧！”。世界杯的标志物是三个欢乐的笑脸，代表愉快、高兴、无忧无虑。可是国内主流媒体对这些格外吝惜笔墨。1/4 决赛前，所有参赛球队的队长都在赛前宣读一份反种族主义的宣言，队员们也共同打出反种族主义的标语。不过各大媒体对此举只是轻描淡写，倒是对贝克汉姆宣读时话筒突然罢工津津乐道。

于是，受众的注意力不知不觉地从足球身上转移，结果4年一度的世界杯落幕之后，人们记住的净是球队恩怨、黄健翔、太太团，球是怎么踢得倒没太注意。

牵着你的鼻子走

很多时候，媒体在告诉人们“怎样想”方面都不大成功，但在告诉读者去“想什么”方面却惊人的成功。通常媒介优先讨论的议题不久就会成为公众优先争论的议题；媒介对一个议题报道得越多，公众对它的关注也越高。传播学界给这种现象取名叫“议题设置”。

因此，今天的大众传媒根本用不着弄虚作假，只要集中轰炸一件事，公众对这件事的关注度便越高；而对另一件事轻描淡写或者干脆忽略，也会使公众削弱或放弃对这件事的关注。而这种关注可能与事实的严重性并不一致。比如，20世纪80年代美国公众关注不断增长的毒品问题，但现实中毒品的覆盖率根本就没有增长。90年代媒体对暴力问题的关注在不断上升，现实中的暴力事件却是下降的。

有时候，处于旋涡中的当事人也可以利用议题设置巧妙地让事态向着自己希望的方向发展。在我们国家，各种各样的价格听证会就是典型的议题设置。比如，在关于手机漫游费的听证会中，民意期待的是彻底取消漫游费，但有关部门拿到听证会上讨论的却是漫游费“应不应该降低”和“应该降低多少”。“取消”的议题被偷换成“降低”。于是，不论消费者代表再怎么据理力争，专家再怎么呼吁，结果可能也只是多降几分或少降几分的问题，根本无法取消可恶的漫游费。

2008年10月，在全国掀起舆论大讨论的“哈尔滨警察打死大学生”案也是一次巧妙的议题设置案例。起初，当人们听到这条新闻的时候，第一反应普遍是谴责警察滥用暴力，并且对警察去酒吧娱乐大加抨击。在这种情况下，政府当局不得不答应死者家属的条件，并且表示要严惩。此时，迫于舆论压力，对6名警察作出严厉判决的可能是非常大的。

然而，警察的家人或是其他力量很快进行了舆论反制：公开录像，显示死者并不是一个省油的灯，他在整个斗殴过程中并不是被动挨打，而是多次主动进攻，逼迫警察不得不还手；透露死者是体院学生，身高1.92米，稍微对学校了解的人，都知道体院学生文化素质高的不多；透露死者开着大奔，这对于仇富心理非常严重的当今社会，不啻是使天平倾斜的一个重要砝码；透露死者父亲是房地产开发商，对于那些饱受地产商盘剥的国人来说，这就是一个坏人的标志；透露死者打架时提了自己舅舅的名字，一名高官，这样的人自然会被归结为一个衙内了；传说他还吸毒，被处理过；他已经被安排到人事局或劳动局工作。

这一系列传言都没有得到官方证实，有些可能永远得不到官方证实，而且即使是真实的，也与这个年轻人被殴打致死没有什么关系。但是这些传言的出现，改变了人们关注的焦点，也根本改变了大众对这一事件的看法。这件事的性质也从“警察打死无辜大学生”逐渐转变成“草根警察被迫打死恶少”。一时间，舆论彻底扭转。

政治中的“议题设置”

“议题设置”并不仅仅是新闻媒体们自娱自乐，它往往与政治直接相关。

美国政府为了掌握舆论的主动权，总是主动进行“议题设置”。每天，美国总统都在白宫召开最高层会议，讨论的就是今天的新闻应该是什么。今天全国媒体应该围绕哪个关键词做文章。比如美国遭受“9·11”袭击之后，并没有很多人立刻想到去进攻伊拉克，但经过政府对媒体的“议题设置”，攻击伊拉克就成了媒体的主要议题，随之也就成了大众关心的话题。

在对华宣传上，西方媒体极尽议题设置之能事。以能源方面的报道为例，目前中国的人均石油消费仅有1.5桶，而美国则为人均25桶，美国是真正的世界石油消费大国。但西方媒体却大肆报道中国经济发展对世界资源尤其是石油的需求，让读者以为是中国的需求造成了世界石油价格上涨。实际上，中国对国际石油价格的影响还不到0.1%。

2008年奥运火炬在法国传递时，法国电视台不断地反复播送少数“藏独”分子痛哭撒泼的镜头，刻意忽略周围人数众多、热情支持北京奥运的人群。于是，北京奥运在法国人眼里，除了“藏独”没有别的内容。

新闻媒体很难改变人的思想和观点，但却很容易把公众的注意力集中在某一点上。你可以对一件事情作出自己的对错评价，但是你在某一段时间里议论什么，关心什么，却是由大众媒体决定的。新闻媒体撒谎了吗？没有。可是你却被它们牵着鼻子团团转。世界是如此复杂缤纷，所谓的客观真实的新闻报道恐怕是不存在的。

预言家的乌鸦嘴

一个预言不管是真是假，一旦被当事人所接受，就会对当事人的行为产生真实的影响或后果，进而促使预言应验，变成真实的后果。

是命运还是乌鸦嘴？

在古代的东方神话中，有这样一个故事：一个英勇的武士骑着一匹神骏的战马征战四方，取得了无数辉煌的胜利。可是某一天，有位先知对武士说：“那只动物会给你带来死亡。”武士听了以后非常害怕，就把那匹马送到了一个遥远的城堡。可怜的马被抛弃之后很快在悲伤和孤独中死去。后来，武士来到这座城堡看到马的遗骸，为表示对死亡预言的轻蔑，他用脚去踢马的颅骨，却引出了藏在里头的一条毒蛇。武士被咬了一口，中毒死去。

古希腊神话《俄狄浦斯王》也是一个关于预言的故事，底比斯王的新生儿俄狄浦斯被预言有一天将会杀父娶母。底比斯王震惊万分，将它丢弃，却被牧羊人捡走送给邻国科林斯的国王当儿子。不知内情的俄狄浦斯长大成人后，听说了这个可怕的预言，便离开科林斯永不回来。在流浪途中，他与陌生旅行者发生冲突，杀了人，不料恰好就是他的父亲底比斯王。后来他解开了狮身人面兽的谜语，消除了底比斯国的灾难，被拥戴为新国王，与寡后结婚，恰恰娶了自己的母亲。当真相大白之后，俄狄浦斯羞怒不已，刺瞎双眼，自我流放。

当不祥预言最终成真时，人们往往感叹人生的诡谲，命运的不可逃避。可是，武士和俄狄浦斯的遭遇怎么看都让人觉得冤枉。要是没有那两个倒霉的预言，或者他们根本就不知道有人说过什么预言，武士显然不会抛弃他的马，也就没有后来毒蛇的事情了，而底比斯王也不会抛弃自己的儿子，一家人和和美美地生活该多好。

究竟是现实印证了预言，还是预言制造了现实？美国社会学家默顿说，这其实是一种“自我实现的预言”，一个预言不管是真的或是假的，一旦被当事人所接受，就会对当事人的行为产生真实的影响或后果，进而促使预言应验，变成真实的后果。

经济大潮中的陷阱

在经济大潮中，自我实现的预言常常把人们玩弄得团团转。

1931 年，当时美国国家银行是经营良好的一家银行，但是有一天很多人碰巧都到银行来提款，于是越来越多的人作出了一个判断，认为国家银行是一个经营不善的银行，便争前恐后地跑来提款，最后这个错误的判断使得这个银行真的成了一个经营不善的银行，因为哪个银行也经不住这样的挤兑。

商品市场上也是这样。20 世纪 70 年代在美国的一些州里流传过一个关于纸制品即将面临短缺的谣言。虽然只是谬传，但这个预言很快导致人们对这类产品的抢购。随着越来越多的顾客涌进商店购买纸制品，短缺很快变成现实。

预言最多，也最容易出现自我实现的是投机性比较强的行业，比如股票和房地产。一个个自信满满的股票分析师言之凿凿、铁口直断某家股票明天一定涨，不买会后悔，还炫耀一番他过去预测神准的历史。股票族如果相信他而进场买进，那家股票自然就涨了。在股市里有所谓的“10 万大军”，即某个股票分析师拥有 10 万信徒，跟随他的预测买进卖出，如此一来他的预测就保证神准了。股票分析师的预测准确与否端赖有多少观众听信他。所以股票分析师的“分析”或“预测”根本就是直接诉诸股民的，试图操作股票，影响股市动态。

现在中国的房地产市场也是这样。无数的所谓专家不断地预测，房价一定还会涨上去，并且振振有词地列出各种各样的理由。老百姓如果相信了，自然就会盘算，与其以后花更多的钱，不如现在早买。买的人多了，房价自然而然就涨上去了。

所以，如果专家们又在大放厥词，你就一定要小心，因为他们可能只是想要设置一个陷阱，让你按他们的意思花钱。

被歧视的人群

除了在经济领域，在人与人之间也存在很多“自我实现的预言”。

如美国和南非以前的种族隔离政策，过分地强调黑人不好的属性。同时，由于长期被区别对待，长期处于收入低、受教育机会少、居住条件差等不利环境中，黑人很难培养出健全的人格，相反倒容易形成一些符合偏见的不好的特征，如犯罪、脏乱、不务正业等。而这些不好的属性又正好使种族主义者找到了维持甚至加强自己偏见的借口。本来对黑人不持偏见的人发现他们“犯罪、脏乱、不务正业”时也不免对他们产生偏见。而其实正是由于社会对他们的歧视才导致了他们现在的状况。

在我们国家也存在着类似的情况，农民工就是典型。城市里的人常常对农民工怀有歧视，认为他们没有文化，不讲卫生，容易偷抢犯罪。工厂主以农民工素质差为理由，极力压低农民工的工资待遇，打击他们的自尊心。在这种情况下，农民工任何自我改进的条件都被摧毁，落入一种低水平陷阱：没有时间和条件提高自己和子女的教育水平；也没有条件洗澡、换衣服；无法摆脱贫困，甚至为了报复城市对他们的侮辱而走上犯罪的道路。这个结果反而印证了城里人对农民工的判断。

自己制造出来的敌人

在国际政治中，谁是敌人，谁是朋友，常常也是预言的结果。

在西方媒体的报道中，伊斯兰教一直被描述为一种负面形象。在西方很多人眼中，伊斯兰原教旨主义就等同于伊斯兰极端主义，伊斯兰极端主义就等同于恐怖主义。从这一偏执的文化立场出发，西方国家（尤其是美国）毫不犹豫地支持那些以反对伊斯兰原教旨主义自我标榜的政府，而不管这些政府在当地是否能够得到民众的广泛支持（如对伊朗专制的巴列维国王的支持）；同时，那些具有原教旨主义色彩的政治组织，尽管他们得到当地穆斯林的广泛拥戴，并通过合法选举获得了议会多数，仍难以获得西方的认可和支持（如阿尔及利亚的伊斯兰拯救阵线）。西方无形中站到了伊斯兰主义者的对立面。

而在伊斯兰主义者看来，伊斯兰世界近现代以来的一系列失败，都可以归咎于西方。伊斯兰世界中的许多人，把伊斯兰的历史和穆斯林世界与西方的交往看做是在扩张主义的帝国主义列强手下蒙受压迫和牺牲的历史。在他们看来，“战斗的基督教”和“战斗的犹太教”就是导致穆斯林社会失败和无能为力的根源，于是形成一种激进反西方的政治伊斯兰思潮。

伊斯兰和西方世界都有选择地处理加工外部信息，把对方的善意举动也解释成敌意，或者干脆忽略。他们的所作所为当然也印证了对方的判断。最后的结果就是伊斯兰教徒果然都是恐怖分子，西方人果然都是帝国主义。预言中的文明冲突变成了现实。

人类社会中的预言与科学家对自然规律的预测是不同的。如果你预言太阳明天从西边出来，没有问题，因为你身处太阳的系统之外，太阳不会理睬你，照样按照其自身的规律运行。可是如果你想要预言一只股票的涨跌，两个国家的战争，那你很可能正在改变历史的走向，因为你本身就处在历史之中，你的预言对历史发生了作用。所以，如果你不是怀有特殊目的的话，就请闭上你的乌鸦嘴。

大萧条如何改变你的生活

> 除了让无数钱包干瘪下去，经济危机对人的行为方式还会造成哪些影响？从20世纪30年代大萧条中的美国人身上，我们也许能够预见即将发生的事。

百年一遇的金融风暴从2008年开始席卷全球。世界各国叫苦不迭，企业破产，工厂倒闭，大批原本生活富裕的人们汇集成庞大的失业大军，甚至沦落到依靠救济维持生存。除了让无数钱包干瘪下去，经济危机对人类的社会和行为方式还会造成哪些意想不到的影响？从20世纪30年代大萧条中的美国人身上，我们也许能够预见即将发生的事情。

当你陷入窘迫的时候

在美国大萧条最惨痛的时期，有200万左右的美国人到处流浪。这些漂泊无依的人中，不乏衣冠楚楚的中产阶级。意气风发的银行行长，或者曾在著名报纸上发表评论的名作家，如今却在夜间敲门讨饭，或蜷缩在城市排队领面包的人群里……

无奈的困境，使得人们的精神生活极为不正常，表现出迷惘困惑，犹豫迟疑，冷淡漠然，自信尽失。一个男人不再操心人们怎么看他，头发蓬乱，胡子拉碴，蔫头耷脑，走路拖沓。有相当一部分人整天与酒为伴，他们感到自卑、自责，害怕见到朋友，认为那样会被贬低。

1930—1932年间，公立医院中因患精神病而住院的人数，年增长率几乎是1922—1930年间的三倍。不过自杀并没有太明显的增加，而且多发生在社会上层，这是因为社会地位的骤跌所导致的自杀，常常更甚于穷困本身。

当他们终于重新找到工作时，会发现自己变得肌肉无力、协调失衡、缺乏毅力，就像一家停工歇业的工厂，生锈给它造成了损害。1933 年，当 40 个长期失业的速记员被安排在纽约的一家政府机关工作的时候，在老一套的日常工作中，他们全都很快显示出了神经性疲劳的症状，有几个人甚至发展成了歇斯底里。超过 2/3 的人需要两到三周的时间重新调整，才能不停顿地记录别人的口述。

即使那些暂时保住了饭碗的人，也同样被不安全感的幽灵所纠缠。他们不敢放弃微薄却稳定的工资以换取报酬更高、但风险更大的工作。这些都消磨了美国人的进取之心、对工作的热情，对公司的忠诚也日趋暗淡。

很多书籍用“柔弱”来形容大萧条中的青年人。他们在繁荣中长大，却搁浅在退潮的沙滩上，愤怒、失望和沮丧将会加倍强烈，所以往往脆弱而不坚忍。而大萧条中出生的孩子长大以后却坚强得多，童年时代所经历的艰难时世使得他们更为现实、努力以及容易得到心理满足感。

经济危机悄悄改变家庭

大萧条时期，社会对妇女就业的敌视空前增强，已婚妇女更成为众矢之的，反对声浪不断高涨，甚至上升到道德和国家能否复兴的层面上。这种攻击背后是男性对自身家庭地位的焦虑。

当时的一项调查显示，大多数的已婚就业妇女都因丈夫失业或收入不足以支撑家庭而进入劳动力市场。如果妻子成了主要的挣钱者，她通常会僭取更大的家庭控制权，而丈夫在失业的同时也失去了威信。一些妇女在决定财政、家庭重要事务时，根本不征求丈夫的意见。有一位丈夫在傍晚回到家发现所有的家具都不翼而飞时，才知道妻子决定另外租一所房屋。

不过，也有学者认为经济萧条促进了家庭和睦，失业的父亲长期待在家里，会更多地与年幼的孩子们游戏，建立亲密关系，增进感情。丈夫和妻子也会有更多时间待在一起，分享一些廉价的娱乐，比如听广播、玩牌和朗读。哥伦比亚学者对咖啡种植农民的研究也发现，当咖啡价格暴跌的时候，婴儿死亡率也在降低，因为家长们有更多的时间去照顾他们的孩子。

青少年常常离家出外，去寻找工作和冒险的机会，理由是这样一来家里就会少一张吃饭的嘴。不过无家可归、容易学坏的青少年犯罪的案例并没有明显增加。大概是因为这些孩子承担了本应由成人履行的职责，没有时间去胡闹。孩子们的家务劳动和工作经历，也培养了他们的良好习惯和态度，比如勤劳，守秩序，尊重他人的权利和观点，使自己的行动服从家庭的整体利益，等等。

大萧条中结婚率比正常年份下降了 15%，毕竟结婚需要花一大笔钱。而离婚率也降低了 25%，主要原因是分居后每个人平均的生活费用会大大增加。1930—1940 年间，美国家庭的平均规模下降得比以前任何时候都要快，因为生养和抚育子女也是要花钱的，人们有意识地计划生育。大萧条之前，美国只有 28 家节育诊所。1940 年全国已经有了 746 个这样的中心。1938 年，美国 10 岁以下的儿童比 5 年前少了 160 万名。

几家欢喜几家愁

经济危机中的制造厂商大多饱受打击，不过有些行业却分外兴隆。在全美居民中，有一半以上的人每周看一次电影，好莱坞迎来了一个黄金时期。出售避孕药物的行业也相当兴隆，一年赚了 2.5 亿元。道理也很简单，无数人失业了，自然有时间进电影院；如果连电影票都买不起，那就上床自娱自乐。

在衰退时期，泻药的销量大增，因为人们处于极大的压力之下，排泄也不畅。而在繁荣时期，除臭剂销量会增加，因为人们更多地外出跳舞。当人们没钱的时候，他们更多地购买含水量少、不易腐败的东西，比如大米、豆子、谷物和面食，以代替新鲜蔬菜、肉和水果。很多家庭开始腌制泡菜，自制蜜饯、腊肉。1931 年，用于腌制食物的玻璃缸的销售超过了此前 11 年中的任何一年，而对罐头食品的需求却逐渐减少。

电烤箱、洗衣机、电炉以及缝纫机的销售，在20世纪30年代初期突然间放缓了，大概是因为没有这些东西生活也能继续。但是方便储存食物的电冰箱继续红红火火地卖着。

房式拖车风靡一时。1936年有5万辆这样的拖车从流水线上下来，加入到公路上的滚滚车流中。对那些不得安宁、居无定所的人，那些寻求冒险和工作机会的人，以及不想交税和付房租的人来说，这种自给自足的交通工具极具诱惑力。但是到了1938年经济开始复苏的时候，这玩意的销售额就急剧下降了。

大萧条开始以后，带腰带的简单印花长裙成为女装时尚。到20世纪30年代中期，随着经济复苏，裙边开始升高。第二次世界大战以后，当美国迎来经济的巨大扩张和持续繁荣时，一种短到极致的女装——比基尼诞生了。有人说，女人裙子的长短恰恰反映出当时的经济状况。经济萧条时，生意一落千丈，男人收入减少，生存压力加大，成天疲于奔命，便不会关注女人的美丽，女人也不想穿得太招摇，倾向于选择端庄低调的衣着，用长裙把自己遮掩起来。经济繁荣时，男人个个荷包膨胀，走在大街上也是左顾右盼，恨不得阅尽人间春色，女人受了鼓励，裙子就越来越短。

消遣艰难时光

大萧条中，在1930—1934年间，高尔夫俱乐部损失了大约100万名成员，桌球室、保龄球场、棒球赛、拳击赛越来越门庭冷落。另一方面，简单的家庭游戏——拼图、强手棋、跳棋、国际象棋、掷套圈等，却变得大受欢迎，要么是为了消磨时间，要么是为了排遣焦虑。

罗斯福总统是个集邮迷，在他的带动下，美国集邮爱好者的数量从200万人增加到了900万人。桥牌也颇受欢迎，尽管是在艰难时期，1931年全国在桥牌培训和购买纸牌上就花了将近1亿美元。在郊区，人们待在家里，促进了羽毛球、乒乓球和户外晚餐的复兴，还刺激了业余木工、机械、养鸽子等业余爱好。

越来越多的人参与了赌博，因为他们想增加收入。在1930年到

1939 年间，至少有 15 个州将赛马合法化，后来，这一数量达到了 21 个。

无所事事的百万民众突然发现，公共图书馆简直就是穷人的俱乐部，一个可以随便翻阅、打瞌睡的温暖而安静的地方。1933 年，美国图书馆协会估计，自 1929 年以来新增的借书人大约在 200 万人到 300 万人之间，而总的图书流通增长了将近 50%。顾客偶尔会对图书管理员说："要不是因为有图书馆，我没准早就疯掉了，或者自杀了。"

有史以来发行量最大的一份杂志《读者文摘》的成功部分源自于大萧条——当时，很多家庭没有能力订阅几份不同用途的杂志，就只好订阅这份提炼（或者至少是浓缩）其他出版物精华的文摘杂志。

端坐不动的消遣项目当中，最普遍的莫过于听收音机了。大萧条使这种电器的价格更低，并且提供了更多需要消磨时间的听众。到 1940 年，2 800 万个美国家庭拥有 4 400 万台收音机，已经达到了无处不饱和的地步。越来越多的人沉迷于五花八门的新闻、政治、广告、信息和娱乐节目中。

从收听的音乐来看，在朝夕难测的时期，人们更喜欢较长的，舒缓的，意味较浓的旋律。而在经济情况较好的时期，人们就更喜欢快节奏地歌曲。这是因为在焦虑的时候，人们希望寻求慰籍。这同样也可以解释，为什么在不好的光景时，《花花公子》杂志上的女模显得更加成熟——年龄更重，体重更重，身材更高，曲线不那么突出，年景好的时期则相反。

面对大萧条时期各种令人绝望的境况，人们前往电影院的一个主要目的就是来寻找短暂的快乐，试图在虚拟的世界里忘记现实的伤痛，这一需求首先便催生了喜剧片和歌舞片的繁荣。大萧条之前，好莱坞原本流行的是音乐剧，但在经济危机中，喜剧电影却迅速崛起。查理·卓别林受到人们的狂热欢迎。而每次都会给大家一个美好的结局的童星秀兰·邓波儿也获得热烈追捧。迪斯尼公司在这一时期崛起。米老鼠、唐老鸭，以及花费近 200 万美元的第一部动画大片《白雪公主》，都在无数成年人的笑声中创造着奇迹。或许当时的人们只有在虚构的动物王国或童话世界中，才能彻底忘却现实的痛苦，支撑到光明来临的那一刻。

人类社会总是会在不同的压力下呈现出千姿百态的景象。经济危机无情地冲击着全世界，也深刻地改变着人们的行为方式。当我们再一次面对来势汹汹的经济大萧条时，一切还会重演吗？

图书在版编目(CIP)数据

偷窥社会学家的书桌/笑阳著.
—北京:中央编译出版社,2011.4
ISBN 978-7-5117-0809-0

Ⅰ.①偷…
Ⅱ.①笑…
Ⅲ.①社会学-通俗读物
Ⅳ.①C91-49

中国版本图书馆CIP数据核字(2011)第044683号

偷窥社会学家的书桌

出 版 人 和 龑
责任编辑 李小燕
责任印制 尹 珺
出版发行 中央编译出版社
地　　址 北京西单西斜街36号(100032)
电　　话 (010)66509360(总编室) (010)66509350(编辑室)
(010)66509364(发行部) (010)66509618(读者服务部)
(010)66161011(团购部) (010)66130345(网络销售)
网　　址 www.cctpbook.com
经　　销 全国新华书店
印　　刷 北京中印联印务有限公司
开　　本 787毫米×960毫米 1/16
字　　数 228千字
印　　张 16
版　　次 2011年5月第1版第1次印刷
定　　价 32.00元

本社常年法律顾问:北京大成律师事务所首席顾问律师 鲁哈达
凡有印装质量问题,本社负责调换,电话:(010)66509618